Reinhard König

Simulation und Visualisierung der Dynamik räumlicher Prozesse

VS RESEARCH

Computersimulationen in den Sozialwissenschaften

Herausgegeben von
Prof. Dr. Jürgen Klüver, Universität Duisburg-Essen

Die Analyse komplexer sozialer Prozesse durch die Konstruktion von computer-basierten Modellen und die Durchführung entsprechender Simulationen ist im deutschsprachigen Raum nach wie vor eine relativ junge Forschungsmethode. Jedoch steigt die Anzahl von wissenschaftlichen Arbeiten, in denen die Kunst der Computersimulation eine, wenn nicht die zentrale Rolle spielt. Immer mehr Tools und Shells stehen für verschiedene Techniken zur Verfügung, so dass computer-basierte Modelle nicht mehr eigens programmiert werden müssen. Die Reihe - bietet schwerpunktmäßig ein Publikationsforum für Nachwuchswissenschaftler, sie steht jedoch auch Monografien und Sammelbänden nach der Promotion offen. Der Begriff „Sozialwissenschaften" wird hier bewusst weit gefasst und auch kognitionswissenschaftliche und wirtschaftswissenschaftliche Arbeiten sind willkommen. In diesem Sinne: Habeant sua fata libelli – die dieser Reihe jedenfalls.

Weitere Informationen unter:
www.cobasc.de

Reinhard König

Simulation und Visualisierung der Dynamik räumlicher Prozesse

Wechselwirkungen zwischen baulichen Strukturen und sozialräumlicher Organisation städtischer Gesellschaften

Mit einem Geleitwort von
Prof. Dr. Georg Franck-Oberaspach

VS RESEARCH

Bibliografische Information der Deutschen Nationalbibliothek
Die Deutsche Nationalbibliothek verzeichnet diese Publikation in der
Deutschen Nationalbibliografie; detaillierte bibliografische Daten sind im Internet über
<http://dnb.d-nb.de> abrufbar.

Dissertation an der Fakultät für Architektur der Universität Karlsruhe (TH), 2009; u.d.T.:
Reinhard König: Simulation und Visualisierung der Dynamik räumlicher Prozesse.
Eine computergestützte Untersuchung zu den Wechselwirkungen zwischen baulichen
Strukturen und sozialräumlicher Organisation städtischer Gesellschaften.
Tag der mündlichen Prüfung: 12.05.2009

1. Auflage 2010

Alle Rechte vorbehalten
© VS Verlag für Sozialwissenschaften | GWV Fachverlage GmbH, Wiesbaden 2010

Lektorat: Dorothee Koch | Britta Göhrisch-Radmacher

VS Verlag für Sozialwissenschaften ist Teil der Fachverlagsgruppe
Springer Science+Business Media.
www.vs-verlag.de

Umschlaggestaltung: KünkelLopka Medienentwicklung, Heidelberg
Gedruckt auf säurefreiem und chlorfrei gebleichtem Papier
Printed in Germany

ISBN 978-3-531-17088-6

Geleitwort

Seit längerem und mit wachsendem Nachdruck wird für die Raumplanung ein Übergang vom Denken in Zuständen zu einem Denken in Prozessen gefordert. Die Eigendynamik der Gesellschaftsprozesse und das Phänomen der allgemeinen Beschleunigung lassen es immer abwegiger erscheinen, dass die räumliche Planung an der Gewohnheit festhält, ihren Gegenstand durch die einfache Gegenüberstellung eines momentanen Ist-Zustandes und eines künftigen Soll-Zustandes zu repräsentieren. Der räumliche und der zeitliche Bezug sind für die Raumplanung von gleich wesentlicher Bedeutung. Es kann nicht dabei bleiben, dass der grundsätzlich prozessuale Charakter des Gebildes „Stadt" und dessen grundsätzlich dynamische Natur vernachlässigt werden.

Allerdings erweist sich der Übergang vom Denken in Zuständen zum Denken in Prozessen nun eben auch schwieriger als erwartet. Die Einbeziehung der zeitlichen Dimension multipliziert die Zustände, die es zu betrachten gilt, Sie bringt es mit sich, dass die Komplexität der Beschreibung förmlich explodiert. Diese Zunahme der Komplexität ist kontraproduktiv, denn wir können die Wirklichkeit nur im Rahmen unserer kognitiven Möglichkeiten fassen. Wir können nur planen, wenn wir die überkomplexe Wirklichkeit durch Modelle beschreiben, die wir intellektuell durchschauen. Deshalb gilt der Grundsatz, dass wir entweder einfache oder gar keine brauchbaren Modelle haben.

Eine Arbeit wie die vorliegende ist schon deshalb an der Zeit, weil sie sich ohne Vorbehalt diesem Dilemma stellt. Sie geht davon aus, dass man die dynamischen Eigenschaften eines Prozesses vom Format „Stadt" nur dadurch studieren kann, dass man Teilaspekte herauspräpariert, die man bewältigen kann. Die Arbeit konzentriert sich auf solche Teilaspekte, die man durch Simulation selbstorganisierender Prozesse untersuchen kann. So werden Grundzüge des Verkehrs- und Erschließungssystems, des Bodenmarkts, der residentiellen Segregation und des Wachstum urbaner Strukturen unter die Lupe genommen. In Wirklichkeit wirken diese Teilsysteme beziehungsweise Teilprozesse stets zusammen. Weil es aber auf absehbare Zeit nicht möglich sein wird, den Zusammenhang in seiner Gesamtheit zu simulieren, kommt es darauf an, das Gesamtgeschehen der Selbstorganisation urbaner Strukturen so in Teilprozesse zu zerlegen, dass Grundzüge des Ganzen durchsichtig werden.

Dem Autor gelingt es, mit bemerkenswert einfachen Modellen solche Teil-prozesse durchsichtig zu machen. Die meisten der Modelle stellen zelluläre Au-tomaten dar, deren Verhalten durch übersichtliche Sätze von Gleichungen ge-steuert ist. Durch die Inkaufnahme einiger Vergröberung können so komplexe Verhaltensmuster auf relativ einfache Ausgangsbedingungen und Verhaltensre-geln zurückgeführt werden. Der Sinn – und Gewinn – dieser Methode liegt nicht in der genauen Reproduktion beobachteten Verhaltens, sondern darin, dass kom-plexe Muster verständlich, das heißt, intellektuell nachvollziehbar werden.

Weil dynamische Analysen in der räumlichen Planung bisher nicht zu Haus sind, versteht es die Planung zu wenig, die Kräfte der Selbstorganisation zu nut-zen. Untersuchungen wie die vorliegende sind geeignet, den Sinn für diese Kräf-te zu entwickeln. Sie schärfen den Sinn für die Suche nach Kontrollparametern, die das Verhalten selbstorganisierender Prozesse steuern, und für die Existenz von Attraktoren, gegen die es wenig Sinn hat, mit planerischen Maßnahmen anzukämpfen. Besonders hervorzuheben an der vorliegenden Arbeit sind daher nicht zuletzt die ausführlichen statistischen Analysen, denen die Ergebnisse der Simulationsläufe unterzogen werden. Diese Analysen dienen der Identifikation derjenigen Parameter und Randbedingungen, auf deren Variation das System aufgrund von Rückkopplungsschleifen und Reperkussionseffekten besonders heftig reagiert.

Prof. Dr. Georg Franck-Oberaspach

Danksagung

Die Auseinandersetzung mit dem Thema dieses Buchs, Simulation und Visualisierung der Dynamik räumlicher Prozesse begann 2005. Für die Unterstützung bei der Themenfindung sowie die engagierte und kompetente fachliche Betreuung bin ich Herrn Prof. Dr. Georg Franck-Oberaspach verpflichtet, an dessen Institut für EDV-Gestützte Methoden in Architektur und Raumplanung an der TU Wien ich während meiner Promotion ein Semester als Gast verbringen durfte. Ferner möchte ich dem Inhaber des Lehrstuhls für Stadtquartiersplanung und Entwerfen am Institut für Orts-, Regional- und Landesplanung der Universität Karlsruhe, Herrn Prof. Markus Neppl danken, der mich bereits seit meinem Diplom an der TU Kaiserslautern begleitet hat und ohne dessen langjährige Unterstützung und Betreuung die vorliegende Arbeit nicht möglich gewesen wäre. Für die unabdingbare finanzielle Unterstützung schulde ich der Landesgraduiertenförderung Baden-Württemberg für ein zweijähriges Promotionsstipendium und dem Deutschen Akademischen Austausch Dienst für ein Aufstockungsstipendium großen Dank. Für das großzügige und verständnisvolle Entgegenkommen seit meiner wissenschaftlichen Mitarbeit an der Professur für Informatik in der Architektur an der Bauhaus-Universität Weimar, hinsichtlich der erforderlichen Ressourcen für die abschließende Ausarbeitung dieses Buchs, die dadurch erst ermöglicht wurde, gebührt Herrn Prof. Dr. Dirk Donath mein ausdrücklicher Dank.

Des Weiteren möchte ich an dieser Stelle den Personen danken, deren mannigfacher Unterstützung ich viel verdanke: Herrn Prof. Bernd Meyerspeer, Herrn Prof. Dr. Ulrich Winko, Herrn Prof. Sigi Bucher, Herrn Prof. Dr. Tomás Valena, meinem langjährigen Büropartner und Kollegen Herrn Christian Bauriedel sowie meiner Mutter Frau Anna Büchel. Sollte es bei dem vorliegenden Text gelungen sein, einzelne Gedankengänge besonders verständlich darzustellen, so ist dies zweifelsohne der Verdienst meiner Frau Eva König, welche als kluge Diskussionspartnerin und durch unzählige inhaltliche Hinweise einen wichtigen Anteil am Entstehen dieses Buchs hatte und der mein größter Dank gebührt.

Reinhard König

Inhalt

Abbildungen

Tabellen

1 Einleitung

„The mystery deepens when we observe the kaleidoscopic nature of large cities. Buyers, sellers, administrations, streets, bridges, and buildings are always changing, so that a city's coherence is somehow imposed on a perpetual flux of people and structures. Like the standing wave in front of a rock in a fast-moving stream, a city is a pattern in time. No single constituent remains in place, but the city persists."

(J. Holland 1996: 1)

Raum- und Stadtplanung befassen sich mit der Herstellung sinnvoller räumlicher Konfigurationen für das menschliche Zusammenleben. Zur Erfüllung dieser Aufgabe vermitteln sie zwischen sozialen und räumlichen Organisationsformen und befassen sich damit, eine angemessene Verteilung der Nutzungen über die Fläche der Stadt vorzunehmen (J. Friedrichs 1995). Dazu ist die Zusammenarbeit zahlreicher Spezialdisziplinen erforderlich, die unter dem Begriff der Planungswissenschaften subsumiert werden können. Innerhalb dieses weit gefassten Rahmens konzentriert sich die vorliegende Arbeit auf zwei relevante Teilbereiche. Dabei handelt es sich zum einen um die Raumökonomie, die Modelle anbietet, welche die räumlichen Strukturen anhand ökonomischer Rationalität erklären, und zum anderen um die Stadtsoziologie, die das Zustandekommen und die Dynamik soziokultureller Organisationsformen in einer gegebenen räumlichen Umwelt untersucht. Die vorliegende Untersuchung beleuchtet räumliche, soziale und ökonomische Prinzipien sowie deren Wechselwirkungen. Sie geht also der Frage nach, wie sich die räumlichen, ökonomischen, sozialen und kulturellen Strukturen einer Stadt gegenseitig beeinflussen. Als Untersuchungsmethoden dienen Simulationsmodelle auf der Grundlage zellulärer Automaten und Multi-Agenten Systeme, deren Ergebnisse anhand geeigneter Visualisierungen sowie verschiedener quantitativer Kennwerte analysiert werden.

Im Sinne der Komplexitätstheorie, die hier synonym für die Theorie komplexer Systeme verwendet wird, ist eine Stadt ein komplexes System par excellence (G. Franck und M. Wegener 2002). Die Bewohner und ihre Wohnstätten, die Geschäfte und Produktionsstätten, der Verkehr von Waren und Personen sind eng miteinander verwoben. Zwischen ihnen besteht eine Vielzahl dynamischer Abhängigkeiten, so dass eine Veränderung innerhalb eines Teils komplexe Auswirkungen auf andere Teile des gesamten Systems haben kann. Aus diesem

Grund besteht eine zentrale Schwierigkeit für die Stadtplanung darin, künftige Entwicklungen zu antizipieren.

Die Folgen eines planerischen Eingriffs in ein derartiges komplexes urbanes System und damit die Tauglichkeit der dieser Planung zugrunde liegenden Theorie lassen sich bisher nur überprüfen, indem ein entsprechendes Projekt realisiert wird und die Auswirkungen in einer Art Feldversuch beobachtet werden. Bei der Auswertung beschränkt man sich meist auf unsystematische Beobachtungen und verzichtet auf systematische empirische (Langzeit-) Untersuchungen zur Gewinnung quantitativer Daten, welche zu einer Falsifizierung der zugrunde liegenden Planungstheorie herangezogen werden könnten. Die Gründe hierfür liegen wohl zum einen in den methodischen Schwierigkeiten solcher Langzeituntersuchungen, zum anderen am Desinteresse der Beteiligten und der im Allgemeinen skeptischen Haltung gegenüber quantitativen Methoden innerhalb der Planungsdisziplinen.

Die Entwicklung einer Stadt kann als Selbstorganisationsprozess beschrieben werden. Aus diesem Grund sollten planerische Leitbilder sich nicht auf idealerweise zu erreichende statische Zustände beziehen, sondern sich auf Überlegungen gründen, wie sich räumliche Entwicklungsprozesse lenken lassen (G. Artl und P. Weise 1999). Um eine solche neuartige Planungsphilosophie und -praxis zu fundieren, ist es erforderlich, die Zusammenhänge des komplexen adaptiven Systems Stadt besser zu verstehen. Dazu möchte diese Arbeit einen Beitrag leisten, indem sie zeigt, wie mittels möglichst einfacher und allgemeingültiger Szenarien grundlegende Mechanismen urbaner Prozesse analysiert werden können. Dabei orientieren sich die vorgestellten Simulationen weder an realen Gegebenheiten, noch versuchen sie empirisch erhobene Daten zu reproduzieren.

Für das Studium von komplexen Systemen eignen sich Bottom-Up-Modelle. Diese gehen von einzelnen Elementen auf der Mikroebene aus und erklären das Zustandekommen von Phänomenen auf der Makroebene anhand der Interaktionsregeln der betrachteten Elemente. Solche Modelle ermöglichen die Analyse abgegrenzter elementarer Mechanismen, welche den komplexen Prozessen der Wirklichkeit zugrundeliegen. Bei den einzelnen Modellen dieser Arbeit werden verschiedene Möglichkeiten aufgezeigt, wie mittels Bottom-Up-Modellen bestimmte Planungstheorien überprüft werden können. Diese Modelle können zusammengenommen als virtuelles Laboratorium für die Untersuchung räumlicher Prozesse aufgefasst werden. Ein solches Stadtlabor ermöglicht es, die potentiellen Auswirkungen unterschiedlicher Planungen anhand von Szenariomodellen aus verschiedenen Perspektiven über beliebige Zeiträume hinweg zu untersuchen.

Ordnet man die vorliegende Untersuchung in den weiter gefassten Rahmen der Theorie komplexer Systeme ein, lässt sich deren Ziel mit dem folgenden Zitat zusammenfassen:

„The aim is to capture the principal laws behind the exciting variety of new phenomena that become apparent when the many units of a complex system interact." (T. Vicsek 2002)

1.1 Fragestellungen

Zur Entwicklung und Überprüfung selbstorganisatorischer Planungstheorien bieten sich Computersimulationen an. Auf der Basis von relativ neuen Techniken wie Zellulären Automaten und Multi-Agenten Systemen können die entsprechenden Theorien modelliert und simuliert werden. Die vorliegende Arbeit setzt sich dabei mit den folgenden Fragestellungen auseinander:

F1: Wie können Raumstrukturen mit dem Paradigma der Selbstorganisation erklärt werden? Die Auseinandersetzungen werden sich hierbei in erster Linie auf die folgenden räumlichen Teilstrukturen konzentrieren: Erschließungs- und Verkehrsstruktur, Bodenmarktstruktur, sozialräumliche Struktur sowie Siedlungsstruktur. Der erste Schritt bei der Ausarbeitung der spezifischen Simulationen besteht in der Konzeption eines möglichst einfachen und auf das Wesentliche reduzierten Grundmodells. Im zweiten Schritt geht es um eine systematische Analyse der Kontrollparameter, welche die Regeln des Zusammenwirkens der einzelnen Entitäten steuern. Die Entitäten bilden das Verhalten der individuellen und kollektiven Akteure in einer Stadt ab, also das der Bürger und politischer oder wirtschaftlicher Gruppierungen. Die Ergebnisse der Selbstorganisationsprozesse variieren in der Regel stark in Abhängigkeit von den Parametereinstellungen einer Simulation. Es kann davon ausgegangen werden, dass die Mechanismen, welche die Entstehung der räumlichen Teilstrukturen bewirken, mit jeweils verschiedenen Gewichtungen für alle Siedlungen weltweit gelten (W. Gaebe 2004). Das bedeutet, dass die der Entwicklung einer Stadt zugrundeliegenden Prozesse auf verschieden ausgeprägte, aber immer gleiche verborgene Kräfte zurückzuführen sind – diese gilt es zu identifizieren.

F2: Nachdem die grundlegenden Methoden für die Simulation räumlicher Prozesse ausgearbeitet wurden, können wir diese verwenden, um nach den Zusammenhängen zwischen baulicher Struktur einer Stadt und sozialräumlicher Organisation der Bevölkerung zu fragen. Zur Klärung der möglichen Interaktionen werden wir die Problematik von zwei Seiten beleuchten. Es wird erstens danach gefragt, welchen Effekt die Gestaltung der gebauten Umwelt auf die residentielle Segregation der Bewohner hat. Umgekehrt wird zweitens untersucht, welchen Einfluss die sozioökonomischen Bedingungen auf die Entwicklung einer Siedlungsstruktur haben.

F3: Die übergeordnete Fragestellung der vorliegenden Arbeit besteht darin, wie man anhand von Szenarienmodellen und unter Verwendung verschiedener Simulationsansätze in einer Art Laborumgebung die Auswirkungen unterschiedlicher Planungen untersuchen kann. Die gegenwärtige Praxis, eine Planung dadurch zu überprüfen, indem man sie verwirklicht und anschließend auswertet, soll durch ein Stadtlabor ergänzt werden, welches es erlaubt, die Auswirkungen einer Planungsmaßnahme im Sinne einer gezielten Manipulation verschiedener Prozesse abzuschätzen.

F4: Wie können dynamische Prozesssimulationen visualisiert werden, so dass auch einem technisch weniger versierten Planer der Verlauf und die Ergebnisse der komplexen Vorgänge vermittelt werden können und welche statistischen Kennwerte erlauben es, die wesentlichen Eigenschaften der erzeugten Strukturen zu erfassen? Die grafische Darstellung beruht auf der möglichst einfachen abstrakten zellen- und agentenbasierten Repräsentation der Wirklichkeit. Zusätzlich erfolgt bei den komplexeren Modellen in Kapitel 5 und 6 eine aggregierte Auswertung der Ergebnisse anhand entsprechender statistischer Kennwerte, die sich, wiederum grafisch dargestellt, außerdem für eine Dokumentation der zeitlichen Entwicklung der Simulationen eignen. Visualisierungen machen die Dynamik sich selbst organisierender urbaner Systeme verständlich und damit erst für die Planungspraxis fruchtbar.

1.2 Aufbau der Arbeit

Die Modelle, welche in den einzelnen Kapiteln behandelt werden, stellen spezielle Szenarien dar, die aus einem allgemeinen Modell abgeleitet werden können (vgl Abbildung 2 und Abbildung 4). Zu Beginn der Arbeit werden in Kapitel 2 die grundlegenden Theorien und Methoden eingeführt. Darauf folgt in Kapitel 3 eine Auseinandersetzung mit den Eigenschaften des räumlichen Erschließungssystems, welches als übergreifende Struktur sowohl für die sozioökonomischen Prinzipien als auch für die räumliche Konfiguration einer Stadt wesentlich ist. Anschließend werden im 4. Kapitel relevante Modelle der Raumökonomie auf Selbstorganisationsmodelle übertragen, welche als Basis späterer Wachstumssimulationen fungieren. Es wird dargelegt, wie die Standortwahl mit Bodenmarkt und Mietpreisen zusammenhängt, was zur Bildung von Zentren sowohl bei monozentrischen als auch bei polyzentrischen Strukturen führt und wie sich die urbanen Funktionen verteilen.

Die ersten vier Kapitel dienen als Grundlage für komplexere Modelle zur Beschreibung der Dynamik sozialräumlicher Organisation der Stadtbewohner und des Wachstums urbaner Strukturen, welche in den Kapiteln 5 und 6 dargestellt werden. In Kapitel 5 wird die Dynamik der residentiellen Segregation unter der expliziten Einbeziehung der räumlichen Struktur einer Stadt analysiert. Jeder Teilnehmer am Wohnungsmarkt versucht, zu möglichst günstigen Bedingungen eine Wohnung mit möglichst guter Nachbarschaft und Lage zu erhalten. In diesem Kapitel wird der Effekt geklärt, den die Gestaltung der gebauten Umwelt auf die residentielle Segregation der Bewohner hat. Schließlich wird im 6. Kapitel ein Modell eingeführt, welches die Entwicklung einer Siedlung in Abhängigkeit von den sozioökonomischen Bedingungen auf verschiedenen Maßstabsebenen nachvollzieht. Es wird herausgearbeitet, welche Kräfte hinter den Vorgängen der Zersiedelung und der Ballung stehen, und welchen Einfluss die Erschließung auf die Siedlungsentwicklung hat. Den Schluss der Untersuchung bildet Kapitel 7, in welchem neben einer allgemeine Bewertung die Möglichkeiten und Probleme bei der Einbeziehung empirischer Daten und der Validierung der Modelle sowie die Potentiale einer Anwendung des Selbstorganisationsparadigmas in Theorie und Praxis der Planung diskutiert werden.

Die in dieser Arbeit behandelten Simulationsmodelle verstehen sich als qualifizierter Beitrag, das Verständnis des Verhaltens komplexen Systeme zu fördern und dadurch den Planungsinstitutionen fundierte Methoden für die Beurteilung strategischer Entscheidungen zur Verfügung zu stellen. Die im Folgenden vorgestellten Simulationsmodelle sind als ausführbare Windowsprogramme und als Delphi-Quellcode-Dateien im Internet erhältlich unter:

http://www.entwurfsforschung.de/RaumProzesse/DSVPro.htm

Die grafische Benutzeroberfläche der Programme ist in der Regel so aufgebaut, dass sich auf der linken Seite ein Bereich befindet, in welchem die räumliche Anordnung der Entitäten abgebildet ist. Nach dem Start einer Simulation kann deren zeitliche Entwicklung visuell verfolgt werden. Auf der rechten Seite befindet sich der Bereich zur Einstellung verschiedener Parameter und allgemeiner Bedienungsfunktionen. Bei den komplexeren Simulationen in Kapitel 5 und 6 können statistische Kennwerte in zusätzlichen Fenstern aufgerufen werden.

2 Theorien und Methoden

"Denken ist Simulieren." (O. Wiener 1996)

2.1 Die Stadt als komplexes System

Bis zur Mitte des 20. Jahrhunderts bestand die übliche Methode der Stadtforschung in der historischen Betrachtung aufeinanderfolgender Zustände räumlicher Konfigurationen (L. Benevolo 2000; L. Mumford 1961), welche in Form von Karten dargestellt werden konnten. Die genauen Ursachen der Übergänge von einem Zustand zum anderen waren dabei von peripherem Interesse. Mit der Formulierung des allgemeinen Konzepts der Systemtheorie durch Ludwig von Bertalanffy (1948) begann sich auch die Sichtweise auf die Stadt zu verändern. Die Prozesse, welche ein System verändern, und die Kräfte, welche diese Veränderungen bewirken und steuern, rückten ins Zentrum des Interesses. Es wurde deutlich, dass sich das Wesen einer Stadt erst erschließt, wenn man ihre Entwicklung über die Zeit betrachtet. Das zeitliche Verhalten eines Systems kann mit dem Begriff Dynamik charakterisiert werden. Die räumlichen Strukturen einer Stadt können im Licht der Systemtheorie als sich ständig verändernde Ergebnisse eines fortwährend ablaufenden Prozesses betrachtet werden. Das erinnert an die Weltsicht von Heraklit, der bereits vor über 2000 Jahren konstatierte: *„Alles fließt (und steht nicht still).“* (B. Snell 2004)

Einer der ersten prominenten Verfechter der Stadt als dynamisches System im Sinne der Systemtheorie war Jay Forrester (1969). Sein Modell der „Urban Dynamics" konzentrierte sich auf zeitliche Veränderungen, allerdings unter völliger Vernachlässigung der räumlichen Aspekte. Es wurde ein innerstädtisches System angenommen, welches als geschlossene Modellwelt von seiner Umwelt getrennt ist. Innerhalb dieses Systems konnten nun unzählige Hypothesen über dynamische Beziehungen der Beschäftigungsverhältnisse, Wohnortsuche und Wirtschaftsentwicklung in einer Modellstadt aufgestellt werden. Ein guter Überblick über Forresters und andere umfassende Stadtmodelle, sogenannte Large Scale Urban Models (LSUMs), sowie deren prominente Kritik von Lee (1973) (vgl. Abschnitt 2.3) finden sich im Journal of the American Institute of Planners (1973, Band 39).

Nach Bertalanffy (1948) lassen sich offene und geschlossene Systeme unterscheiden. Die klassischen Standorttheorien der Raumwirtschaftslehre, wie z.B. von Thünens Landnutzungsringe (L. Schätzl 2003) oder das Modell zentraler Orte nach Christaller (1980) und Lösch (1962), werden als geschlossene Systeme betrachtet. Wesentlich bei geschlossenen Systemen ist die Annahme, dass ein untersuchtes System stets einem Gleichgewichtszustand mit einem Maximum an Entropie und einem Minimum freier Energie zustrebt und in einem solchen verharrt, bis eine Störung von außen durch Hinzufügen freier Energie das Gleichgewicht beeinträchtigt. Offene Systeme befinden sich dagegen in einem Nichtgleichgewichtszustand und lassen sich zudem nur schwer gegen ihre Umwelt abgrenzen (I. Prigogine 1998). Bei Systemen fern vom Gleichgewichtszustand führt eine Störung zu unerwarteten Konsequenzen. Anstatt in seinen Ausgangszustand zurückzukehren beginnt das System, sich in unvorhersagbare Richtungen zu entwickeln und neue Strukturen zu erforschen, welche Prigogine dissipative Strukturen nannte, worunter man die Nichtgleichgewichtsstabilität offener System versteht. Bei vitalen Systemen handelt es sich in der Regel um offene Systeme.

Auf diesen Einsichten bezüglich offener Systeme beruht die Theorie komplexer Systeme, unter die auch das Konzept der Selbstorganisation sowie die Chaostheorie und die Netzwerkforschung subsumiert werden können (R. Lewin 1993). Unter der Annahme, dass eine Stadt ein offenes System fern vom Gleichgewichtszustand ist, ist es interessant, das oben erwähnte Urban Dynamics Modell von Forrester (1969), welches von einem Gleichgewicht ausgeht, einem einfachen Beispiel der Chaostheorie gegenüberzustellen, dem sogenannten deterministischen Chaos. Forresters Urban Dynamics Modell pendelt sich nach Veränderungen der Kontrollparameter, welche als Störungen betrachtet werden können, wieder auf ein stabiles Gleichgewicht ein, bis eine weitere Störung auftritt[1]. Beim deterministischen Chaos sind die Grundgesetze, also die Regeln des Systems selbst, ebenso wie bei Forrester's Modell rein deterministisch. Als einfaches Beispiel möchte ich die Verhulst oder Logistische Gleichung der Form $x_{n+1} = a\,x_n\,(1-x_n)$ anführen, welche oft für die modellhafte Beschreibung der Entwicklung einer Population angewandt wird (J. Briggs und D. F. Peat 1993). Wählt man für x_0 einen beliebigen Anfangswert zwischen 0 und 1 kann sich die Trajektorie, also die Darstellung aller Werte x_n prinzipiell auf drei verschiedene Arten entwickeln, stabil, periodisch oder chaotisch, was nur von dem Faktor a abhängt (H.-O. Peitgen, H. Jürgens, & D. Saupe 2004). Bei Werten für a zwischen 0 und 1 resultiert für x_n früher oder später in jedem Fall 0 (die Population

---

1 Das Verhalten des Urban Dynamics Modells kann anhand einer Anylogic-Simulation nachvollzogen werden, die im Internet unter der URL http://www.xjtek.com/models/social_dynamics/ frei erhältlich ist.

stirbt aus). Bei *a* zwischen 1 und 2 stellt sich ein Grenzwert ein, bei *a* zwischen 2 und 3 nähern sich die Werte einem Grenzwert wellenförmig an. Mit *a* zwischen 3 und 1+ $\sqrt{6}$ (etwa 3,45) wechselt die Folge zwischen zwei Häufungspunkten, für *a* bis 3,54 wechselt die Folge dann zwischen vier Häufungspunkten und bei weiteren Erhöhungen von *a* ergeben sich dann zwischen 8, 16, 32 usw. Häufungspunkte. Die Intervalle mit gleicher Anzahl von Häufungspunkten, auch als Bifurkationsintervalle bezeichnet, werden immer kleiner, bis schließlich bei ca. *a* = 3,57 keine Perioden mehr erkennbar sind, also das System chaotisches Verhalten zeigt, wobei winzige Änderungen des Anfangswertes x_0 in unterschiedlichsten Folgenwerten resultieren. Selbst winzigste Rundungsungenauigkeiten des Ergebnisses einer Iteration summieren sich schnell auf und führen nach einigen Schritten zu vollkommen unterschiedlichen Ergebnissen.

Es macht demnach einen großen Unterschied, ob wir das System Stadt als geschlossen und im Gleichgewicht befindlich betrachten oder ob wir von einer Nichtgleichgewichtssituation ausgehen. Da offene Systeme zumindest prinzipiell auch Phasen chaotischen Verhaltens zeigen können (Abbildung 1), macht eine Vorhersage über eine mögliche Entwicklung wenig Sinn, da es undenkbar ist, im Bezug auf das oben angeführte Beispiel der Verhulst-Gleichung, den Anfangszustand x_0 einer Stadt zu einem beliebigen Zeitpunkt auch nur annähernd genau bestimmen zu können. An der Qualität einer Vorhersage des Wetters – eines komplexen Systems mit inhärent chaotischem Verhalten par excellence – für die nächste oder übernächste Woche, kann dieser Effekt aus eigener Erfahrung nachvollzogen werden. Selbst unter Zuhilfenahme der modernsten Großcomputertechnologie, ausgetüftelter mathematischer Verfahren und endlosen Beobachtungsdaten ist es auch erfahrenen Meteorologen kaum möglich die Trefferquote einer simplen Schätzung auf Basis allgemeiner Regeln zu übertreffen.

Bei der Untersuchung des dynamischen Verhaltens eines Systems spielt der räumliche und zeitliche Maßstab, den man für die Definition der untersuchten Elemente oder die Aggregation der Daten wählt, eine entscheidende Rolle. Systeme werden immer unstetiger, je weiter sie in ihre grundlegenden Einheiten gegliedert bzw. disaggregiert werden. Im umgekehrten Fall werden Systeme immer homogener wenn der Maßstab vergrößert wird und einzelne Aktivitäten zu Durchschnittswerten zusammengefasst bzw. aggregiert werden. Betrachtet man eine Stadt als Ganzes und über einen längeren Zeitraum, erhält man anhand statistischer Erhebungen den Eindruck eines Gebildes in einem relativen Gleichgewicht, welches gleichsam einem Lebewesen kontinuierlich Waren, Personen, Energie, Geld und vieles andere in sich einverleibt, verteilt und wieder von sich gibt. Verengt man aber den zeitlichen und räumlichen Bezugsrahmen und betrachtet beispielsweise den Verkehr an einem Tag auf einer bestimmten Straße, so wandelt sich das Bild von einem System im Gleichgewicht schnell zu einem zeitweise chaotisch schwankenden und schwer vorhersehbaren Durcheinander. Geht man bei der Untersuchung einer Stadt von sehr kleinen Elementen aus, stellt sich heraus, dass die Wechselwirkungen zwischen diesen vielfältigen Teilen zu Selbstorganisationsprozessen führen, durch welche sich die geordneten Strukturen auf den übergeordneten Maßstabsebenen formieren.

Aufgrund der in diesem Abschnitt beschriebenen Einsichten kann man nicht davon ausgehen, dass es sich bei Städten um geschlossene Systeme im Gleichgewicht handelt. Dennoch finden sich wie bei allen lebendigen Systemen Phasen, in welchen sich die Aktivitäten scheinbar im Gleichgewicht befinden, und sich die Systembestandteile in einer ausbalancierten Weise selbst erneuern. Kleine Fluktuationen während des Selbsterhaltungsvorgangs, bei dem von außen betrachtet nichts geschieht, können sich im Sinn des oben beschriebenen chaotischen Verhaltens scheinbar aus dem Nichts zu weitreichenden Veränderungen aufschaukeln und nach einiger Zeit wieder stabilisieren (Abbildung 1).

Abbildung 1:   Dynamik komplexer Systeme. Stabile und instabile Phasen können sich im Lauf der Zeit ohne ersichtlichen Grund abwechseln. Abbildung aus Portugali (2000: 81).

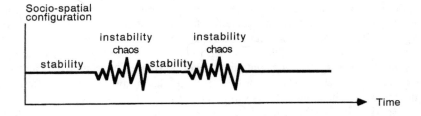

Die vorliegende Arbeit stützt sich zur Untersuchung urbaner Prozesse auf die Theorie komplexer Systeme. Durch die Einführung der Simulationstechniken der ZA und MAS eröffneten sich für die Erforschung komplexer Systeme neue Möglichkeiten, da die erforderlichen Daten über die einzelnen Elemente in der notwendigen zeitlichen Auflösung nicht empirisch erhoben werden können. Derartige Simulationen erlauben dagegen, einfache Annahmen über die Interaktionsregeln der Elemente abzubilden und deren Auswirkungen zu erkunden. Es werden sehr einfache, künstliche Gesellschaften (J. M. Epstein und R. Axtell 1996) im Computer (in silico) erzeugt, welche in beliebiger Genauigkeit analysiert werden können. Die Schwierigkeiten der Validierung solcher Simulationsmodelle werden im 7. Kapitel besprochen.

2.2 Die Anfänge urbaner Modellierung

In der Fachliteratur wird die formale Darstellung und Simulation einer Stadt unter Einbeziehung aller wesentlichen Teilbereiche[2] als Large Scale Urban Model (LSUM) bezeichnet (M. Wegener 1994). Die Entwicklung solcher umfassenden Stadtmodelle begann in den 1950er Jahren in den USA (M. Batty 1994). Ausgangspunkt bildete die Standorttheorie von Johann Heinrich von Thünen aus dem Jahr 1826, die Aufschluss darüber gibt, wie es zu einer räumlichen Verteilung von Siedlungen, Flächennutzungen und Bevölkerung kommt (P. Haggett 1991, S. 526-536). In der Folge wurden verschiedene grundlegende geographische Gesetzmäßigkeiten entdeckt, die alle auf einem ökonomischen Konzept von Optimalität beruhen (L. Schätzl 2003). Für das Verständnis urbaner Systeme sind besonders drei dieser Gesetze relevant: Das Gesetz der Verteilung zentraler Orte, das Gesetz der Aufteilung des Entwicklungspotentials in Abhängigkeit von der Siedlungsgröße und das Gesetz der Gleichgewichtsverteilung der Grundrente, deren Höhe mit der Entfernung zum Stadtzentrum abnimmt. Weitere Komponenten einer Stadt wie Bevölkerung, Arbeitsplätze, Dienstleistungen und Verkehrssystem wurden ergänzend hinzugefügt und nahmen Einfluss auf die Gleichgewichtsbildung. Von Bedeutung ist außerdem die 1952 erstmals veröffentlichte Theorie von Torsten Hägerstrand über die räumliche Ausbreitung von Innovationen. Eine gute Zusammenfassung der genannten Gesetze und Theorien findet sich beispielsweise bei Bathelt und Glückler (2003), Haggett (1991) sowie Schätzl (2003).

Den ersten Versuch, die oben genannten Gesetze und Theorien in einem „integrierten" Stadtmodell zu vereinen, machte Lowry (1964) am Beispiel von Pittsburgh. Dieses Modell war allerdings statisch und unterlag der Annahme, dass sich eine Stadt als Ganzes stets in einem Gleichgewichtszustand befindet. Für die Gliederung der Stadt in Sektoren, wurde ein Raster in der Auflösung von einer Quadratmeile angenommen. Den Rasterzellen wurden die unterschiedlichen Aktivitäten zugeordnet. Diese Aufteilung erinnert bereits an die Struktur eines Zellulären Automaten (vgl. 2.5.2).

Im vorangegangenen Abschnitt wurde bereits der Ansatz von Jay Forrester für ein dynamisches Stadtmodell erwähnt (J. W. Forrester 1969). Darin werden positive Rückkoppelungen als Hauptursache für komplexe und intuitiv nicht nachvollziehbare Verhaltensweisen natürlicher und im Speziellen urbaner Systeme beschrieben. In Forresters Modell dominiert stets eine Rückkoppelungsschleife das gesamte System, bis sie von einer anderen abgelöst wird. Für die

---

2 Diese sind: Verkehrsnetz mit Personenverkehr und Warentransport, Bevölkerung mit Wohnungsstruktur und Beschäftigungsverhältnissen, Arbeitsmarkt, Flächennutzung (C. Breßler und M. Harsche 2004b)

Untersuchungen des Verhaltens dieses dynamischen Modells war der Computer ein unentbehrliches Werkzeug. Aus einer Änderung der Eingabeparameter resultierte eine Veränderung des Gleichgewichtszustandes. Dieser Zusammenhang war intuitiv nachvollziehbar und linear. Das Problem an Forresters Modell war hauptsächlich, dass es eine zu generelle Sicht des urbanen Systems (basierend auf Durchschnittswerten) beinhaltete und jeglichen Raumbezugs ermangelte (numerische Simulation ohne graphische Oberfläche), was seine Ursache vermutlich in der Ignoranz Forresters gegenüber der geografischen Theorie seiner Zeit hatte.

Die meisten umfassenden Simulationen, die bis heute entwickelt wurden, basieren auf den Grundkonzepten von Lowry und Forrester und versuchen die wesentlichen Komponenten einer Stadt – Wohnen, Arbeiten, Dienstleistungen, Flächennutzung und Verkehrssystem – im Rahmen eines Modells zueinander in Beziehung zu setzen. Für eine detaillierte Erläuterung der Funktionsweisen der aktuellsten Modelle sei auf die Übersichtsartikel von Michael Wegener verwiesen (M. Wegener 1994, 2005). Das Ziel bei der Entwicklung dieser Modelle war, die Ausgewogenheit zwischen dem Verständnis des Prozesses, der Komplexität der Beschreibung und der Verfügbarkeit der Daten zu gewährleisten. Die Gemeinsamkeit all dieser Modellkonzeptionen besteht in einer reduktionistischen Sichtweise (Top-Down-Modelle), welche für ein Studium von Systemen durch die Unterteilung in logisch begründete Komponenten charakteristisch ist.

2.3   Lees Kritik umfassender urbaner Modelle

Der einflussreichste und populärste Angriff auf die umfassenden urbanen Modelle (LSUM) stammt von Douglas B. Lee und wurde unter dem Titel „Requiem for Large-Scale Models" veröffentlicht (D. B. Lee 1973). Darin werden „Seven Sins of Large-Scale Models" beschrieben, die den Kern der Kritik bilden und in abgewandelter Form teilweise bis heute ins Feld geführt werden.

Lees Liste der sieben Sünden beginnt mit *„Hypercomprehensiveness"*. Angeprangert wird damit der Versuch, zu viel mit einem Modell erklären zu wollen. Konkret bedeutet dies, dass zu viele Variablen gekoppelt werden, deren Aussagefähigkeit und Richtigkeit nicht überprüfbar sind. Das Hinzufügen weiterer Teilaspekte in der Absicht, das Modell zu komplettieren, führt zu geringerer Genauigkeit, da mehr „Unwissen" einfließt. Zudem führt *„Wrongheadedness"* dazu, dass durch die Integration zu vieler Einschränkungen und Beziehungen innerhalb der Modellstruktur, die sich daraus ergebenden Mechanismen selbst für den Hersteller des Modells nicht mehr zu verstehen oder zu unterschieden sind. Aus heutiger Perspektive lässt sich (z.B. im Hinblick auf die Chaosforschung) leicht einsehen, dass zusätzliche Variablen und Beziehungen ein System immer mehr von den Anfangsparametern abhängig machen und dass bereits sehr kleine Ungenauigkeiten zu einem vollständig anderen und falschen Verständnis des zugrunde liegenden Prozesses führen können.

Ein weiteres Problem wird durch den Begriff *„Hungriness"* aufgezeigt, der die ungeheure Menge an benötigten Daten ausdrücken soll. In Kombination mit *„Complicatedness"*, führt dies zu dem Vorwurf, dass die Modellbauer nicht in der Lage sind, bei komplexen Modellen ein angemessenes Verständnis für die selbst erzeugten „Black-Box" Konstrukte zu entwickeln. Damit ist gemeint, dass ein Benutzer keinen Anhaltspunkt hat, wie nach einer Änderung einer Eingangsvariablen der entsprechende Ausgangswert zustande kommt[3]. Dieses Problem der Nachvollziehbarkeit führt im Zweifelsfall zu einem Verlust der Vertrauenswürdigkeit des Modells. Ferner ermöglicht es dem Programmierer durch die Festsetzung von Restriktionen das Modell so zu justieren, dass es die gewünschten Ergebnisse liefert. Nicht zuletzt verstärkt *„Grossness"* die Probleme zusätzlich: Die Modelle arbeiten mit „aggregierten" Daten (Durchschnittswerten), um die Kompliziertheit zu verringern, ermöglichen dadurch aber trotz der enormen Datenmengen nur allgemeine Aussagen auf globaler Ebene und nicht auf lokaler, wo sie für Planungsentscheidungen notwendig wären.

Neben diesen noch heute problematischen Aspekten werden Kritikpunkte angeführt, die aus gegenwärtiger Sicht durch den Fortschritt der Technik ihre Relevanz verloren haben. Darunter fällt zum einen *„Mechanicalness"*, womit damalige computertechnische Probleme wie Rundungsfehler und sequentielle Aufgabenbearbeitung angesprochen werden, sowie Schwierigkeiten, ein Problem computergerecht aufzubereiten. Zum anderen steht *„Expensiveness"* für die hohen Kosten, die für die Beschaffung der erforderlichen Daten und Prognosen aufgewendet werden mussten. Erst in den 1980er Jahren wurden die kommunalen und regionalen Geo-Informations-Systeme (GIS) eingeführt, die zwar wiederum ein Vermögen kosteten, heute aber etabliert sind und als Datengrundlage für die Modelle verwendet werden können.

Neben seiner Kritik formuliert Lee drei Richtlinien für Modellbauer. Diese stimmen mit den allgemeingültigen Grundsätzen der Komplexitätsforschung, in deren Rahmen sich die vorliegende Arbeit bewegt, überein: Demnach gehört Transparenz zu einem der wichtigsten Kriterien eines guten Modells. Es soll mit einem zumutbaren Aufwand für jeden Benutzer leicht verständlich sein. Diese Forderung entspricht der Reduktion auf die wesentlichen Systemparameter und deren Relationen. Dadurch wird gewährleistet, dass bei Unstimmigkeiten im Modell die beteiligten Personen diese entdecken und benennen können, was

---

3 Bei dem Stadtsimulationsspiel „Sim City" kann diese Problematik gut nachvollzogen werden.

wiederum ermöglicht, nach einem Konsens über die Anfangsannahmen Einigkeit über die Ergebnisse zu erzielen und eine fruchtbare Zusammenarbeit der am Planungsprozess beteiligten Personen zu gewährleisten. Ferner ist bei der Modellkonzeption eine Balance zwischen Theorie, Objektivität und Intuition anzustreben. Das Vorgehen sollte sich an der Problemstellung orientieren und dementsprechende Methoden auswählen, nicht umgekehrt. Zusammengefasst sollte ein Modell formal so einfach wie möglich gehalten werden, da Komplexität „automatisch" innerhalb der Modellstruktur entsteht.

2.4 Dokumentation und mathematische Modellierung

Die im Folgenden zu untersuchenden Simulationsmodelle werden auf drei verschiedenen Ebenen dokumentiert. Die erste Ebene beinhaltet die textliche Beschreibung des Modells, die zweite umfasst repräsentative grafische Abbildungen, und die dritte stellt die mathematischen Grundlagen dar. Für ein prinzipielles Verständnis der Modelle ist es ausreichend, die ersten beiden Präsentationsformen zu betrachten, die mathematischen Hintergründe sind allerdings für ein detailliertes Verständnis der Simulationen erforderlich. John Holland (1998) hat für die Relevanz der mathematischen Darstellung einen treffenden Vergleich mit dem Bereich der Musik vorgeschlagen. Jeder Mensch kann mühelos komplizierte Musik bewusst wahrnehmen, aber es gibt musikalische Feinheiten, die verloren gehen, wenn man keinen Zugang zur Notation hat. Beispielsweise ist es undenkbar, wie Bach, Beethoven und Prokofiev ihre ausgeklügelten Kompositionen ohne musikalische Notation gestalten hätten können und wie diese Werke adäquat gespielt werden könnten. Mathematische Notation ist für den Naturwissenschaftler, was musikalische Notation für den Musiker ist. Durch die Integration der mathematischen Notation wird ein tieferer Einblick in die Feinheiten der Modellkonstruktion gewährt. Die in der vorliegenden Arbeit angeführten Notationen sind möglichst einfach gehalten und setzen keine speziellen Vorkenntnisse voraus.

Für die Beschreibung einzelner besonders relevanter Modelle wird außerdem auf sogenannte Flussdiagramme zurückgegriffen, die sich zur Beschreibung des Verlaufs einer Simulation eignen. Für die Herstellung der Programme wurde die Sprache Delphi (ehemals Object Pascal) und die gleichnamige integrierte Entwicklungsumgebung (IDE) von Borland verwendet. Auf den Abdruck des Quellcodes der Programme wurde verzichtet, da es sinnvoller erscheint, diesen neben den ausführbaren Programmdateien in Form der Pascal-Quellcode-Dateien über die in der Einleitung (1.2) angegebene Internetseite zur Verfügung zu stellen.

2.5 Grundstruktur der Simulationsmodelle

Im Kontext der Komplexitätstheorie, in welchem die Arbeit entwickelt wird, müssen die Untersuchungen von den kleinsten sinnvollen Elementen ausgehen, um Emergenzphänomene auf übergeordneten Ebenen erklären zu können. Dementsprechend wird an dieser Stelle ein Simulationskonzept vorgestellt, wie das System Stadt computertechnisch repräsentiert werden kann. Dieses Konzept umfasst die generelle Herangehensweise sowie die Repräsentation der Elemente und deren Wechselwirkungen. Die Modelle in den folgenden Kapiteln werden auf dieser Grundlage aufbauen.

Die Trennung von Individual- und Aggregatanalyse ist sowohl für die Raumökonomie als auch für die Stadtsoziologie von besonderer Bedeutung und wird als Makro-Mikro-Problem bezeichnet (J. Friedrichs 1995). Aus der Perspektive der Komplexitätstheorie kann dieses Problem folgendermaßen dargestellt werden: *"The laws that describe the behaviour of a complex system are qualitatively different from those that govern its units."* (T. Vicsek 2002)

Die Synergetik (H. Haken 1983) als Sichtweise innerhalb der Theorie komplexer Systeme bietet ein geeignetes Konzept, um diesem Problem gerecht zu werden, indem sie davon ausgeht, dass zwischen der Mikro- und Makroebene eine zirkulär-kausale Verbindung besteht (vgl. Abbildung 2). Das bedeutet, dass Gruppen von Handlungsträgern (Akteure) auf verschiedenen Ebenen in Wechselwirkung miteinander stehen. Dies hat zur Folge, dass alle Handlungsträger gegenseitig aufeinander einwirken, indem sie gleichzeitig die Umwelt der anderen Handlungsträger darstellen und das gemeinsam erzeugte Handeln mitbestimmen. Die Synergetik nimmt an, dass Verhaltensweisen nicht direkt, sondern nur über die Änderung gewisser Rahmenbedingungen beeinflussbar sind. Diese Rahmenbedingungen können auch als Kontrollparameter bezeichnet werden (A. Wunderlin 1996). Die Variation eines Kontrollparameters kann einen systemweiten Phasenübergang hervorrufen oder das makroskopische Verhalten eines Systems bestimmt (J. Portugali 2000: 55-56). Wie von Hermann Haken, dem Begründer der Synergetik, gefordert, besteht die zentrale Methodologie der folgenden Untersuchung darin, nach qualitativen Veränderungen auf der makroskopischen Ebene Ausschau zu halten (H. Haken 1996).

Kontrollparameter können eine den Intentionen entsprechende Wirkung nur dann entfalten, wenn die zirkulär-kausale Verbindung zwischen der Mikro- und Makroebene Berücksichtigung findet, die auf einen Wirkungszusammenhang zwischen Prozessen, Strukturen und Phänomenen zurückgeführt werden kann (G. Artl und P. Weise 1999). Das Konzept der Synergetik hat sich bei der Modellierung komplexer urbaner Systeme als fruchtbar erwiesen (J. Portugali 2000) und bildet auch bei der vorliegenden Arbeit die konzeptionelle Basis. Insbesondere das Prinzip der zirkulären Koppelung spielt bei der Modellbildung eine wesentliche Rolle.

Sowohl auf der Makro- als auch auf der Mikroebene (Abbildung 2) werden die Verhaltensweisen der Handlungsträger dadurch bestimmt, dass sie stets versuchen die negativen Faktoren zu minimieren und die positiven zu maximieren. Da allerdings positive und negative Faktoren miteinander verknüpft sind, ist immer ein Kompromiss zwischen den verschiedenen Faktoren erforderlich, der als Trade-off bezeichnet wird. Ein Trade-off liegt dann vor, wenn man eine Verbesserung oder Erlangung eines Aspektes nur unter Inkaufnahme der Verschlechterung oder Verlust eines anderen Aspektes erreichen kann. Beispielsweise kann ein Einzelhändler seine Lage hinsichtlich der Zentralität nur dann optimieren, wenn er auch bereit ist, höhere Kosten dafür aufzuwenden, da zentrale Lagen in der Regel mit höheren Mietpreisen verbunden sind.

Abbildung 2:   Siedlungsentwicklung im Wirkungszusammenhang. Reproduziert in Anlehnung an Artl und Weise (1999).

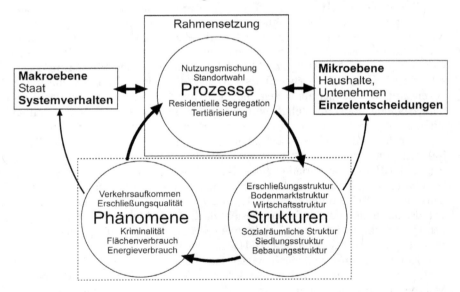

Für die Simulation der Dynamik räumlicher Prozesse werden Zelluläre Automaten (ZA) und Multi-Agenten Systeme (MAS) verwendet (I. Benenson und P. M. Torrens 2004). Bei diesen handelt es sich um zwei wesentliche Repräsentationsformen eines urbanen Systems (Abbildung 3). ZA bilden räumliche Elemente wie Straßen, Parzellen und Gebäude ab. Diese werden als örtlich fixierte Objekte behandelt, deren Zustände sich zu bestimmten Zeitpunkten verändern können. In einem ersten Abstraktionsschritt werden diese Elemente in die Zellen eines regelmäßigen Rasters übertragen und als Status einer solchen Zelle gespeichert. Die zweite Ebene beinhaltet die individuellen und kollektiven urbanen Akteure, die im Folgenden als Agenten bezeichnet werden. Im Gegensatz zu den Zellen sind Agenten mobil und können sich frei über das Zellenraster, den zellulärer Raum, bewegen. Es lassen sich verschiedene Arten der Kommunikation der Agenten untereinander, sowie der Agenten mit den Zellen definieren. Ein aus den beiden Komponenten ZA und MAS bestehendes System wird nach Portugali (2000) als FACS (Free Agents in a Cellular Space) bezeichnet und bildet ein IRN (Inter Representation Network), wenn die beiden Ebenen zirkulär-kausal miteinander gekoppelt sind (Abbildung 3 rechts). Auf die Bedeutung eines zirkulär gekoppelten Systems wurde bereits eingegangen (vgl. Abbildung 2). Die Entitäten des MAS und des ZA werden bei der Umsetzung in ein Simulationsprogramm als Objekte im Sinne des Paradigmas der objektorientierten Programmierung implementiert.

Unter Rückgriff auf das Modell der Siedlungsentwicklung im Wirkungszusammenhang von Prozessen, Strukturen und Phänomenen (Abbildung 2) und auf das Konzept der zirkulär gekoppelten Ebenen eines MAS und ZA (Abbildung 3) können wir mit Abbildung 4 ein allgemeines Schema angeben, nach dem die Simulationsmodelle der vorliegenden Arbeit aufgebaut sind. Zu Beginn der einzelnen Kapitel wird dieses Schema auf die konkreten Modelle übertragen und im Detail beschrieben.

Abbildung 3:   Modell eines urbanen Systems. Das System wird in Ebenen für unterschiedliche Elemente gegliedert wird, die wiederum durch die Zellen eines ZA oder Agenten des MAS repräsentiert werden können. Die Darstellung orientiert sich an einer Abbildung aus Benenson und Torrens (2004: 27).

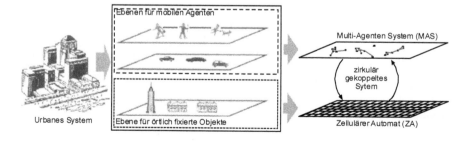

Abbildung 4:   Allgemeiner Wirkungszusammenhang der Simulationsmodelle.

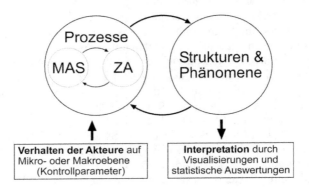

2.5.1   Multi-Agenten-Systeme (MAS)

Alle autonomen Entitäten eines Modells können als Agenten repräsentiert werden. Ein Agent hat verschiedene Eigenschaften, beispielsweise seine Farbe und räumliche Position. Außerdem kann ein Agent mit seiner Umwelt, welche aus anderen Agenten oder Objekten besteht, Informationen austauschen und daraufhin sein Verhalten anpassen. Sowohl die Eigenschaften als auch das Verhalten werden in Zahlenwerten gespeichert und unter bestimmten Bedingungen abgerufen oder ausgeführt. Aus pragmatischen Gründen werden zwei Arten von Agenten unterschieden. Die Mitglieder der ersten Gruppe können sich frei über eine gegebene Fläche bewegen und sind in den Simulationsprogrammen in der Regel als Kreise dargestellt, während jene der zweiten Gruppe fest an einen Ort gebunden und in den Modellen in einem regelmäßigen Kästchenraster angeordnet sind. Die Agenten der zweiten Gruppe werden als Zellen bezeichnet und bilden zusammen einen Zellulären Automaten, der im nächsten Abschnitt erläutert wird. Der Informationsfluss findet in der Regel so statt, dass die mobilen Agenten bei der jeweiligen Zelle, über der sie sich gerade befinden, Informationen ablegen und abrufen. Die mobilen Agenten kommunizieren auf diese Weise indirekt über das Zellenraster miteinander.

Zur mathematischen Modellierung werden die einzelnen Agenten A mit einem fortlaufenden Index j notiert, wobei N_A die Gesamtzahl der im System vorhandenen Agenten angibt.

2.5.2 Zelluläre Automaten (ZA)

Ein zellulärer Automat ist ein Computermodell, welches meistens aus einer regelmäßigen Anordnung identischer Zellen besteht. Jede Zelle kann bestimmte Zustände annehmen und steht mit einer definierten Anzahl von Nachbarzellen in Wechselwirkung. Die Grundbestandteile eines solchen Systems, die Zellen und die Regeln zur Berechnung des nächsten Zustandes einer Zelle, sind sehr einfach strukturiert, ergeben jedoch in ihrem Zusammenwirken ein komplexes System.

Zelluläre Automaten können sich in Bezug auf vier Merkmale unterscheiden: Das erste ist die Geometrie der Zellenanordnung. Meist verwendet man ein rechtwinkliges Kästchen-Gitter aus identischen Quadraten. Sinnvoll sind ferner Automaten mit anderen regelmäßigen Gittern aus Polygonen mit drei oder sechs Ecken. Daneben können auch unregelmäßige Strukturen verwendet werden, bei denen jede Zelle verschieden viele Nachbarn hat. Eine Gegenüberstellung verschiedener Grundstrukturen findet sich beispielsweise bei Flache & Hegselmann (2001). Auch drei- oder vierdimensionale Anordnungen lassen sich konstruieren, allerdings nicht mehr ohne weiteres veranschaulichen (P. Coates, N. Healy, C. Lamb, & W. L. Voon 1996).

Als zweites Merkmal muss festgelegt werden, welche Plätze in einer bestimmten Anordnung als benachbart zu einer beliebigen Zelle gelten. Zwei häufig auftretende Nachbarschaften sind in Abbildung 5 dargestellt. Bei der Von-Neumann-Nachbarschaft werden die vier unmittelbar benachbarten Zellen oben, unten, links und rechts betrachtet. Rechnen neben diesen vier Zellen auch noch die vier diagonal benachbarten mit, so spricht man Edward F. Moor zu Ehren von Moore-Nachbarschaft.

Abbildung 5:   Verschiedene Nachbarschaftsdefinitionen. *(a)* Von-Neumann-Nachbarschaft; *(b)-(d)* Moore-Nachbarschaft mit verschiedenen Nachbarschaftsgrößen, *(b)* k=1, *(c)* k=2, *(d)* k=4.

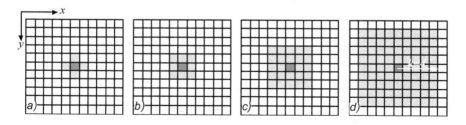

Das dritte Kennzeichen eines zellulären Automaten ist die Zahl der möglichen Zustände pro Zelle. Das vierte und letzte Merkmal, welches vor allen anderen für die Vielfalt im Universum der zellulären Automaten sorgt, ist die Regel, nach welcher der künftige Zustand einer Zelle aus der momentanen Nachbarschafts-Konstellation ermittelt wird (Transition-Regel).

Zelluläre Automaten finden in Architektur, Städtebau und Geografie zahlreiche Anwendungsmöglichkeiten. Wir konzentrieren uns in den nachfolgenden Darstellungen auf den städtischen Kontext. Hier werden wir insbesondere Wachstums- und Verkehrssimulationen, ökonomisches Handeln und die Dynamik der Veränderungsvorgänge untersuchen. Nachdem die zugrunde liegenden Prinzipien einmal aufgezeigt sind, wird es möglich, bestimmte urbane Strukturen zu generieren.

Im Folgenden soll ein Beispiel für einen ZA betrachtet werden. Für eine Zelle H in Spalte x und Reihe y des Rasters werden die Zustände (im vorliegenden Beispiel 0 oder 1) der Moore-Nachbarschaft (ohne die Zelle [X, Y] selbst) überprüft und das Ergebnis in einer Zwischenablage (limboWorld) gespeichert.

```
for X := 1 to N_H(Reihe) do
begin
    for Y := 1 to N_H(Spalte) do
    begin
        for I := -1 to 1 do
        begin
            for K := -1 to 1 do
            begin
                summe := summe + Zelle[X+K, Y+I].status;
            end;
        end;
        limboWorld[X, Y] := summe - Zelle[X, Y].status;
    end;
end;
```

Anschließend wird aufgrund der *Transition-Regel* (limboWorld[X, Y] >= 1) der jeweilige Status-Werte einer Zelle auf 0 oder 1 gesetzt:

```
for X := 1 to N_H(Reihe) do
begin
    for Y := 1 to N_H(Spalte) do
    begin
        for I := -1 to 1 do
        begin
```

```
for K := -1 to 1 do
begin
    If limboWorld[X, Y] >= 1 Then
    begin
        Zelle[X, Y].status := 1;
    end else begin
        Zelle[X, Y].status := 0;
    end;
end;
end;
end;
```

Indem die Statuswerte der Zellen in der limboWorld zwischengespeichert werden, kann eine parallele Verarbeitung aller Zellen simuliert werden. Würden dagegen die Zellenzustände der Reihe nach von links nach rechts verändert, hätte z.B. die linke Nachbarzelle einer betrachteten Zelle bereits den neuen Zustand von $t+1$, ihre rechte Nachbarzelle befände sich aber noch im alten Zustand t. Da für die Funktionsweise eines ZA das „gleichzeitige" Umschalten aller Zellen von t nach $t+1$ notwendig ist, muss auf dieses so genannte pseudoparallele Verfahren zurückgegriffen werden. Dadurch verändert die sequentielle Abarbeitung der Nachbarschaftsüberprüfung im ersten Durchgang nicht die Status-Werte der Zellen, sondern speichert lediglich die Summen der Nachbar-Status-Werte. Auf der Grundlage dieser Summenwerte wird in der zweiten Schleife mittels der Transition-Regel entschieden, welchen Zustand die Zellen im nächsten Zeitschritt annehmen.

Für die mathematische Modellierung des oben angegebenen Algorithmus wird die formale Notation folgendermaßen definiert: Die einzelnen Zellen werden mit dem Index H bezeichnet. N_H gibt die Gesamtzahl der im System vorhandenen Zellen an. Alternativ können für eine exakte Positionsangabe die Zellen auch mit ihren x- und y-Koordinaten indexiert werden. Der Status (oder auch Zustand) einer Zelle wird durch $S = \{1, 2, 3, \ldots, N_S\}$ dargestellt. Der Zustand einer Zelle wird dementsprechend mit S^H geschrieben. Ein ZA, dessen Zustände auf zwei Möglichkeiten beschränkt sind $S = \{1, 2\}$, bezeichnet man als binären Automaten. Die Zustände werden oftmals als lebend / tot, an / aus oder ähnliches bezeichnet. Die Nachbarschaft um eine Zelle H ist definiert durch $U(H)$, wobei die Zellen, welche zu dieser Nachbarschaft gezählt werden gesondert bestimmt werden müssen. Diese Festlegung kann entweder durch die Abweichung von den x- und y-Koordinaten einer Zelle angegeben werden oder es wird ein Radius k bestimmt, der den Umfang der Moore-Nachbarschaft angibt (Abbildung 5).

Der oben dargestellte Algorithmus kann nun formal ausgedrückt werden. Die Zählregel basiert auf einer Moore-Nachbarschaft mit $k = 1$, wobei die betrachtete Zelle in der Mitte nicht dazu gezählt wird, was mit $H \notin U(H)$ angegeben wird. Die Transition-Regel wird dann folgendermaßen dargestellt:

$$If \sum_{G \in U(H)} S^G(t) \geq 1 \ then \ S^H(t+1) = 1,$$

$$otherwise \ S^H(t+1) = 0.$$
(1)

2.6 Graphen und Netzwerke

Während der letzten Jahrzehnte hat die Netzwerkforschung in nahezu allen Wissenschaftsbereichen an Aufmerksamkeit gewonnen (A.-L. Barabási 2003). Grundlage der Netzwerktheorie ist die Graphentheorie, welche die Eigenschaften von Graphen und ihre Beziehungen zueinander untersucht (R. Diestel 2006). Für die Analyse städtischer und architektonischer Systeme existiert eine graphenbasierte Methode, die als Space Syntax bekannt ist (B. Hillier 2007; B. Hillier und J. Hanson 1984; B. Hillier, A. Leaman, P. Stansall, & M. Bedford 1976). Sie dient der Berechnung der Erreichbarkeit eines Ortes (Konnektivität) innerhalb eines Graphen, wobei nur die topologischen Relationen analysiert werden, ohne dabei metrische Entfernungen zu berücksichtigen.

In der Graphentheorie besteht ein Graph[4] aus einer Menge von Punkten, zwischen denen Linien verlaufen (Abbildung 6). Die Punkte nennt man Knoten oder Ecken, die Linien nennt man meist Kanten, manchmal auch Bögen. Auf die Form der Knoten und Kanten kommt es im Allgemeinen nicht an. Knoten und Kanten können auch mit Namen versehen sein, dann spricht man von einem benannten Graphen. In so genannten Multigraphen können zwei Knoten auch durch mehrere Kanten verbunden sein, was in einfachen Graphen nicht erlaubt ist. Statt mehrere Linien zwischen zwei Punkten zu zeichnen, kennzeichnet man Mehrfachkanten auch häufig durch ihre Vielfachheit (R. Diestel 2006). In gerichteten Graphen oder auch orientierten Graphen werden Kanten statt durch Linien durch Pfeile gekennzeichnet. Diese Erweiterungen dienen beispielsweise der Unterscheidung von Einbahnstraßen und Straßen, die in zwei Richtungen oder mehrspurig befahren werden. Die Pfeile würden dann die Fahrtrichtung angeben.

Üblicherweise wird die Struktur der Straßen und Wege einer Stadt als Graph abgebildet, bei dem die Kanten Straßen und die Knoten Kreuzungen dar-

---

4 Typen von Graphen in der Graphentheorie:
http://de.wikipedia.org/wiki/Typen_von_Graphen_in_der_Graphentheorie und Planarer Graph:
http://de.wikipedia.org/wiki/Planarer_Graph (zuletzt besucht am 23.10.2007)

stellen (Abbildung 6). Die Kapazität einer Straße kann durch eine zugehörige Gewichtung erfasst werden. Eine graphenbasierte Repräsentation des Wegesystems eröffnet zahlreiche Möglichkeiten der Netzwerkanalyse (M. Batty 2005b; M. Newman, A.-L. Barabasi, & D. J. Watts 2006). Beispielsweise lassen sich kürzeste Wege zwischen Ziel- und Ursprungsort berechnen, die ein Stadtbewohner vermutlich wählen wird, da er im Gegensatz zu einer Ameise über Karten und damit über ein zusammenhängendes Bild der Stadt und ihres Verkehrssystems verfügt. Ferner können Nachbarschaftsbeziehungen dargestellt werden. Dies ist für die Frage der sozialen Struktur einer städtischen Gesellschaft relevant, womit wir uns im 5. Kapitel zur Wohnortdynamik ausführlich befassen werden. Dabei werden Knoten für die Repräsentation eines Raums einer Straße oder einer Kreuzung verwendet und die Kanten geben die Relationen zwischen diesen Elementen an. Diese Form der Repräsentation geometrischer Objekte und deren Beziehungen untereinander wird als topologisches Modell bezeichnet. Die im Folgenden verwendeten einfachen Graphen beschränken sich auf planare Graphen (auch plättbare Graphen), deren Knoten und Kanten auf einer Ebene so dargestellt werden können, dass sich die Kanten nicht schneiden (Abbildung 6).

Abbildung 6:   Einfacher Graph. Die Knoten sind nummeriert und durch Kanten verbunden.

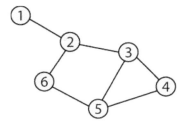

2.7 Relevante Algorithmen

In diesem Kapitel werden Verfahren vorgestellt, die für die Simulationsmodelle, welche in den folgenden Kapiteln besprochen werden, wiederholt verwendet werden. Verfahren wird hier als Synonym für den Begriff des Algorithmus verwendet, der seine sprachlichen Wurzeln im Griechischen hat und meist in der Mathematik und EDV verwendet wird. Ein Algorithmus kann allgemein beschrieben werden als eine Folge von exakten Arbeitsanweisungen zum Lösen einer Rechenaufgabe in endlich vielen, eindeutig festgelegten, auch wiederholbaren Schritten.

„Jede mit einem Algorithmus lösbare Aufgabe kann prinzipiell auch von einem Re-
chenautomaten gelöst werden. Wesentliche Eigenschaften des (…) modernen
Algorithmusbegriffs sind dessen Determiniertheit, Allgemeinheit und Endlichkeit;
eine Erweiterung bilden die nichtdeterminierten Algorithmen (z.B. stochastische Algorithmen), die bei gleichen Startbedingungen unterschiedliche Ergebnisse liefern
können." (Brockhaus, 2002)

2.7.1 Diffusion

Der Begriff Diffusion bedeutet „das Auseinanderfließen" und meint in seiner
Verwendung im Kontext eines ZA den Ausgleich von Konzentrationsunterschie-
den z.B. bei Potentialwerten P^H einer Zelle. Bei einem solchen Ausgleich wird
ein vorhandener Wert P der Zelle H auf die Nachbarzellen verteilt. Beispielsweise auf die acht Zellen der Moore-Nachbarschaft $U(H)$:

$$P^H(t+1) = \mu \bullet \left\{ \sum_{\substack{G \in U(H), \\ H \notin G}} P^G(t)/8 \right\}, \tag{2}$$

wobei μ den Koeffizienten für den Verfall der Potentialwerte P^H bei $\mu < 1$
oder deren Verstärkung bei $\mu > 1$ pro Zeitschritt t bezeichnet.

2.7.2 Hill-Climbing

Das Hill-Climbing-Verfahren wählt aus einer Liste L_i verschiedener Werte i den
höchsten Wert M aus:

$$M = \max_i \{L_i\}. \tag{3}$$

Für die Auswahl des maximalen Werts M aus einer Liste L_i mit N Zahlen werden
folgende Schritte durchlaufen:

a.   setze $M = 0$
b.   for $i = 1$ to N do
     begin
          if $(L_i > M)$ Then $M = L_i$
     end.

Das Hill-Climbing-Verfahren wird dazu verwendet, einen maximalen Wert in
der Nachbarschaft einer Zelle zu finden. Dazu folgt ein mobiler Agent z.B. dem

Gradienten der Potentialwerte ∇P^H. Die Orientierung O des Agenten für den nächsten Schritt $t+1$ wird dann folgendermaßen ausgedrückt:

$$O^A(t+1) \leftarrow \max_i \nabla P^H(t). \tag{4}$$

2.7.3 Roulette-Wheel

Das Roulette-Wheel-Verfahren wird zur Auswahl eines Wertes aus einer gegebenen Reihe von Werten verwendet. Dabei kann die Wahrscheinlichkeit der Wahl eines Werts jeweils gewichtet werden. Man kann sich diese Gewichtung so vorstellen, dass die Zahlenfächer auf einer Roulettscheibe (0 - 36 = 37 Werte) verschieden groß eingestellt werden können und sich dadurch die Wahrscheinlichkeit verändert, mit der die Kugel in eines der Fächer fällt.
Angenommen es soll ein Wert f aus N Zahlen f_1, f_2, f_3... f_N ausgewählt werden. Dabei gibt die Größe des jeweiligen Wertes seine Gewichtung (die Größe des Zahlenfachs) an. Diese wird bei der Roulette-Wheel-Auswahl als Auswahlwahrscheinlichkeit ρ_i bezeichnet und kann berechnet werden, indem jeder Wert durch die Summe aller Werte geteilt wird:

$$\rho_i = f_i / (f_1 + f_2 + ... + f_N) \text{ oder } \rho_i = f_i / \sum_i f_i \tag{5}$$

Um nun einen Wert i auszuwählen werden die folgenden Schritte durchlaufen:

    a. erzeuge einen zufälligen Wert r zwischen 0 und 1
    b. setze *sum* = 0
    c. for $i = 1$ to N do
        begin
           sum = *sum* + ϱ_i
           if (*sum* >= *r*) Then return i
        end.

Der zufällig gewählte Wert r entspricht der Position der Roulettekugel und Schritt c) prüft, in welchem Fach i sie zu liegen gekommen ist.
Da das Roulette-Wheel-Verfahren oftmals bei MAS dazu benutzt wird, die Bewegungsrichtung eines Agenten in einem Zellenraster (Landscape) zu bestimmen, wird die oben angegebene allgemeine Beschreibung für die Agentenbewegung erweitert. Ein Agent prüft für die Wahl der Richtung seines nächsten Schritts meistens seine nächste Umgebung, die aus den 8 umliegenden Zellen der Moore-Nachbarschaft besteht. Einschränkend kann sich hierbei sein Blickfeld auswirken. Die in Frage kommenden Nachbarzellen werden dann z.B. auf ihre

Potentialwerte P^H hin überprüft, welche als Werte für die Gewichtung ω_z herangezogen werden. Die Ausrichtung θ_z eines Agenten (heading) entspricht in Grad der Position der 8 umliegenden Nachbarzellen, $z = 1, 2,..., 8$. Die Wahrscheinlichkeit ρ_i, in welche Ausrichtung x der Agent seinen nächsten Schritt macht wird nun wie folgt berechnet:

$$\rho_{i \mid x} = \omega_z \bullet \theta_z / \sum_z \omega_z \bullet \theta_z . \qquad (6)$$

2.7.4 Random-Walk

Das Ramdom-Walk-Verfahren sorgt dafür, dass sich ein Agent A von seinem Standort (location) L in eine zufällig gewählte Richtung innerhalb seines Blickwinkels Φ und über die Distanz d hinweg zu einem neuen Ort i bewegt. Die Ausrichtung oder Orientierung O eines Agenten wird demnach beschrieben mit:

$$O^A(t+1) = O^A(t) + \text{random}(\Phi). \qquad (7)$$

Die Zufallsbewegung wird formal als Veränderung der Position L eines Agenten beschrieben:

$$L^{Aj}(t+1) = \text{move} \left\{ L^{Aj}(t), \ O^A(t) + \text{random}(\Phi), \ \text{random}(d) \right\}, \qquad (8)$$

wobei Φ die Winkel-Variation der Ausrichtung des Agenten angibt und d die Distanz darstellt, die er zurücklegt. Die Winkel-Variation Φ wird meist durch ein maximales Spektrum, also durch den Blickwinkel des Agenten eingeschränkt. Bewegt sich der Agent in einem regelmäßigen Zellenraster, sind die möglichen Winkel für einen Schritt in die unmittelbare Zellen-Nachbarschaft (Moore-Nachbarschaft) die Vielfachen von 45°. Dies ändert sich allerdings, wenn der Agent eine Distanz d von mehreren Zellen überwinden kann. Gleichung (8) wird auch als Bewegungsregel bezeichnet.

2.7.5 Doppelt verkettete Liste

Für die Verwaltung der Verbindungen eines Graphen eignet sich eine Adjazenzliste in Form einer doppelt verketteten Liste. Es wird bei jedem Knoten eine Liste mit den Knoten gespeichert, zu denen einen Verbindung (Kante) besteht. Dadurch wird eine Kante bei zwei Knoten gespeichert, wodurch sich die Bezeichnung doppelt verkettet ergibt. Diese Datenstruktur hat den Vorteil, dass ein Graph beliebig durchlaufen werden kann, eine Verbindung von Knoten (Node) N_1 zu Knoten N_2 also in beide Richtungen nutzbar ist. Eine einfache Verknüpfung entspräche der Speicherung einer Verbindung z.B. nur in Knoten

N_1. Auf diese Weise könnte in einem Verkehrsgraphen (Straßennetz) eine Einbahnstraße repräsentiert werden, die nur in einer Richtung nutzbar ist.

Alternativ zur Adjazenzliste kann auch eine Inzidenzmatrix verwendet werden, auf die hier aber nicht näher eingegangen wird, da sie keine Verwendung bei den Modellen dieser Arbeit findet.

2.7.6 A-Stern-Algorithmus

Der A-Stern-Algorithmus wird für die Berechnung des kürzesten Weges in einem zusammenhängenden Graphen verwendet. Er zeichnet sich dadurch aus, dass er vollständig ist, d.h. wenn ein Pfad zum Zielknoten existiert, wird dieser auch gefunden. Außerdem ist er optimal, d.h. es gibt keinen kürzeren Pfad zum Zielknoten als den gefundenen. Zudem ist der A-Stern-Algorithmus optimal effizient, d.h. jeder andere optimale und vollständige Algorithmus, der dieselbe Heuristik verwendet, muss mindestens so viele Knoten betrachten wie der A-Stern, um eine Lösung zu finden.

Der A-Stern-Algorithmus benötigt für die Berechnung des kürzesten Weges mehrere Elemente: Den Graph g (*graph*), auf welchem er laufen soll, den Startknoten N_s (*start*), von dem aus die Suche gestartet werden soll, den Zielknoten N_e (*ende*), zu dem der kürzeste Pfad gefunden werden soll, eine Prioritätswarteschlange *(S)*, welche alle Knoten speichert, die der Algorithmus bereits kennt (und deren *f*-Werte daher bereits bekannt sind) aber noch nicht besucht hat, zwei Listen *(L_b und L_a)* für bereits besuchte und aktuell betrachtete Knoten sowie zuletzt die Heuristik h, welche für jeden Knoten die Entfernung bis zum Ziel abschätzt.

Wendet man den A-Stern-Algorithmus auf einen Knoten N_u an, so werden zuerst alle von diesem Knoten aus erreichbaren Nachbarn berechnet. Danach wird durch die Heuristik für jeden dieser Nachbarn eine Schätzung abgegeben, wie „teuer" es ist (wie viele Schritte benötigt werden), von ihm aus zum Ziel zu kommen. Für jeden dieser Nachbarknoten N_v addiert der A-Stern-Algorithmus nun die von der Heuristik geschätzten Kosten bis zum Ziel zu den Kosten, um vom Knoten N_u zu eben jenem Knoten N_v zu kommen. Die Vorgehensweise des Algorithmus lässt sich dabei durch folgende Gleichung beschreiben:

$$f(N_v) = g(N_v) + h(N_v). \tag{9}$$

Hierbei steht $h(N_v)$ für die von der Heuristik für Knoten N_v geschätzten Kosten bis zum Ziel, $g(N_v)$ für die bisherigen gesamten Wegkosten, um von Knoten N_u, bei dem man den A-Stern-Algorithmus gestartet hat, zu Knoten N_v zu kommen, und $f(N_v)$ steht für die wahrscheinlich zu erwartenden Kosten, wenn man vom

Startknoten aus über seine aktuelle Position *(N$_u$)* zu dem entsprechenden Nachbarn *(N$_v$)* weitergeht, um von dort aus irgendwie weiter zum Ziel zu gelangen. Im nächsten Schritt wird nun derjenige Knoten weiter untersucht, welcher den geringsten *f*-Wert besitzt.

Es wird eine Liste L_a von "aktuellen Knoten" verwaltet. Zu jedem Knoten wird dessen Abstand vom Startknoten N_s auf dem kürzesten bisher gefundenen Pfad gespeichert. Soll außer der Länge des kürzesten Pfades auch der Pfad selbst gefunden werden, wird bei jedem Knoten auch sein Vorgänger gespeichert. Das Ergebnis kann dann in umgekehrter Reihenfolge (von N_e nach N_s) ermittelt werden. Der A-Stern-Algorithmus lässt sich zusammenfassend angeben mit:

a. Nimm den Startknoten N_s in L_a auf.
b. Für jeden Knoten aus L_a: Berechne die Summe aus seinem Abstand von N_s und seiner Schätzfunktion und ermittle den Knoten $N_{v\_}$ mit den geringsten Kosten.
c. Wenn $N_{v\_} = N_e$, dann wurde der kürzeste Weg gefunden und der Algorithmus wird beendet.
d. Ansonsten nimm die Nachfolger von $N_{v\_}$ in L_a auf und gehe zu b). $N_{v\_}$ wird "aufgelöst", d.h. aus L_a gelöscht und in die Liste L_b für besuchte Knoten eingetragen. Ist einer der Nachfolger bereits in L_a enthalten, nimm die Variante mit dem geringeren Abstand von N_s.

Als Beispiele für die Anwendung des A-Stern-Algorithmus wurden zwei Programme erstellt, die auf der in der Einleitung (1.2) genannten Internetseite zu finden sind. Als gute und ausführlichere Einführung in die Funktionsweise eines A-Stern-Algorithmus ist Lester (2005) zu empfehlen.

2.7.7 *Genetischer Algorithmus*

Der Genetische Algorithmus (GA) gehört zur Gruppe der Evolutionären Algorithmen (EA), bei welchen es sich um sogenannte heuristische Methoden handelt, die im Einzelfall die Lösung einer Aufgabe nicht garantieren, wohl aber den Zeitaufwand zur Problemlösung erheblich verringern. EA können als Nachbildung der biologischen Evolution, verstanden werden und umfassen neben dem GA die Genetische Programmierung (GP), die Evolutions-Strategie (ES) und die Evolutionäre Programmierung (EP). Eine detaillierte Beschreibung der vier EA findet sich bei Bentley und Corne (2002).

Der von Holland (1973, 1992) entwickelte GA wird mittlerweile für eine Vielzahl sehr unterschiedlicher Probleme verwendet. Eine der wichtigsten Eigenschaften eines GA ist die Trennung von Such- und Lösungsraum (Abbildung 7). Der Suchraum beinhaltet die kodierten Lösungen, die Genotypen, welche durch Kreuzung und Mutation variiert werden. Die kodierten Lösungen werden anhand eines Verfahrens, welches als Mapping (oder auch als Embryogenie) bezeichnet wird, in den Lösungsraum überführt und bilden dort die Phänotypen, die dem Selektionsprozess ausgesetzt werden. Alle zu einem Zeitpunkt vorhandenen Phäno- bzw. Genotypen bilden die Individuen einer Generation. Geeignete Individuen werden in die nächste Generation überführt. Welche Individuen als geeignet betrachtet werden, wird durch eine Fitnessfunktion bestimmt. Die Auswahl der am besten geeigneten Individuen kann mittels Roulette-Wheel-Verfahren (2.7.3) erfolgen. GAs zeichnen sich durch ihre Robustheit aus, d.h. sie liefern auch bei schlechter Implementierung gute Ergebnisse (D. E. Goldberg 1989).

Abbildung 7: Mapping der Genotypen des Suchraums auf die Phänotypen des Lösungsraums. Abbildung aus Bentley und Corne (2002: 11).

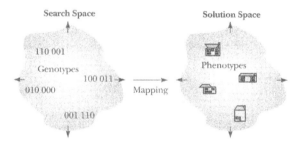

Bei der Vorliegenden Arbeit werden GA verwendet, um Kontrollparameter einer Simulation zu finden, die zu bestimmten Optima führen. Die Basis bildet die Struktur des sogenannten simple genetic algorithm (SGA) nach Goldberg (D. E. Goldberg 1989: 69), welcher für die vorliegende Problemstellung angepasst wurde. Es wird eine Anfangspopulation für den SGA erzeugt, die aus einer gegebenen Anzahl Individuen besteht, welche jeweils aus einem zufällig erzeugten Chromosom mit beliebig vielen binären Zeichen zusammengesetzt sind. In diesem Chromosom sind die betrachteten Kontrollparameter kodiert. Für jedes Individuum wird mit den entsprechenden Kontrollparametern eine Simulationsperiode durchlaufen und die zugehörige Fitness eines Individuums beziehungsweise Kontrollparametersatzes ermittelt.

Nachdem für alle Individuen je eine Simulationsperiode durchlaufen und jedem Individuum ein Fitnesswert zugeordnet wurde, wird eine neue Generation von Individuen erzeugt. Die Wahrscheinlichkeit, dass sich ein Individuum in die nächste Generation fortpflanzen kann, wird durch seinen Fitnesswert bestimmt. Die Fitnesswerte werden so skaliert, dass das Individuum mit dem höchsten Wert mit einer doppelt so großen Wahrscheinlichkeit ausgewählt wird, wie das Individuum mit dem Durchschnittswert. Das Individuum mit der geringsten Fitness hat keine Chance sich fortzupflanzen.

Die Kreuzungs-Rate gibt an, mit welcher Wahrscheinlichkeit die zur Fortpflanzung ausgewählten Individuen miteinander gekreuzt oder unverändert in die neue Generation kopiert werden. Unter Kreuzung versteht man die Mischung oder Rekombination zweier (Eltern-) Chromosome (Abbildung 8).

Die Mutationsrate gibt an, mit welcher Wahrscheinlichkeit zufällig ausgewählte Zeichen eines Chromosoms invertiert, also z.B. von 0 zu 1 geändert werden. Bei einer Mutationsrate von 1% wird im Durchschnitt jedes 100ste Zeichen mutiert.

Abbildung 8:   Erzeugung der Kindchromosome durch Kreuzung der Elternchromosome.

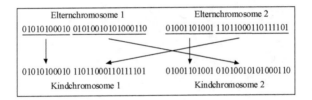

2.8 Messverfahren

Die visuelle Auswertung ist für das Verständnis charakteristischer Entwicklungen der Simulationen unerlässlich und ermöglicht zudem einen schnellen Überblick über verschiedene generierte Strukturen und ihre wesentlichen Eigenschaften. Dennoch ist es erforderlich, die Auswirkungen der Parametervariationen genauer zu untersuchen, wofür sich insbesondere vier quantitative Messverfahren eignen: Die Konnektivität, die fraktale Dimension, die Rang-Größen-Analyse, sowie der Segregationsindex. Anhand dieser Kennwerte ist ein aussagekräftiger Vergleich der generierten Strukturen möglich und es können Eigenheiten einzelner Ergebnisse sowie Besonderheiten bei der Variation der Parameter erkannt werden. Im Folgenden werden diese vier Verfahren, die später in den einzelnen Kapiteln für die Analyse der jeweils generierten Strukturen Verwendung finden, kurz erläutert.

2.8.1 Konnektivität

Die Konnektivität (P. Haggett 1991: 570-574) eines Knoten gibt dessen Erreichbarkeit in einem Netzwerk an. Sie ergibt sich aus der Summe der minimalen Entfernungen zu allen anderen Knoten, die beispielsweise mittels des A-Stern- oder des Dijkstra-Algorithmus berechnet und anhand der zu durchquerenden Knoten angegeben wird. Teilt man den Wert für die Konnektivität eines Knoten durch die Anzahl der restlichen Knoten, ergibt sich die mittlere Länge ML. Anhand dieses Kennwerts lassen sich nun verschiedene Netzwerke miteinander vergleichen. Die Messungen aus Abbildung 9 links wurden an Netzwerken durchgeführt, deren Maschenweite anhand eines Parameters X eingestellt werden kann. Das entsprechende Verfahren wird im Abschnitt 3.4.1 für die Generierung von Erschließungsgraphen eingehend dargestellt. Erwartungsgemäß steigt beim Vergleich gleich großer Netze (N_{Knoten} = 300) die ML in Abhängigkeit von höheren Werten für X, da die Vernetzung abnimmt und größere Umwege erforderlich werden. Wie sich die Größe der ML zur Größe von Netzwerken verhält, ist in Abbildung 9 rechts dargestellt. Bei der Vergrößerung eines Netzwerks steigt die ML, da hier an sich längere Wege notwendig werden, um alle Knoten zu erreichen. Der Zusammenhang zwischen X und ML sowie N_{Knoten} und ML ist annähernd linear (Abbildung 9).

2.8.2 Fraktale Dimension

Für die Bestimmung der fraktalen Dimension D wird das sogenannte Box- oder Grid-Counting-Verfahren angewendet (M. Batty und P. Longley 1994; C. Bovill 1996; P. Frankhauser 2002). Dafür wird über das Messfeld ein Raster gelegt, dessen Feldgröße s schrittweise skaliert wird. Bei jedem Durchgang werden die Rasterzellen N_s gezählt, innerhalb welcher sich mindestens eine besiedelte Zelle befindet. Die Summe der besetzten Felder wird dann in Relation zu den freien Feldern gesetzt. Für jeden Skalierungsschritt wird das Verhältnis

$$D_s = \frac{\log N_s}{\log \frac{1}{s}} \qquad (10)$$

in ein log-log Diagramm gezeichnet. Die Steigung der Regressionsgeraden ergibt eine Schätzung der Box-Counting Dimension D_b. Für $(1/s)$ wird hier die Anzahl der Felder in der untersten Feldreihe verwendet. Auf dieses Messverfahren wir im 6. Kapitel für die Analyse verschiedener Siedlungsstrukturen zurückgegriffen.

Abbildung 9:   Netzwerkvergleich. Oben: Mittlere Länge von Netzwerken mit je 300 Knoten bei verschiedenen Werten für X ($r^2=0{,}81$). Unten: Die Mittleren Längen bei zunehmender Netzwerkgröße ($r^2 = 0{,}93$).

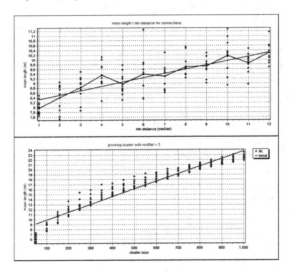

2.8.3   Rang-Größen-Regel

Für die Rang-Größen-Analyse werden die Größen verschiedener Cluster gemessen und anschließend sortiert. Zu diesem Zweck muss zuerst einmal definiert werden, welche Zellen eines ZA im weiteren Sinn als entwickelt bzw. besiedelt betrachtet werden und wann ein Cluster als zusammenhängend gilt. Damit ein Cluster beispielsweise nicht durch eine Straße geteilt wird, ist es sinnvoll, neben den Zellen, die bereits den Status besiedelt besitzen, auch Straßenzellen als entwickelt zu betrachten, wenn sie mindestens eine besiedelte Zelle in ihrer Von-Neumann-Nachbarschaft aufweisen. Mithilfe des „Hoshen-Kopelman"-Algorithmus lassen sich die einzelnen Cluster erfassen und hinsichtlich ihrer

Größe S sortieren. Die Rang-Größen-Regel (Rank-Size-Rule), die sich empirisch bei vielen Strukturen finden lässt, besagt, dass nachdem jedem Cluster ein Rang r zugeordnet wurde, wobei der größte Cluster $r = 1$ erhält, die Relation der Clustergrößen dem umgekehrten Verhältnis ihres Ranges entsprechen, d.h. der zweite Cluster ist halb so groß wie der erste und der dritte Cluster hat ein Drittel der Größe des ersten usw.:

$$S_r = S_1 / r \quad .$$ (11)

Das Potenzgesetz (power law), welchem die Verteilung der Cluster folgt, ist auch als Pareto-Verteilung bekannt, wobei α als Pareto-Exponent bezeichnet wird und der Steigung der Regressionsgeraden beim Eintrag der Werte in ein log-log Diagramm entspricht:

$$S_r = S_1 \cdot r^{\alpha} \text{ oder } \log S_r = \log S_1 + \alpha \cdot \log r; \ \alpha < 0.$$ (12)

Bei dem Pareto-Exponent $\alpha = -1$ entspricht die Pareto-Verteilung der Rang-Größen-Regel in Gleichung (11).

2.8.4 Dissimilaritäts- und Segregationsindex

Im Verlauf der Arbeit werden wir wiederholt auf den Segregationsindex (IS) zurückgreifen, der die Verteilung einer Gruppe im Verhältnis zur Gesamtpopulation angibt. Für die Messung des Dissimilaritäts- und des Segregationsindexes (ID und IS) finden sich in der entsprechenden Literatur mehrere Methoden (F. Kalter 2000; G. Meng, G. B. Hall, & S. Roberts 2006), welche auch für eine Anwendung in Geo-Informations-Systemen (GIS) adaptiert wurden (G. Meng et al. 2006). Der am meisten verbreitete Messindex ist der Dissimilaritätsindex (ID), der auf Duncan and Duncan (1955) zurückgeht und die Separation der Mitglieder einer Gruppe A gegenüber den Mitgliedern einer anderen Gruppe B erfasst (13). Eine Modifikation des ID ist der Segregationsindex (IS), der die Separation einer Gruppe A in Bezug zur Gesamtpopulation G angibt (14) (C. Breßler und M. Harsche 2004b). Die Werte für den IS können zwischen 0 für eine gleichmäßige Durchmischung der verschiedenen Gruppen (Gleichverteilung) und 100 für eine maximal Segregation der Population liegen. (ID = IS = [0, 100]). Das Ergebnis einer Messung hängt von der Größe der Zählfelder ab. Wie beim Box-Counting-Verfahren wird über das Zellenfeld ein Raster gelegt, dessen einzelne Felder mit dem Index i versehen werden. Der ID für die Gruppen A und B wird für jedes Feld i anhand der Differenz des Anteils von Zellen der Gruppe A in einem Feld zu allen Zellen der Gruppe A und dem entsprechenden Anteil an Zellen der Gruppe B in einem Feld zu allen Zellen der Gruppe B gemessen. Der

Absolute Wert dieser Differenzen über alle Felder summiert und durch zwei
geteilt ergibt den ID zwischen Gruppe A und B:

$$ID = \frac{1}{2} \sum_{i=1}^{n} \left| \frac{A_i}{A} - \frac{B_i}{B} \right|. \tag{13}$$

Analog dazu wird der IS berechnet, indem die Differenz des Anteils an Zellen
der Gruppe A in i zu allen Zellen der Gruppe A und der des Anteils der restlichen
Population G in i zur Gesamtpopulation G aufsummiert und halbiert wird:

$$IS = \frac{1}{2} \sum_{i=1}^{n} \left| \frac{A_i}{A} - \frac{Gi}{G} \right|, \tag{14}$$

wobei mit der restlichen Population die Gesamtpopulation abzüglich Gruppe A
gemeint ist.

2.9 Statistische Kennwerte

Neben den bereits eingeführten Kennwerten der Messverfahren werden an dieser
Stelle weitere statistische Kennwerte eingeführt, die dem Bereich der deskripti-
ven Statistik zugehören, d.h. Kennwerte, die einen Satz von Messwerten beschreiben.
    Als das geläufigste Maß der zentralen Tendenz verwenden wir das arithme-
tische Mittel.
    Als Variabilitätsmaß greifen wir auf die von der Varianz abgeleitete Stan-
dardabweichung s_y zurück. Die Standardabweichung als Wurzel aus der Varianz
ist anschaulicher als die Varianz, weil ihr Wert den Originalwerten am nächsten
kommt. Allgemein zeigt eine große Standardabweichung s an, dass die Datenpunkte weit um den Mittelwert gestreut sind und eine kleine Standardabweichung bedeutet, dass sich die Punkte nah am Mittelwert häufen.
    Für die Untersuchung von Zusammenhängen beschränken wir uns auf linea-
re Zusammenhänge zwischen zwei Variablen. Als Maß für den Grad des linearen
Zusammenhangs verwenden wir den Pearson-Produkt-Korrelationskoeffizient r,
der Werte zwischen -1 und 1 annehmen kann (r = [-1, 1]). Bei einem Wert von
$+1$ (bzw. -1) besteht ein vollständig positiver (bzw. negativer) linearer Zusammenhang zwischen den betrachteten Variablen. Wenn der Korrelationskoeffizient den Wert 0 aufweist, hängen die beiden Variablen überhaupt nicht linear
voneinander ab. Der Korrelationskoeffizient r bildet nur lineare Zusammenhänge
ab. Alle anderen Arten von Zusammenhängen werden durch r unterschätzt. Als
grobe Leitlinie zur Beurteilung der Stärke des Zusammenhangs zwischen zwei

intervallskalierten Variablen findet sich bei Cohen (1988) und Bortz und Döring (2002: 604) folgende Vereinbarung:

$|r| \approx 0,1$: schwacher Effekt,
$|r| \approx 0,3$: mittlerer Effekt,
$|r| \approx 0,5$: starker Effekt.

Die lineare Regression ermöglicht die „Vorhersage" von einer Variablen auf die andere. In unserem Fall bedeutet dies, dass wir von bestimmten Parametereinstellungen auf resultierende Simulationskonstellationen schließen können. Die lineare Regression basiert auf der lineare Korrelation zwischen zwei Variablen. Je höher die Korrelation zwischen zwei Variablen ist, desto genauer ist die Vorhersage von der einen auf die andere Variable möglich. Die erste Variable wird als Prädiktor und die zweite als Kriterium bezeichnet. Bei bestimmten Analysen kann es sinnvoll sein, den Schnittpunkt der Regressionsgeraden mit der y-Achse, b_{yx}, anzugeben. Diese Schnittpunkte geben die absoluten Werte des Kriteriums bei $x = 0$ an und ermöglichen mittels der Steigung der Regressionsgeraden die Berechnung der absoluten Werte des Kriteriums bei allen anderen x-Werten (Prädiktoren).

Als weiteren Kennwert benutzen wir den Standardschätzfehler s_{fehler}. Der Standardschätzfehler ist ein Maß für die Variabilität der tatsächlichen y-Werte in Bezug auf die y-Werte auf der Regressionsgeraden. Je kleiner s_{fehler} im Vergleich zu s_y ist, desto größer ist die Schätzgenauigkeit

$$s_{fehler} = s_y \bullet \sqrt{1-r^2} \,. \tag{15}$$

Teilt man s_{fehler} durch s_y und multipliziert den Wert mit 100, so erhält man den prozentualen Anteil des Standardschätzfehlers.
Der Determinationskoeffizient r^2 ist ein Maß für den Anteil der erklärten Varianz eines Zusammenhangs. Multipliziert man r^2 mit 100, so erhält man eine Prozentangabe darüber, wie viel Varianz der y-Werte durch die x-Werte aufgeklärt wird. Beträgt beispielsweise $r^2 = 0,5$, dann bedeutet dies, dass die Hälfte (50%) der Streuung der y-Werte durch Streuung in den x-Werten erklärt werden kann. Ergänzend gibt das Unbestimmtheitsmaß $(1 - r^2)$ mit 100 multipliziert prozentual denjenigen Varianzanteil in den y-Werten an, der nicht anhand der x-Werte vorhersagbar ist.

3 Wege, Graphen und Verkehr

„Im einfachsten Zugriff ist die Stadtstruktur durch die Verkehrsbeziehungen zwischen den räumlichen Elementen (Gelegenheiten) bestimmbar."

(J. Friedrichs 1983: 60)

In Abbildung 10 sind die Wirkungszusammenhänge der in diesem Kapitel zu behandelnden Modelle dargestellt. In der linken Spalte sind mit dem Gravitations- (3.1) und Verkehrsmodell (3.4) Uni-direktionale Modelle abgebildet, bei denen es keine Rückkoppelung von den erzeugten Strukturen und Phänomenen zu den auslösenden Prozessen gibt. Das Verhalten der Akteure orientiert sich ausschließlich an den äußeren (Kontroll-) Parametern (Massen und Distanzen beim Gravitationsmodell und Abfahrtszeiten beim Verkehrsmodell). Bei dem Gravitationsmodell handelt es sich um ein klassisches Top-Down-Modell, da die Austauschraten von den Strukturen auf der Makroebene abhängen. Das Verkehrsmodell stellt dagegen ein Bottom-Up-Modell dar, bei dem das Verkehrsaufkommen auf der Makroebene durch die individuellen Abfahrtszeiten auf der Mikroebene erklärt werden.

In der rechten Spalte (Abbildung 10) sind mit dem Interaktionsmodell (3.2), dem generativen Erschließungssystem (3.3) und dem Erschließungsgraph (3.4.1) Bi-direktionale Modelle mit zirkulärer Koppelung angeordnet. Hier wirken neben den Kontrollparametern auch die erzeugten Strukturen und Phänomene durch eine Rückkoppelung auf die Prozesse. Es findet eine komplexe Anpassung des Akteursverhaltens statt. Jede kleine Veränderung innerhalb des Systems kann über viele Wiederholungen eine große Wirkung entfalten.

Abbildung 10:   Modelle in Kapitel 3. Linke Spalte: Bei diesen Modellen sind die Prozesse und die Strukturen und Phänomene (S&P) noch nicht zirkulär miteinander gekoppelt. Die Wirkrichtung verläuft nur von den Prozessen zu S&P, nicht umgekehrt. Rechte Spalte: Die Modelle weisen eine zirkuläre Koppelung auf.

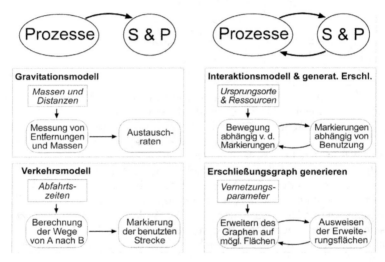

3.1 Gravitationsmodell

Das Gravitationsmodell (Abbildung 11) (P. Haggett 1991) stellt die Grundlage für die meisten bis heute entwickelten Verkehrssimulationen dar und zählt daher zu den wichtigsten Modellen der quantitativen Raumforschung. Mit Hilfe dieses Modells lässt sich ein Schätzwert für die Austauschraten zwischen zwei Orten oder Zentren in Abhängigkeit von deren Größe und der Entfernung zwischen ihnen berechnen. Die Austauschraten können Ströme von Waren, Personen oder Informationen abbilden und sind umso größer, je näher beieinander die Zentren liegen und je größer sie sind. Das Prinzip gleicht dem Gravitationsgesetz aus der Physik, weshalb das Modell auch unter der Bezeichnung „Social Physics Paradigm" bekannt ist. Die Angaben über die Größe oder das Potential eines Ortes sind meist hoch aggregiert und beinhalten meist sehr allgemeine statistische Informationen. Die Berechnung der Ströme F (Austauschraten) zwischen zwei Zentren erfolgt anhand der Formel:

$$F_{ij} = \left(P_i \bullet P_j \right) \big/ d_{ij}^{\,2}\,, \tag{16}$$

wobei P_i und P_j jeweils die Bevölkerung der Zentren angibt und d_{ij} die Entfernung zwischen beiden Orten. Anstatt die Austauschraten ausschließlich anhand der globalen Formel (16) zu berechnen, was als Top-Down-Prinzip bezeichnet wird, werden wir im nächsten Abschnitt betrachten, wie entsprechende Interaktionsraten mit einem agentenbasierten Modell – unter Einbeziehung des Bottom-Up-Prinzips – hergeleitet werden können.

Abbildung 11:   Gravitationsmodell. Die grauen Kreise stellen verschieden große Orte oder Zentren dar. Die Austauschraten zwischen den Zentren werden anhand der Stärke der Verbindungslinien dargestellt. (Beispielprogramm: Per ‚drag & drop' lassen sich sowohl die Größe eines Zentren (P_i) einstellen als auch die Verbindungslinien zeichnen.)

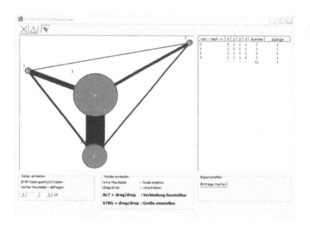

3.2 Agentenbasiertes Interaktionsmodell

Für das hier beschriebene Verfahren zur Simulation von Austauschraten zwischen verschiedenen Orten wird auf ein Prinzip zurückgegriffen, welches dem Verhalten von Ameisen nachempfunden wurde, die auf der Suche nach Futter oder Baumaterial sind (M. Resnick 1994). Befindet sich eine Ameise auf der Nahrungs- oder Materialsuche, bewegt sie sich in zufällige Richtungen über das zu erkundende Gelände. Sobald sie auf eine entsprechende Ressourcenquelle (Zielort) gestoßen ist, trägt sie einen Teil davon zurück in ihr Nest (Ursprungsort) und hinterlässt dabei eine Pheromonspur[5]. Pheromone sind biochemische Signalstoffe, die im Fall der Ameisen benutzt werden, um einen zurückgelegten Weg zu markieren. Nachfolgende Ameisen können dieser Spur folgen und so zu der Ressourcenquelle gelangen, die von der ersten Ameise entdeckt wurde.

Eine Übertragung des Ameisenmodells auf den urbanen Kontext findet sich bei Batty (2005a, S. 226-234). Das beschriebene Verhalten der Ameisen kann hervorragend mittels des in Abschnitt 2.5 vorgestellten FACS Modells abgebildet werden. Dazu wird eine bestimmte Anzahl N_A beweglicher Agenten A auf einem Ursprungsort θ innerhalb des Zellrasters platziert. Zusätzlich werden Zielorte R_i, welche den Ressourcenquellen der Ameisen entsprechen, zufällig über das Zellenfeld verteilt. Die Position (location) L^A eines Agenten kann demnach zu Beginn einer Simulation angegeben werden mit:

$$L^{Aj} = L^{\theta} .$$ (17)

Die Erkundung der Zellenwelt erfolgt am Anfang durch zufälliges Umherwandern der Agenten, die dabei noch keine Markierung hinterlassen. Sobald ein Agent einen Zielort gefunden hat, kehrt er zu seinem Ursprungsort zurück und markiert dabei den zurückgelegten Weg. Um zum Ursprungsort zurückzufinden, sind bei jedem Agenten die entsprechenden Koordinaten gespeichert – er behält den Ort „im Gedächtnis".

Folglich können zwei Bewegungs-Modi unterschieden werden, die angeben, ob sich ein Agent im Erkundungs- oder im Rückkehr-Modus befindet. Der Modus eines Agenten an einer bestimmten Position L^{Ai} zum Zeitpunkt t, wird mit einem Pfeil über den Symbolen angegeben. Erreicht ein Agent im Erkundungs-Modus eine Zielzelle R, wechselt er im darauffolgenden Zeitschritt seinen Modus:

$$\text{If } \overrightarrow{L^{Aj}}(t) \Leftrightarrow R_m, \text{ then } \overleftarrow{L^{Aj}}(t+1) .$$ (18)

Entsprechend ändert sich der interne Status vom Rückkehr-Modus in den Erkundungs-Modus, wenn ein Agent an seinen Ursprungsort zurückgekehrt ist:

$$\text{If } \overleftarrow{L_m^{Aj}}(t) \Leftrightarrow \theta_i, \text{ then } \overrightarrow{L^{Aj}}(t+1) .$$ (19)

Im Rückkehr-Modus wird als Bewegungsregel entweder das Hill-Climbing- (2.8.2) oder das Roulette-Wheel-Verfahren (2.8.3) verwendet.

Wie in Gleichung (8) angegeben, wird der Ausschnitt der Umgebung, die von einem Agenten betrachtet werden kann, durch sein Blickfeld Φ definiert.

---

5 Das Beispiel bezieht sich auf eine sogenannte Vorwärtsameise, die ihre Pheromonspur vom Ursprungs- zum Zielort legt. Analog dazu legt eine Rückwärtsameise eine Pheromonspur vom Zielort zurück zu ihrem Ursprungsort.

Stößt ein Agent im Erkundungsmodus auf markierte Zellen in seiner Umgebung *U(H)*, die durch die Moore-Nachbarschaft mit *k* = 1 definiert ist Abbildung 5, und befinden sich diese innerhalb seines Blickfeldes, so folgt er der Spur mit der intensivsten Markierung *T*. Die Bewegungsregel setzt sich demnach wie folgt zusammen:

$$\text{If} \sum_{\substack{G \in U(H), \\ H \neq G}} T^G > 0 \text{ Then } \overrightarrow{L^A} \Leftrightarrow \{2.8.2 \text{ Hill Climbing } or \text{ 2.8.3 Roulette Wheel}\}$$

$$\text{Else } \overrightarrow{L^A} \Leftrightarrow \{2.8.4 \text{ RandomWalk}\}$$

$. \quad (20)$

Für das Verfolgen einer Spur kommt entweder das Hill-Climbing- (2.8.2) oder das Roulette-Wheel-Verfahren (2.8.3) zum Einsatz. Durch das beschriebene Agentenverhalten verkürzt sich die Zeit zum Auffinden eines Zielortes und es bewegen sich immer mehr Agenten auf den stark markierten Pfaden, sodass im Verlauf der Zeit durch die indirekte Kommunikation über die Markierungen der Zellenlandschaft Wege zu den verschiedenen Zielorten entstehen. Die Agenten lernen in gewisser Weise, wo sich die Zielorte befinden.

Die Markierungen der Zellenlandschaft werden durch die Landschafts-Regel definiert, die formal angegeben wird mit:

$$T^H(t+1) = \mu\left[T^H(t) + \kappa \cdot L^A\right]. \quad (21)$$

Dabei gibt κ die Intensität der Verstärkung einer Markierung einer Zelle T_H an, sofern sich ein Agent über die Zelle bewegt. Die markierten Spuren verfallen mit einer konstanten Rate μ [$0 < \mu < 1$] pro Zeitschritt t, wodurch sich Wege wieder auflösen, wenn sie nicht regelmäßig benutzt werden.

Bei allen drei möglichen Bewegungsalgorithmen wird ein Störfaktor ω (Wackelfaktor) eingeführt, der für zufällige Änderungen der Ausrichtung O^A eines Agenten sorgt und dadurch bewirkt, dass erstens bei gleich starken Markierungen eine davon zufällig ausgewählt wird und zweitens manche Agenten von den entstandenen Pfaden abkommen und nach neuen Ressourcenquellen suchen:

$$O^A(t+1) = O^A(t) + \text{random}(\omega). \quad (22)$$

Die Bewegungsgleichung (8) aus Abschnitt 2.8.4 Random-Walk kann folgendermaßen ergänzt werden:

$$\overrightarrow{L^{Aj}}(t+1) = \max_i\left\{L^{Aj}(t), \nabla \tau_i(t), \text{random}(\omega)\right\}, \quad (23)$$

wobei $\nabla \tau_i(t)$ den Gradienten beschreibt, der sich aus den markierten Zellen der Nachbarschaft eines Agenten zusammensetzt. Die in Frage kommenden Nachbarzellen werden durch das Blickfeld Φ und die momentane Blickrichtung $O^A(t)$ definiert.

Zusammenfassend können wir fünf Kontrollparameter für das Modell angeben. Diese sind erstens die Distanz d, welche im Folgenden immer auf eine Zelle in der Moore-Nachbarschaft beschränkt wird ($k = 1$), zweitens der Blickwinkel Φ, innerhalb dessen ein sich ein Agent orientieren kann, drittens der Wackelfaktor ω, der für zufällige Variationen der Orientierung eines Agenten sorgt, viertens der Parameter κ für die Intensität der Markierung, die ein Agent hinterlässt und fünftens der Koeffizient μ für die Verfallsrate der Markierungen.

Abbildung 12 zeigt drei Beispiele: Der Ursprungsort θ befindet sich bei allen drei Beispielen in der Feldmitte und die Ressourcenquellen R_j sind in drei verschiedenen Konfigurationen angeordnet. In der oberen Reihe in Abbildung 12 wurden 25 Zielorte in einem gleichmäßigen Raster platziert, in der mittleren Reihe wurden zehn Ressourcenquellen zufällig über den Zellenraum verteilt und in der unteren Reihe wurde ein Ressourcenkreis um den Mittelpunkt in einer Entfernung von 180 Zellen erstellt.

Die Austauschraten welche sich aus der Häufigkeit des Hin- und Herwanderns der Agenten zwischen dem Ursprungs- und den Zielorten ergeben, lassen sich zusammenfassen und anhand der Linienstärke zwischen den Orten darstellen (Abbildung 13). Dadurch können die Ergebnisse dieses Modells mit jenen des Gravitationsmodells aus dem vorangegangenen Abschnitt verglichen werden. In Abbildung 12 und Abbildung 13 ist gut zu erkennen, dass die Austauschraten von der Entfernung der Ursprungs- und Zielorte abhängen und in etwa den berechneten Interaktionsraten des Gravitationsmodells entsprechen. Das hier vorgestellte agentenbasierte Interaktionsmodell kann als Bottom-Up Umsetzung des Top-Down Gravitationsmodells verstanden werden. Der Vorteil des Bottom-Up-Ansatzes ist, dass lokale Besonderheiten in das Modell aufgenommen werden können.

3.3 Generatives Erschließungssystem

Im Folgenden wird geklärt, wie sich Wegesysteme in ihren Ursprüngen ohne übergeordnete Planungsinstanzen entwickeln konnten. Dazu werden verschiedene Bottom-Up-Modelle erläutert und analysiert. Warum die Frage nach den Ursprüngen künstlicher räumlicher Strukturen relevant für gegenwärtige stadt- und raumplanerische Theorien und Konzepte ist, wird später in Kapitel 6.1.3. zur

Stadtentwicklungstheorie erläutert. Hier wollen wir uns auf die Beschaffenheit und die zugrundeliegenden Annahmen der Modelle konzentrieren.

Abbildung 12: Agentenbasierte Interaktionsmuster. Der Ursprungsort befindet sich immer in der Feldmitte (blau). Obere Reihe: Die Ressourcenquellen (grün) wurden in einem regelmäßigen Raster platziert. Mittlere Reihe: Die zehn Ressourcenquellen sind zufällig über das Zellenfeld verteilt. Untere Reihe: Die Ressourcenquellen befinden sich alle in gleichem Abstand zum Ursprungsort. In der linken Spalte sind die Zustände der Simulation jeweils zu Beginn bei $t = 0$ dargestellt. In der mittleren Spalte sind die Landschafts-Markierungen abgebildet, die sich nach $t = 1000$ gebildet haben. In der rechten Spalte ist die Verteilung der Agenten bei $t = 1000$ dargestellt.

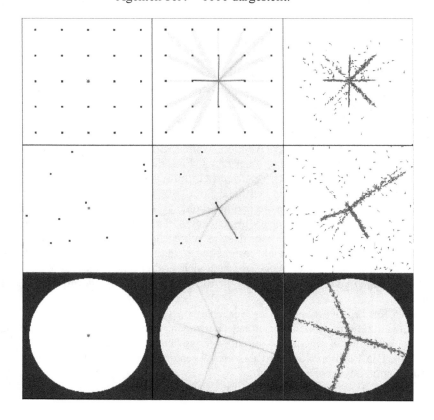

Abbildung 13:   Austauschraten. Diese ergeben sich analog zum Gravitationsmodell in Abhängigkeit von der Entfernung der Zielzellen
(grün) zur Ursprungszelle (blau). Die Markierungswerte der
Zellen sind anhand von Grauwerten dargestellt, wobei schwarz
eine maximal starke Markierung und weiß keine Markierung
repräsentieren

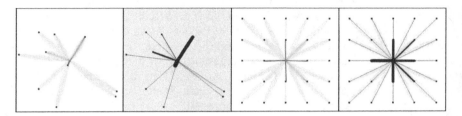

3.3.1 Selbstorganisation bei Wegesystemen

Der Selbstorganisationsprozess, den wir im letzten Abschnitt bei der Pfadbildung
bei Ameisenkolonien beobachten haben, eignet sich ebenfalls zur Beschreibung
der Entwicklung von Wegesystemen im Lauf der Zeit. Wir interessieren uns nun
für Spuren, welche hauptsächlich von Menschen hinterlassen werden. Das ver-
wandte Prinzip, beruht auf Beobachtungen bei der Bildung von Trampelpfaden
und wurde erstmals von Helbing, Hilliges, Molnar, Schweitzer und Wunderlin
(1994) in eine Computersimulation übertragen. Eine detaillierte Dokumentation
findet sich bei Schweitzer (2003). Überquert ein Individuum eine Fläche hinterlässt es eine mehr oder weniger deutliche Spur. Nachfolgende Personen oder
Tiere nutzen diese Spur, solange sie dadurch keine zu großen Umwege in Kauf
nehmen müssen und verstärken den bestehenden Pfad dadurch immer weiter.
Generell kann angenommen werden, dass es mühsamer ist, neue Wege durch
unwegsames Gelände zu bahnen, als bestehende zu nutzen. Die gesparten Kosten
bei der Nutzung existierender Wege gleichen sich im bei einem idealen Wegesystem mit denjenigen Kosten aus, die für die Anlage neuer Wege notwendig
wären.
  Dieses Konzept wird analog der Vorgehensweise bei dem agentenbasierten
Interaktionsmodell auf ein FACS Modell übertragen. Dazu wird eine bestimmte
Anzahl N_A beweglicher Agenten A auf zufällig gewählte Zellen H des Zellenrasters verteilt. Die Position (location) L_A eines Agenten kann demnach zu Beginn
einer Simulation angegeben werde mit:

$$L^A = \text{random}(H)\,. \qquad\qquad (24)$$

Die Agenten bewegen sich anfangs in zufällig gewählte Richtungen (siehe 2.8.4 Random-Walk) über das Zellenraster (8). Während ihrer Bewegung über die Zellenlandschaft markieren die Agenten jene Zellen H, die sie überquert haben. Es wird die Landschafts-Regel (21) übernommen. Da es bei diesem Modell keine Ursprungs- und Zielzellen gibt, bleiben die Agenten immer im Erkundungsmodus. Sobald ein Agent in seiner Nachbarschaft $U(H)$ eine bereits markierte Zelle vorfindet und diese sich innerhalb seines Blickfeldes befindet, wechselt die Bewegungsregel von der zufälligen Bewegung auf das Hill-Climbing- (2.8.2) oder das Roulette-Wheel-Verfahren (2.8.3). Es gilt Bewegungsregel (20), wobei auch hier bei allen Bewegungsalgorithmen ein Wackelfaktor ω eingeführt wird (22).

Der Erhalt der Wege ist von der Verfallsrate μ und der Markierungsstärke κ abhängig. Im übertragenen Sinn können diese beiden Parameter als das zur Verfügung stehende Baumaterial bzw. -kapital betrachtet werden, das für die Herstellung und Instandhaltung des Systems aufgebracht werden kann. Dementsprechend werden einige Verbindungen aufgegeben oder eingefügt, wenn diese Werte verändert werden.

Visuell werden die Markierungswerte der Zellen anhand von Grauwerten dargestellt, wobei schwarz eine maximal starke Markierung und weiß keine Markierung repräsentieren. In Abbildung 14 sind verschiedene sich selbst organisierende Wegesyste abgebildet, die sich durch die Interaktion der Agenten mit den Zellen ergeben. Aufgrund des regelmäßigen Zellenrasters sind die relevanten Werte für den Blickwinkel Φ 22,5, 67,5, 112,5 und 147,5. Beim Unter- bzw. Überschreiten dieser Werte fällt mindestens eine Zelle aus dem Sichtfeld eines Agenten heraus bzw. kommt dazu.

Die entstehenden Strukturen in Abbildung 14 können als eine Art Speicher aufgefasst werden. Die Agenten kommunizieren über das eingefärbte Zellenraster indirekt miteinander, wodurch ihre Bewegungsrichtung bestimmt wird. Indem die Agenten das System benutzen, wird dieses wiederum erhalten. Die Muster sind abhängig von den eingestellten Parametern, bleiben allerdings über größere Zeiträume relativ stabil, wenn sich das System einmal auf eine Struktur eingependelt hat. Werden die Parameter dann verändert, stellt sich erst allmählich wieder ein adaptiertes Muster ein.

Die ersten beiden Strukturen von links in Abbildung 14 zeigen sich ergebende Wegestrukturen bei unterschiedlichen Zeitpunkten, die beide mittels des Roulette-Wheel-Verfahrens erzeugt wurden. Bei der 3. Struktur von links in Abbildung 14 wurde das System mit dem Hill-Climbing-Verfahren und den Parametern $\Phi = 68$ und $\omega = 50$ initialisiert, was zur Bildung kleiner separater

Cluster führte. Bei der Struktur ganz rechts in Abbildung 14 wurde der Wackelfaktor ω erhöht und so entstanden Verbindungen zwischen den Clustern. Das
System verhält sich ähnlich, wenn statt des Hill-Climbing-Verfahrens der Rou-
lette-Wheel-Algorithmus verwendet wird, nur dass in diesem Fall der Wackelfaktor ω reduziert werden kann, da ein Agent dann nicht mehr automatisch sondern mit der relativen höchsten Wahrscheinlichkeit der stärksten Markierung
folgt.

Abbildung 14: Verschiedene Wegesysteme. Alle mit einer Zellengröße von 4
und $N_A = 100$ Agenten. Von links nach rechts: Für die ersten
beiden Muster wurde das Roulette-Wheel- und für die letzteren
beiden das Hill-Climbing-Verfahren verwendet. Weitere Ein-
stellungen waren: $\Phi=23$, $\omega=0$, bei $t=170$ | $\Phi=30$, $\omega=0$, bei
$t=4000$ | $\Phi=68$, $\omega=50$, bei $t=5000$ | $\Phi=68$, $\omega=60$, bei $t=6000$

3.3.2 Quellen und Ziele der Bewegungen

Bei dem Modell, welches im letzten Abschnitt vorgestellt wurde, haben sich die
Agenten ziellos über das Zellenfeld bewegt. Wir fügen nun zehn zufällig verteil-
te Ausgangs- oder Ursprungsorte θ_i für die Agenten und einen zentralen Zielort
R in der Mitte des Feldes hinzu. Die Agenten werden anfangs gleichmäßig auf
die Ursprungsorte verteilt und bewegen sich, ohne eine Spur zu hinterlassen,
zufällig (2.8.4 Random-Walk) über das Feld, bis sie einen Zielort oder eine We-
gemarkierung entdecken. Sobald ein Agent eine Zielzelle erreicht, wechselt er
seinen inneren Zustand oder Modus und versucht möglichst schnell und kosten-
günstig zu seinem Ursprungsort zurück zu gelangen. Bei diesem Modell hinterlässt ein Agent nur auf seinem Rückweg zur Ursprungszelle eine Markierung.
Die Markierungen werden sowohl von nachfolgenden Agenten im Rückkehrmodus verwendet, solange dadurch keine zu großen Umwege entstehen, als auch
von den Agenten im Erkundungsmodus. Letztere folgen immer dann einer Markierung, wenn sie zufällig darauf gestoßen sind.

Nach einiger Zeit ergibt sich eine Vernetzung der Ursprungsorte und der Zielzellen, wobei die Ursprungsorte oft untereinander mit direkten Wegen verbunden sind, aber nicht immer eine direkte Verbindung zu dem zentralen Zielort aufweisen (Abbildung 15). Nach anfänglichen Schwankungen stellt sich eine relativ stabile Wegestruktur ein, welche sich über längere Zeiträume hinweg nur geringfügig verändert und gegen Störungen (es lassen sich per Mausinteraktion Wegemarkierungen hinzufügen und löschen) verhältnismäßig unempfindlich ist.

Abbildung 15:   Wegesystem mit Quellen und Zielen (mit Kreisen markiert). M = 200 Agenten, Hill-Climbing-Verfahren und $\Phi = 45°$, $\omega = 25°$, $\kappa = 50$, $\mu = 0,5$. Von links oben nach rechts unten: Zeitschritt $t = 2, 200, 1.000, 4.000, 10.000, 20.000$.

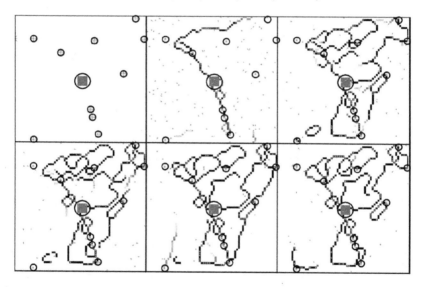

Die Bewegungsregeln der Agenten bleiben großteils die gleichen wie beim vorangegangenen Modell. Allerdings werden nun wie bei dem agentenbasierten Interaktionsmodell (3.3) zwei Bewegungs-Modi unterschieden, die angeben, ob sich ein Agent im Such- oder im Rückkehr-Modus befindet. Die Regeln für den Wechsel von einem Modus zum anderen wurden bereits angegeben unter (18) und (19).

Im Rückkehr-Modus wird als Bewegungsregel entweder das Roulette-Wheel- oder das Hill-Climbing-Verfahren verwendet. Es gilt Bewegungsregel (20), wobei auch hier bei allen Bewegungsalgorithmen ein Wackelfaktor ω eingeführt wird (22). Als Landschafts-Regel kann Gleichung (21) übernommen werden.

Das Verhältnis von markierten zu freien Zellen pendelt sich bei allen Parameterkonstellationen, die zu stabilen Wegesystemen führen, auf einen konstanten Wert ein. Die Frage liegt nahe, ob es Einstellungen für die Kontrollparameter des Agentenverhaltens gibt, welche zu optimalen Wegesystemen führen, bei welchen sich die Kosten für die Herstellung und den Erhalt der Wege mit den Zeitkosten für größere Umwege ausgleichen.

3.3.3 Optimale Wegesysteme

Ausgehend von den Modellen der letzten beiden Abschnitte werden wir nun nach Agentenverhalten suchen, welche zu optimierten Wegesystemen führen. Als Optimum eines Wegesystems wird angestrebt, sowohl die Zeit, welche die Agenten für den Weg vom Ursprungs- zum Zielort und wieder zurück benötigen, als auch die Anzahl der Wegemarkierungen zu minieren. Um dieses Optimum zu erreichen, ist es notwendig, die Kontrollparameter für den Blickwinkel Φ und den Wackelfaktor ω so einzustellen, dass die Agenten das von ihnen erzeugte Wegesystem am effizientesten nutzen können. Dazu wird bei der vorliegenden Simulation jeder Agent mit einer begrenzten Energiereserve ausgestattet, die sich durch die Bewegung über das Zellenfeld allmählich erschöpft, wobei die Benutzung von Wegen weniger Energie erfordert, je besser diese ausgebaut sind und der Energieaufwand für die Bewegung über freies Feld am größten ist. Die Effizienz eines Agenten mit bestimmten Kontrollparametern kann nun dadurch gemessen werden, wie oft er seinen Weg von seiner Ursprungszelle zu einer Zielzelle und wieder zurück findet.

Zu Beginn einer Simulation werden allen Agenten zufällig gewählte Parameter für Φ und ω zugewiesen. Sobald der Energievorrat eines Agenten verbraucht ist, wird dieser mit gekreuzten Einstellungen der effektivsten Agenten seiner „Familie", welche die Agenten der gleichen Ursprungszelle umfasst, mit gefülltem Energiespeicher wieder auf der Ursprungszelle platziert. Der Energievorrat eines Agenten wird erhöht, wenn er den Weg zur Ressourcenzelle und wieder zurück gefunden hat. Es ergibt sich eine komplexe Wechselwirkung zwischen der durch die Agenten generierten Wegestruktur und den von dieser Struktur abhängigen optimalen Bewegungsparametern der Agenten.

Die Parameter Φ und ω werden mittels eines Genetischen Algorithmus optimiert (vgl. Abschnitt 2.7.7). Die oben erwähnte Effizienz ist die Basis für die Fitness-Function. Eine bestimmte Mutationsrate sorgt dafür, dass das System nicht in einem lokalen Optimum hängen bleibt. Abhängig von den zufällig verteilten Ursprungszellen ergibt sich ein Wegesystem, dessen Vernetzung durch die optimale Verwendung der zur Verfügung stehenden Energievorräte begründet ist (Abbildung 16).

Abbildung 16: Optimiertes Wegesystem. Die sechs verschiedenen Strukturen haben sich jeweils nach 50.000 Timesteps eingestellt. Die Positionen der Ursprungsorte (große Kreise) und der Zielzellen (kleine Kreise) sind immer die gleichen. Die Parameter, die sich anhand des Genetischen Algorithmus eingestellt haben sind von links nach rechts in der oberen Reihe: $\Phi = 36$, $\omega = 41$; $\Phi = 35$, $\omega = 65$; $\Phi = 46$, $\omega = 48$ und in der unteren Reihe: $\Phi = 34$, $\omega = 60$; $\Phi = 33$, $\omega = 43$; $\Phi = 31$, $\omega = 30$.

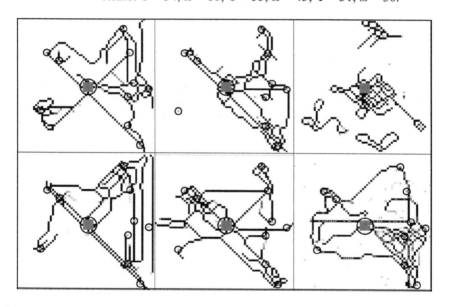

Die sechs verschiedenen Strukturen in Abbildung 16 haben sich jeweils nach 50.000 Timesteps nach automatischer Anpassung der Kontrollparameter Φ und ω mittels des Genetischen Algorithmus eingestellt, wobei die Positionen der Ursprungs- und Zielzellen immer die gleichen sind. Bei den einzelnen Durchläufen, die mit zufälligen Parameterkonfigurationen gestartet wurden, haben sich jeweils andere Parametereinstellungen für Φ und ω ergeben. Es fällt auf, dass sich bei den Abbildungen einige Strukturelemente der unterschiedlichen Wegesysteme wiederholen (z.B. die diagonalen Verkehrsachsen). Die Eigenschaft des Modells, trotz im Wesentlichen gleicher Anfangsbedingungen, die lediglich in den anfangs zufällig gewählten Parametern Φ und ω variieren, in insgesamt sehr unterschiedlichen Strukturen zu resultieren, ist ein gutes Beispiel für Multifinality. Auf diesen Begriff kommen wir in Kapitel 7.2 zu sprechen.

3.4 Erschließungsgraph und Verkehrsmodell

Nachdem wir mittels der generativen Methodik dieses Kapitels Einsichten in die Selbstorganisation bei der Entstehung von Wegestrukturen gewonnen haben, können wir zwei neuen Problemen nachgehen. Die erste Frage besteht darin, wie das Modell zur Generierung von Wegestrukturen in ein urbanes Entwicklungsmodell integriert werden kann, dessen weiterer wesentlicher Bestandteil die verschiedenen Flächennutzungen sind. Diese Thematik wird uns im Kapitel zum Bodenmarkt und Standortwahl beschäftigen (4.2.2). Die zweite Frage, der wir uns im Folgenden widmen werden, betrifft die Verwendung des Wegesystems für ein Verkehrsmodell.

Eine Schwierigkeit bei der Übertragung der generierten Wegesysteme aus den Beispielen in Abbildung 15 und Abbildung 16 in einen Erschließungsgraphen besteht darin, dass die Wegestrukturen oft nicht zusammenhängen. Dagegen sind Erschließungssysteme, die wir in der Wirklichkeit vorfinden, stets vollständig verbunden. Mittels weiterer Modifikation des oben vorgestellten Grundmodells ist es allerdings möglich, zusammenhängende Netzwerke zu erzeugen. Es wird hier nicht weiter auf diese Methode eingegangen, sondern auf Schweitzer (2003, S.175-201) verwiesen, wo sich eine detaillierte Beschreibung der Selbstorganisation von zusammenhängenden Netzwerken findet, die sich allerdings primär auf die Generierung der Kanten eines Netzwerkes bei gegebenen Knoten konzentriert. Im Kontext eines Verkehrsmodells stellen die Netzwerkknoten Ziele und Quellen der Bewegung in einer Siedlung dar. Da bei der Entwicklung von Siedlungen eine komplexe Wechselwirkung zwischen der Flächeninanspruchnahme und dem Ausbau des Verkehrssystems besteht, ist die Methode von Schweitzer (2003) nur bedingt für unseren Kontext geeignet. Auf die Interaktionen von Wegesystem und Flächennutzung werden wir im Kapitel 6 bei der Auseinandersetzung mit dem Wachstum urbaner Strukturen zurückkommen.

Im Abschnitt 2.6 wurde das Prinzip eines Graphen mit seinen wesentlichen Elementen, den Knoten und Kanten, bereits vorgestellt (Abbildung 6). Aufgrund der dargestellten Schwierigkeiten, die Wegemarkierungen der Zellen für ein graphenbasiertes Verkehrsmodell zu operationalisieren, werden wir uns damit

auseinandersetzen, wie ein Graph erzeugt werden kann, der die Erschließungsstruktur einer Stadt abbildet, und wie die Benutzung eines solchen Erschließungsgraphen dargestellt werden kann. Darauf folgt eine Erweiterung des be-
kannten Konzepts des Straßengraphen, damit die Relationen zwischen den Bewohnern einer Stadt abgebildet werden können. Die Beziehungen zwischen den
Stadtbewohnern bilden, wie oben schon erwähnt, die Grundlage für die realitäts-
nahe Simulation der Wohnortdynamik im 5. Kapitel.

3.4.1 Generieren eines Erschließungsgraphen

Anstatt den Erschließungsgraphen von den markierten Zellen abzuleiten, befassen wir uns nun mit der direkten Generierung eines solchen Graphen, wofür eine
Variation des Edenmodells (M. Eden 1960) als Vorlage dient. In einem regelmäßigen Zellenraster wird in der Mitte des Rasters eine Zelle mit einem Initialisie-
rungsknoten besetzt (Nukleus). Daraufhin werden mit jedem Schritt weitere
Knoten auf zufällig ausgewählten benachbarten Zellen platziert und über eine
Kante mit den bestehenden Knoten innerhalb eines bestimmten Radius verbunden. Für die formale Notation weisen wir jeder Zelle H einen Index i zu. Die
Zelle in der Feldmitte erhält den Index c. Eine Zelle H, auf der sich ein Knoten N
befindet wird folglich mit $N^{Hi}=1$ gekennzeichnet, der Status oder Zustand einer
Zelle mit S^{Hi}. Die Anfangskonfiguration kann nun angegeben werden mit:

$$N^{Hc}(0)=1, \quad N^{Hi}(0)=0, \quad \forall i \neq c, \quad S^{H}(0)=0. \tag{25}$$

Die Zellen, auf denen weitere Knoten platziert werden können, werden durch
ihren Status markiert (rote Zellen in Abbildung 17 links). Die Zustände sind
definiert mit $S^{H} = 0$ für leere Zellen (leer), $S^{H} = 1$ für Zellen, die mit einem Knoten besetzt sind (besetzt), $S^{H} = 2$ für Zellen auf denen kein weiter Knoten platziert werden kann (gesperrt) und $S^{H} = 3$ für Zellen, auf denen weitere Knoten
platziert werden können (Kandidaten).

In der Festlegung, ob eine Zelle für eine Anlagerung verwendet werden
kann, weichen wir vom Edenmodell ab. Befindet sich in der Moore-
Nachbarschaft $U(H)$, $k = 1$ (Abbildung 18) bereits eine Zelle mit einem Knoten,
so wird diese für weitere Knoten gesperrt, damit das Wegesystem nicht zu dicht
und eine größere Variation der Winkel möglich wird. Als potentielle Zellen für
eine Anlagerung werden leere Zellen gekennzeichnet, welche eine gesperrte
Zelle in der Moore-Nachbarschaft ($k = 1$) aufweisen. Die Regel für die Veränderung eines Zellenstatus wird als *State-Transition-Regel* bezeichnet und lautet
folgendermaßen:

$$S^H(t+1) = \begin{cases} 1 & \textit{if } N^H(t) = 1 \\ 2 & \textit{if } \sum_G \left\{ 1 \middle| G \in U(H), H \notin U, N^G = 1 \right\} \geq 1 \\ 3 & \textit{if } \sum_G \left\{ 1 \middle| G \in U(H), S^G = 2 \right\} > 1 \textit{ and } S^H(t) = 0 \\ 0 & \textit{otherwise} \end{cases} \tag{26}$$

Für die korrekte Umformung der Zustände muss diese Regel zweimal hintereinander ausgeführt werden. Abbildung 17 links zeigt eine grafische Darstellung der verschiedenen Zellenzustände. Es wird bei jedem Zeitschritt t zufällig eine der Kandidaten-Zelle ausgewählt und ein neuer Knoten hinzugefügt, was durch die Development-Regel definiert wird:

$$\left. \begin{array}{l} \textit{if } S^H(t) = 3 \quad \textit{and} \quad S^H(t) + \varepsilon^H(t) = \textit{max} \\ \textit{then } N^H(t+1) = 1 \end{array} \right\}, \tag{27}$$

wobei ε^H ein Zufallswert zwischen 0 und 1 ist. Mit welchen bestehenden Knoten der neu hinzugefügte Knoten verbunden wird ergibt sich aus der Vernetzungsregel (Abbildung 17 rechts) und kann formal ausgedrückt werden mit:

$$\textit{if } (d < r \quad \textit{and} \quad K > X) \textit{ then } E_{(Ni, Nj)}, \tag{28}$$

wobei d den Abstand der Knoten misst. Liegt ein anderer Knoten innerhalb des Radius r, wird geprüft, ob die Anzahl K der zu durchlaufenden Knoten der kürzesten Verbindung zwischen Start- und Zielknoten in einem Graphen größer ist als X Schritte. Der Wert X gibt den minimal erforderlichen Abstand zwischen zwei Knoten an, bevor die beiden betrachteten Knoten miteinander verbunden und eine Kante E zischen ihnen erstellt wird. Für die Ermittlung des kürzesten Wegs wird hier der A-Stern-Algorithmus (2.7.6) eingesetzt. Die erste Kante wird allerdings einfach mit dem nächst liegenden Knoten verbunden. Nach dem die Vernetzungsregel ausgeführt wurde, beginnt die Prozedur wieder bei (26).

Der Radius r, innerhalb welchem nach bestehenden Knoten gesucht wird, kann einfachheitshalber auch als erweiterte Moore-Nachbarschaft mit $k=2$ angenommen werden (Abbildung 18).

Mittels dieses einfachen Modells lassen sich anhand des Parameters X Netzwerke mit verschiedenen Maschenweiten herstellen (Abbildung 19). Die Schwierigkeit einer mangelnden Vernetzung dendritischer Strukturen, die bei verwandten generativen Methoden oftmals auftritt, wird hier durch die Vernetzungsregel (28) behoben. Eine genauere Analyse des Kontrollparameters X und der resultierenden Netzwerke anhand des Messwertes der Mittleren Länge (*ML*) wurde bereits im Abschnitt zur Konnektivitätsmessung (2.8.1, Abbildung 9 links) dargestellt.

Abbildung 17:   Generierter Erschließungsgraph. Links: Zustände der Zellen: Leere (weiß), gesperrte (hellgraue) und kandidierende (dunkelgraue) Zellen, sowie die Knoten (Punkte) und Kanten (Linien). Rechts: Vernetzungsregel. Für eine Verbindung zwischen zwei Knoten müssen sich diese innerhalb des Radius r befinden und der kürzeste Weg über den bestehenden Graphen muss größer X Schritte sein.

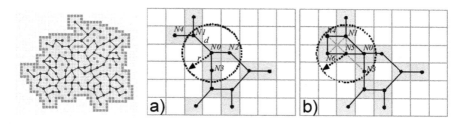

Abbildung 18:   Verschiedene Nachbarschaftsdefinitionen. *a)* Von-Neumann-Nachbarschaft; *b) - d)* Moore-Nachbarschaft mit verschiedenen Nachbarschaftsgrößen, *b)* $k=1$, *c)* $k=2$, *d)* $k=4$.

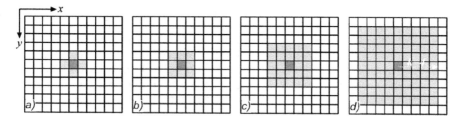

Unter Punkt 3.3.1 wurde bereits dargelegt, dass sich die Anlage und die Aufrechterhaltung eines Wegesystems an einem Trade-Off verschiedener Kosten orientiert. Daran anknüpfend lässt sich feststellen, dass die Entwicklung eines Wegenetzes nie ohne eine Notwendigkeit stattfindet, sondern an die Nutzungsverteilung im Raum gekoppelt ist. Die wechselseitige Abhängigkeit von Flächenentwicklung und Erschließung wird im 6. Kapitel ausführlich thematisiert.

Abbildung 19:   Erschließungsgraphen mit verschiedenen Maschenweiten.
                   $X = 2$ bis $X = 11$.

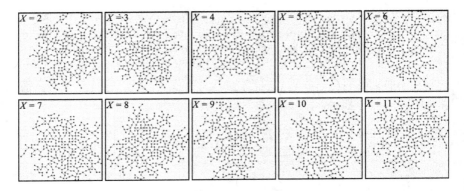

3.4.2 Wegenutzung und das Finden kürzester Pfade

Der im letzten Abschnitt generierte Graph kann nun für die Simulation der Benutzung des Wegesystems herangezogen werden. Stellen wir uns vor, wir wollen die Fahrt eines Bewohners (Agent) unserer virtuellen Stadt, die bisher nur aus dem Straßengraphen besteht, aufzeichnen. Dafür müssen wir zuerst festlegen, von wo aus der Agent seine Fahrt beginnt (Quelle) und wohin er möchte (Ziel). Sind Quell- und Zielort bestimmt, kann der kürzeste Pfad z.B. mittels des A-Stern-Algorithmus (2.7.6) berechnet werden. Die benutzte Verbindungsstrecke lässt sich in unserem Graphen visualisieren, indem die entsprechenden Kanten farbig markiert werden (Abbildung 20 links). Wiederholen wir diesen Vorgang und wählen dabei jedes Mal zufällig einen anderen Quell- und Zielort, sind bald alle Kanten des Graphen markiert. Um darzustellen, welche Kanten wie häufig benutzt werden, kann eine Kante breiter gezeichnet werden, je häufiger sie benutzt wurde, d.h. desto öfter sie Teil der Route eines Agenten war (Abbildung 20 rechts). Eine konstante Verfallsrate sorgt dafür, dass die Kantenbreite wieder reduziert wird. Im übertragenen Sinn entspricht diese Rate der Fahrgeschwindigkeit der Agenten, welche angibt, wie lange eine Fahrt dauert und wann die Auslastung der Wege wieder reduziert wird.

Abbildung 20: Wegenutzung in Zufallsgraphen. Links: Die berechnete Route innerhalb eines Graphen wurde dunkel markiert. Rechts: Die Kanten, welche am häufigsten genutzt werden, wurden am stärksten gezeichnet.

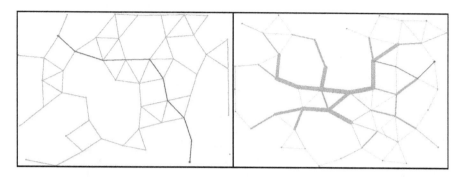

3.4.3 Verkehrsaufkommen

Dieser Abschnitt behandelt eine realistischere Simulation des Verkehrsaufkommens in einer Modellstadt. Es wird zum einen die Verteilung der Nutzungen nach Wohnorten, Arbeitsplätzen und Einkaufsmöglichkeiten einbezogen und zum anderen wird die zeitliche Auflösung erhöht, indem die Abfahrtszeiten der Agenten zu und von ihren Arbeitsplätzen, sowie die durchschnittliche Dauer zur Durchquerung einer Kante angegeben werden. Dieses einfache Verkehrsmodell erlaubt die Abbildung von Rhythmen bei der Auslastung verschiedener Verkehrsgraphen in Abhängigkeit von Ziel- und Quellverkehr.

Mit dem vorliegendem Prototypen ist es nicht möglich, Daten aus einem Geoinformationssystem (GIS) zu übernehmen. Als Alternative bietet sich die vergleichsweise einfache Methode an, die Verteilung von Wohnorten, Arbeitsstätten und Verkaufsstandorten aus einem Graustufen-Bitmap auszulesen, wobei schwarze Farbinformationen für maximale und weiße für minimale Dichte-Werte pro Zelle stehen. Die Angaben werden aus drei verschiedenen Bitmaps für Wohnorte, Arbeitsstätten und Verkaufsflächen gelesen (Abbildung 21). Für eine kombinierte Darstellung aller drei Bitmaps werden die Dichteinformationen als RGB-Farbwerte für die Farbe der Zellen gespeichert. Die Anzahl Wohnorte der Arbeiter pro Zelle wird als Rotwert, die der Arbeitsplätze als Grünwert und die der Verkaufsflächen als Blauwert gespeichert. Als Maximalwert werden 255 Einheiten pro Nutzung und Zelle festgelegt.

Nach dem Einlesen der Daten werden die Arbeiter zufällig den zur Verfügung stehenden Arbeitsplätzen zugeordnet. Die Dichte der Besiedlung der Modellwelt und damit die Anzahl an Arbeitern, Arbeitsplätzen und Einzelhandelseinheiten kann über die Größe der Zellen eingestellt werden.

Abbildung 21:   Graustufen-Nutzungs-Bitmaps. Von links nach rechts: Wohndichte der Arbeiter, Dichte der Arbeitsplätze und der Verkaufsflächen.

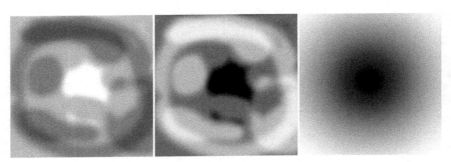

Für die einfache Bereitstellung eines Verkehrsgraphen wird ein Zufallsgraph erzeugt, indem eine bestimmte Anzahl von Knotenpunkten zufällig über das Zellenfeld verteilt wird. Anschließend werden die Verkehrsknoten in Abhängigkeit von einer gegenseitigen Abstoßungskraft räumlich verteilt, und jene Knoten miteinander durch eine Kante verbunden, die sich innerhalb eines bestimmten Radius des jeweils betrachteten Knotens befinden.

Für die Berechnung der Pendelfahrten von und zur Arbeit wird in einem ersten Schritt jede Zelle (Wohnort) dem nächstliegenden Verkehrsknoten zugeordnet. Im zweiten Schritt wird der kürzeste Weg von dem Einstiegsknoten einer Zelle zu dem Zielknoten (Arbeitsplatz) mittels des A-Stern-Algorithmus gesucht. Jeder Arbeiter-Agent „merkt" sich diesen Weg für seine täglichen Pendelfahrten zur Arbeit und wieder nach Hause. In einem dritten Schritt wird festgelegt, wann jeder Arbeiter morgens zu seiner Arbeit losfährt und wann er abends seinen Heimweg antritt. Für die Verteilung der Fahrzeiten auf die Arbeiterpopulation wir eine Gaußschen Normalverteilung angenommen, die ihr arithmetisches Mittel bei den morgendlichen Abfahrtzeiten um 8 Uhr und bei den abendlichen Abfahrtzeiten um 17 Uhr hat. Es ergibt sich eine Verteilung der Abfahrtszeiten gemäß Abbildung 22.

Abbildung 22: Abfahrtszeiten. Verteilungskurve der morgendlichen und abendlichen Abfahrtszeiten der Agenten. Die Standardabweichung von den jeweiligen Mittelwerten bei 8 und 17 Uhr beträgt 1,0.

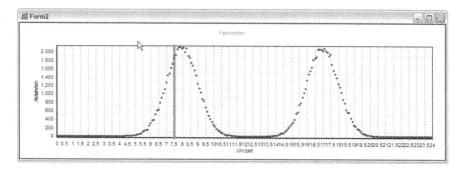

Die Nutzung des Verkehrsgraphen kann nun über den Verlauf eines Tages berechnet werden. Entsprechend der Verteilung der Abfahrtszeiten wird der Verkehrsgraph zu den verschiedenen Tageszeiten unterschiedlich stark genutzt. Die Intensität des Verkehrs auf einer Straße bzw. einer Kante wird in Abbildung 23 gelb dargestellt. Für die Berechnung des Verkehrsaufkommens werden Agenten zur jeweiligen Abfahrtszeit Schritt für Schritt durch den Verkehrsgraphen geschickt. Dabei benutzen Sie den gespeicherten Weg. Bei jedem Schritt werden die Agenten gezählt, die sich auf einer Straße befinden. Die Breite der gelben Markierungslinie gibt entsprechend der Skalierung die Auslastung einer Verbindung wieder. Die Dauer eines Schritts kann eingestellt werden. Die 24 Stunden eines Tages werden in eine bestimmte Anzahl einzelner Schritte gegliedert, woraus sich die angenommene Zeitskalierung ergibt. Daraus folgt, dass ein Agent so und so viele Minuten Fahrzeit für die Strecke zwischen zwei Knoten benötigt.

Diese Verkehrssimulation kann den rhythmischen Verlauf der Verkehrsauslastung eines Verkehrsgraphen in Abhängigkeit von der Verteilung der Arbeitsbevölkerung, der Arbeitsplätze und der Abfahrtszeiten wiedergeben (Abbildung 23). Das Verkehrsaufkommen in einer Stadt ist in wesentlichen Teilen abhängig von den Fahrten zwischen Wohnort und Arbeitsplatz sowie solchen zum Einkaufen. Nach einer Studie von Banister, Watson und Wood (1997) am Beispiel einer englischen Stadt fallen etwa 20% des Verkehrs auf Arbeitsfahrten und ca. 30% auf Einkaufsfahrten. Aus diesem Grund haben die Verteilung der Nutzungen und die Struktur des Wegesystems einen entscheidenden Einfluss auf die Umweltbelastung, sowie auf die Summe der Fahrt-, Distanz- und Zeitkosten, die einer städtischen Gesellschaft entstehen (D. Banister et al. 1997).

Abbildung 23:   Verkehrsaufkommen im Tagesverlauf. Das Programmfenster
                  mit den Bedienelementen rechts und der grafischen Ausgabe
                  links.

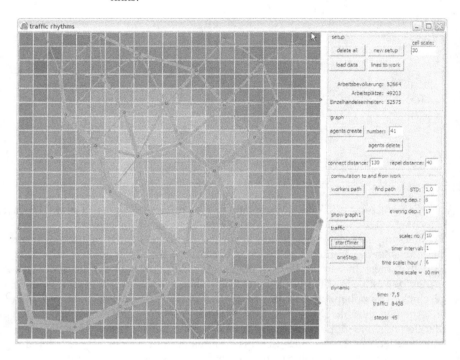

3.4.4   Erweiterter Erschließungsgraph

Das bisher verwendete Prinzip der abstrakten Darstellung eines Wegesystems als
Graph lässt sich dahingehend erweiterten, dass die Erschließungsstruktur der
Gebäude miteinbezogen werden kann. Folgen wir einem Gedanken von Franck
(2005), kann die Geometrie von erschließenden und erschlossenen Räumen als
sich selbst organisierende fraktale Struktur aufgefasst werden. Von der kleinsten
architektonischen Einheit – dem einzelnen Zimmer – ausgehend, stellt sich die
gebaute Struktur als eine Abfolge von erschlossener Raumeinheit und erschlie-
ßendem Umraum dar: Das Zimmer wird vom Gang, die Wohnung vom Treppenhaus, das Treppenhaus vom Grundstückszugang, der Häuserblock von der
Anliegerstraße, das Quartier von der Durchgangsstraße usw. erschlossen.

Abbildung 24:   Graphenbasierte Darstellung eines Wegesystems. Die Straßensegmente sind durch Knoten repräsentiert. Verbunden werden zwei Knoten, wenn die Straßensegmente über eine Kreuzung miteinander verbunden sind.

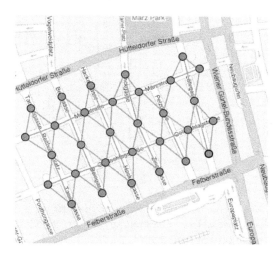

Für eine geeignete graphenbasierten Repräsentation einer solchen fraktalen Struktur invertieren wir die Zuordnung der Knoten und Kanten zu den räumlichen Elementen. Ein Knoten steht jetzt nicht mehr für eine Kreuzung sondern für ein Straßensegment und die Kanten verbinden jene Knoten, die über eine Kreuzung miteinander verbunden sind (Abbildung 24).

Dieses System kann nun erweitert werden, indem die Innenräume der Gebäude in entsprechender Form dargestellt werden. Die Knoten repräsentieren einzelne Räume und werden verbunden, wenn sie durch eine Türe oder einen Durchgang miteinander verbunden sind (Abbildung 25).

Der baulichen Struktur entsprechend kann der Gebäudegraph einfach an den Straßengraphen angeschlossen werden, wenn beispielsweise das Treppenhaus direkt von der Straße aus zugänglich ist. Bei anderen Gebäudekonfigurationen können entweder weitere Knoten hinzugefügt, oder die Gewichtung eines Knotens verändert werden. Die Gewichtung drückt die Zugänglichkeit von einem Raum zum anderen aus und wird in Kapitel 5 zur Wohnortdynamik wieder aufgegriffen, um die Beziehungen zwischen den Stadtbewohnern zu quantifizieren. Die verschiedenen räumlichen Hierarchien sind in Abbildung 26 anhand der Buchstaben a bis f in beispielhafter Form dargestellt. Dabei stellt jeder Knotentyp eine bestimmte hierarchische Ebene dar.

Abbildung 25: Graphenbasierte Darstellung eines Gebäudegrundrisses. Abb. aus Hillier and Hanson (1984: 157)

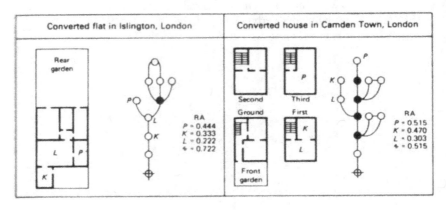

Abbildung 26: Hierarchie der urbanen Erschließungsstruktur. Idealtypische graphenbasierte Darstellung der Erschließung von der Wohnung bis zur Autobahn.

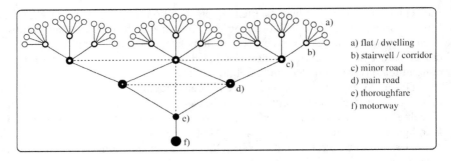

Als Grundlage für die Ableitung des beschriebenen fraktalen Graphen können die Daten des Verkehrsnetzes der untersuchten Region aus einem GIS herangezogen werden. Dadurch erhält man die geometrisch-räumliche Struktur des Netzwerks, welches die Ausgangsdaten für Wegelängen, Verkehrsauslastungen, Instandhaltungskosten usw. liefert. Daraus können die topologischen Eigenschaften eines gewichteten Graphen abgeleitet werden, auf dessen Basis sich Erreichbarkeitsanalysen anhand der Konvektivität des Graphen sowie Kosten-Nutzen-Verhältniswerte berechnen lassen. Erstere sind relevant für Standortanalysen und

Aussagen über die Ausprägung der abgestuften Zugangsrechte bestimmter Räumlichkeiten, welche eng verbunden sind mit der sozialen Struktur einer Stadt (B. Hillier 2007; B. Hillier und J. Hanson 1984). Letztere schließen im Zusammenspiel mit den Daten der Flächennutzungen den Wirkungskreis zum Bodenmarkt.

3.5 Zusammenfassung und Ausblick

Es wurde gezeigt, wie aus den Bewegungen individueller Agenten mittels einfacher Regeln übergeordnete Wegestrukturen entstehen können. Den Regeln liegt die Annahme zugrunde, dass wir es mit einem Trade-Off zwischen den Kosten für Herstellung und Erhaltung eines Wegesystems und den gesparten Zeit- und Arbeitskosten bei der Nutzung existierender Wege zu tun haben. Über die Kontrollparameter der vorgestellten Modelle können verschiedene Varianten dieses Trade-Offs untersucht werden.

Aufgrund der Schwierigkeiten, die Wegestrukturen in Form markierter Zellen in einen Graphen zu übertragen, wurde eine Methode eingeführt, den Erschließungsgraphen direkt zu generieren. Anschließend wurde gezeigt, wie sich die rhythmischen Auslastungen eines Verkehrssystems auf modellhaften Graphen darstellen lassen. Am Ende des Kapitels wurde beschrieben, wie ein Straßengraph adaptiert und erweitert werden kann, damit sich eine durchgängige Hierarchie von erschließenden und erschlossenen Räumen von den Hauptstraßen bis in die Zimmer einer Wohnung abbilden lässt.
Als letzter Punkt des Ausblicks soll auf einige zeitlichen Aspekte eingegangen werden, die in der vorliegenden Arbeit nur eine nebensächliche Rolle spielen, aber gerade bei der Auseinandersetzung mit Bewegung und Verkehr in einer Stadt relevant sind. Analog zu der räumlich fraktalen Struktur des Erschließungssystems lässt sich eine fraktale Zeitstruktur bei dessen Benutzung feststellen (G. Franck 2005): Man geht so und so oft im Zimmer umher, bevor man auf den Gang tritt; man geht so und so oft in der Wohnung umher, bevor man sie verlässt; man legt so und so viele Hin- und Rückwege im Quartier zurück, bevor man umliegende Quartiere aufsucht; man fährt so und so oft in der eigenen Stadt umher, bevor man eine andere besucht usw. Diese Pendelbewegungen bilden zusammengenommen eine Hierarchie von wiederum sich selbst ähnlichen Rhythmen und sind meist typisch stabile Prozesse. Sie führen zum Ausgangspunkt zurück und streben einem Gleichgewicht zu.
Es gehört zu den wesentlichen Eigenschaften der hier beschriebenen Simulationsmodelle, dass nicht nur der Raum, sondern auch die Zeit in diskreten

Schritten beliebiger Skalierung behandelt wird. Ob der Verlauf der Zeit in einem Modell kontinuierlich oder diskret abgebildet wird, kann entscheidenden Einfluss auf die Ergebnisse einer Simulation haben (M. A. Nowak, S. Bonhoeffer, & R. M. May 1994).

4 Bodenmarkt und Standortwahl

„Traditionelle neoklassische und raumwirtschaftliche Modelle verwenden nicht nur
ein unzureichendes Konzept der Organisationsstruktur von Unternehmen und damit
des organisierten ökonomischen Austauschs, sie vermögen auch wenig zu sagen
über die Möglichkeiten und Mechanismen von ökonomischem Wandel. Dies hängt
mit ihrer Fokussierung auf Gleichgewichtsstrukturen zusammen."

(H. Bathelt und J. Glückler 2003: 195)

Wir werden uns in diesem Kapitel mit einigen Grundlagen der Raumökonomie
befassen. Eine Antwort auf die Fragen, warum bestimmte Akteure an bestimmten Orten siedeln und welche Aktionsräume sie für sich in Anspruch nehmen,
hängt mit einer Vielzahl von Einflussfaktoren zusammen, mit deren Untersuchung sich die verschiedenen Standorttheorien befassen (L. Schätzl 2003). Als
einer der relevantesten Faktoren soll nun der Bodenmarkt betrachtet werden.
Eine gängige Annahme besteht darin, dass die Bodenpreise abnehmen, je größer
die Entfernung zum Stadtzentrum ist. Im ersten Teil dieses Kapitels betrachten
wir Modelle zu verschiedenen Zentralitätskonzepten (4.1.1, 4.1.2, 4.1.3, 4.1.4,
4.1.5), bei denen die Entfernung zum Markt bzw. Zentrum die entscheidende
Rolle spielt. Diese Modelle sind mit Ausnahme des Skalenerträge-Modells durch
eine unidirektionale Wirkrichtung gekennzeichnet, und in der linken Spalte in
Abbildung 27 angeordnet.

Bodenpreise, Erreichbarkeiten und Nutzungsverteilungen sind eng miteinander verknüpft. Je besser die Erreichbarkeit bzw. je zentraler die Lage, desto
begehrter und damit kostspieliger ist der Ort. Dadurch wird auch seine Ausnutzung maximiert und bestimmte Nutzungen werden wiederum aufgrund der hohen Preise ausgeschlossen. Veränderungen in einem Bereich ziehen stets Auswirkungen in den anderen nach sich. Diese Modelle bilden Rückkoppelungsprozesse ab und weisen daher eine bidirektionale Wirkrichtung auf. Mit den Modellen, die in der rechten Spalte in Abbildung 27 zu finden sind lassen sich einige
dieser Wirkungszusammenhänge studieren. Das Modell der Skalenerträge (4.1.5)
beschreibt das Zustandekommen der Einzugsgebiete städtischer Märkte. Die
letzten beiden Modelle (4.2.1, 4.2.2) zeichnen sich dadurch aus, dass die Systeme so gestaltet sind, dass es zu Selbstorganisationsprozessen kommt. Bei der
Analyse der Standortwahl durch Separationsprozesse (4.2.1) wird davon ausge-

gangen, dass sich Nutzungen dort ansiedeln, wo bereits gleichartige Nutzungen vorhanden sind und keine störenden Einflüsse anderer Nutzungen auftreten. Bei der Simulation der Verteilung verschiedener Flächennutzungen (4.2.2) werden schließlich zwei vorher eingeführte Modelle (3.3 und 4.2.1) zusammengeführt. Zum Ende dieses Kapitels wird ein Modellkonzept besprochen, welches darstellt, wie sich Umwelteinflüsse auf den Bodenmarkt auswirken können (4.3).

Abbildung 27:   Modelle in Kapitel 4. Linke Spalte: Bei diesen Modellen sind die Prozesse und die Strukturen und Phänomene (S&P) noch nicht zirkulär miteinander gekoppelt. Die Wirkrichtung besteht nur von den Prozessen zu S&P, nicht umgekehrt. Rechte Spalte: Modelle mit zirkulärer Koppelung.

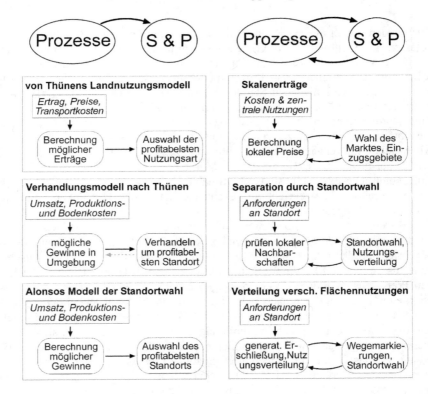

4.1 Grundlegende Modelle

Die hier vorzustellenden Simulationen basieren auf Modellen, die im Rahmen der quantitativen raumökonomischen Forschung ausgearbeitet wurden. Auf eine detaillierte Erläuterung der zugrunde liegenden Ansätze wird verzichtet, da hierzu bereits umfangreiche Grundlagenliteratur existiert (H. Bathelt und J. Glückler 2003; C. Breßler und M. Harsche 2004a; G. Franck 1992; P. Haggett 1991; L. Schätzl 2003). Wir interessieren uns in erster Linie für die Übertragung etablierter Ansätze auf zirkulär gekoppelte Modelle anhand der FACS-Methode.

4.1.1 Zentralität und zentrale Orte

Der Begriff der Erreichbarkeit ist eng verbunden mit dem des Zentrums, der in seiner Bedeutung je nach Betrachtungsebene variieren kann. Das Grundmodell zentraler Orte stammt von Walter Christaller, der 1933 anhand einer Untersuchung Süddeutschlands feststellte, dass sich zentrale Orte strikt hierarchisch im Raum verteilen (W. Christaller 1980). Lösch führte dagegen ein hexagonales Marktnetz ein, dass verschiedene Spezialisierungen der Orte auf bestimmte Funktionen erlaubt und daher nicht nur vertikal, sondern auch horizontal ausgerichtet ist (A. Lösch 1962). Die Prinzipien der Raumaufteilung nach Christaller und Lösch sind in idealisierter Form in Abbildung 28 dargestellt.

Abbildung 28:   Verteilung zentraler Orte im Raum. Links: Umlandbildung zentraler Orte nach dem Prinzip von Walter Christaller. Rechts: System der Marknetze nach Lösch. Abbildung aus Bathelt & Glückler (2003: 113-114)

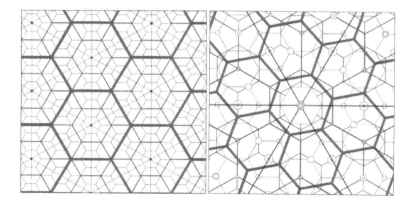

Heute geht man davon aus, dass das Prinzip der zentralen Orte universelle Gültigkeit besitzt. So verteilen sich beispielsweise über die ganze Welt Handels- oder Technologiezentren in Form bedeutender Städte oder Regionen. Begrenzt man das Blickfeld auf ein Land, werden Städte nach ihrem Rang geordnet, entsprechend ihrer Bevölkerungszahl oder Produktionsleistung. Eine Stadt für sich beinhaltet wiederum mindestens ein Stadtzentrum, den so genannten zentralen Handelsbereich (Central Business Distrikt, CBD). Einzelne Stadtgebiete unterscheiden sich danach, ob sie vorwiegend Produktions-, Handels- oder Wohnnutzungen beherbergen oder bei einer heterogenen Zusammensetzung als Mischgebiet gelten. Die verschiedenen Gebiete bilden untergeordnete Zentren innerhalb der Stadt, wo sie jeweils Bebauungsart und -dichte definieren. Diese Hierarchie der Zentren setzt sich fort bis in die Wohnungen, in welchen die Zimmer mit der höchsten Nutzungsdauer die zentralen Räume darstellen. Die Größenverteilung der zentralen Orte folgt mit erstaunlicher Genauigkeit der Rang-Größen-Regel oder *Rank-Size-Rule*, die auf empirische Befunde von Felix Auerbach (1913) zurück geht. Die Rang-Größen-Regel besagt, dass, wenn man zum Beispiel die Städte eines Landes nach der Zahl ihrer Bewohner in eine Rangfolge bringt, die Einwohnerzahl einer jeden Stadt geschätzt bzw. berechnet werden kann, indem man den Kehrwert ihres Rangs mit der Einwohnerzahl der größten Stadt multipliziert. Die zweitgrößte Stadt hat also nur halb so viele Einwohner wie die größte Stadt und die drittgrößte Stadt hat ein Drittel der Bevölkerung der größten Stadt usw.

George Kingsley Zipf (1949) stellte die Rang-Größen-Regel in den Mittelpunkt seiner Untersuchungen und fand Analogien in zahlreichen Bereichen: Sprache, Wirtschaft, Psychologie, Soziologie und Geographie. Zipf berechnete für die verschiedenen Erscheinungen den sogenannten Pareto-Exponenten. Es gelang ihm, überzeugend darzulegen, dass die Prozesse, die zu der Rang-Größen-Verteilung führen, aus einem Kräftespiel zwischen „Force of Diversification" und „Force of Unification" hervorgehen.

Die Entstehung und Dynamik von Zentren innerhalb einer Stadt hängt von exogenen sowie endogenen Einflüssen ab. Exogene Einflüsse sind z.B. topographische Gegebenheiten oder stadtplanerische Konzepte. Die endogenen Faktoren, welche dem Prozess der Zentrenbildung und -entwicklung zugrunde liegen, setzen sich zusammen aus den Präferenzen der individuellen oder kollektiven Akteure, welche sich ökonomisch anhand des Wertes eines Standortes ausdrücken lassen und als anziehende oder abstoßende Wechselwirkung zwischen den unterschiedlichen Bebauungsarten modelliert werden können. Unter Punkt 4.2.1 wird das Prinzip der abstoßenden und anziehenden Wirkungen anhand eines Simulationsmodells erläutert. Der Wert eines Standorts hängt von dessen Entfernung zu anderen Standorten und dem sozialen Umfeld ab. Diese Entfernungen werden auf zweierlei Weise bewertet: erstens gemäß der Fahrtkosten, die durch die Wahl des Standortes an- bzw. entfallen, und zweitens danach, ob der Ausblick angenehm, die Umgebung passend und wie weit entfernt die Emissionsquellen von Störungen und Beeinträchtigungen sind. Die Bewertung der letzteren Bezüge leitet sich nicht aus den Preisen für knappe Ressourcen, sondern aus den Raten räumlicher Diskontierung[6] ab (G. Franck 1992).

Die folgenden Modelle beschreiben den Einfluss der Zentren auf die Standortwahl. Ist das System der Zentren ansatzweise definiert, sind auch die Randbedingungen für ein Bodenmarktmodell zustande gekommen.

4.1.2 Die Thünenschen Ringe

Das erste Modell zur Beschreibung der Flächennutzung im Raum stammt von Johann Heinrich von Thünen und wurde bereits 1826 veröffentlicht. Aufgrund seiner Einfachheit und Allgemeingültigkeit zählt es zu den bekanntesten wirtschaftsgeographischen Konzepten.

Thünens Theorie behandelt die Verteilung unterschiedlicher landwirtschaftlicher Nutzungen im Bezug auf einen zentralen Markt. Die Lagerente als zentraler Begriff in der Thünenschen Argumentation ist als Äquivalent zum Bodenwert zu verstehen. Sie entspricht dem maximal möglichen Betrag, den ein landwirtschaftlicher Produzent für die Nutzung einer Fläche bezahlen könnte, ohne Verlust zu machen. Ausgehend von den lokalen Lagerenten kann die die optimale landwirtschaftliche Nutzung berechnet werden. Folgende Größen beeinflussen die Lagerente: Anbauertrag Y, Entfernung zum Markt d, Marktpreise P und Erzeugungskosten C eines Produkts n sowie Transportkosten F. Das hier vorzustellende Programm berechnet die optimale räumliche Verteilung von drei verschiedenen Produkten $n = \{1, 2, 3\}$, welche anhand der Farben gelb, grün und weiß dargestellt werden. Im Modell gehen wir davon aus, dass in einem zellulären Raum auf jeder Zelle i eines der möglichen Produkte angebaut wird. Die örtlich erzielbare Lagerente L_i^n wird für alle möglichen Nutzungen n mit der Thünenschen Gleichung berechnet:

$$L_i^n = Y_n \bullet (P_n - C_n) - Y_n \bullet F_n \bullet d_{i\,m}, \qquad (29)$$

dabei steht Y_n für den Anbauertrag (in *tonne/qkm*), P_n für den Marktpreis der Feldfrucht n (in *€/t*), C_n für die Erzeugungskosten der Feldfrucht (in *€/t*), F_n für

---

6 siehe Frank (2002), S. 66, sowie Franck (1992), S. 3: „Diskontierung meint die Bewertung räumlicher und zeitlicher Entfernung im Sinne des Abstandes vom Hier bzw. Jetzt. Sie ist unabhängig von der Bewertung des Raums als nutzbares Volumen und von der Bewertung der Zeit als nutzbare Stunde."

die Transportkosten (in $€/t*km$) und $d_{i\,m}$ für die Entfernung von einer Zelle i zum Markt m (in km). Den Zellen wird die Nutzung zugewiesen, mit welcher die höchste lokale Lagerente L_i^n erwirtschaftet werden kann (Abbildung 29).

Abbildung 29:　　Thünensche Landnutzungszonen. Links: Der Gradient zeigt die Entfernungen der Zellen zu den Märkten an. Mitte: Bereich der positiven Lagerenten. Rechts: Zuweisung der verschiedenen Nutzungen. Die Einstellungen für die drei Produkte n_1(gelb), n_2(grün), n_3(weiß) waren: Y_1=2500, C_1=10, P_1=400, F_1=5; Y_2=500, C_2=1, P_2=900, F_2=6; Y_3=2000, C_3=6, P_3=400, F_3=3.

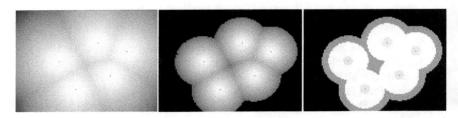

Zwar sind Landwirte relativ flexibel bei der Wahl ihrer Anbauprodukte, weshalb das Modell der Thünenschen Ringe die landwirtschaftliche Flächennutzung hinreichend gut beschreiben kann. Sobald wir allerdings nach der Standortverteilung von Produktionsstätten, Dienstleistungsnutzungen, Einzelhandelsflächen und Wohngebieten fragen, bei welcher der Anteil der verschiedenen Nutzungen vorgegeben ist, muss die Verteilung dieser Nutzungen verhandelt werden. Ein Modell, das dieses Verhandlungsproblem behandelt, soll im folgenden Abschnitt dargestellt werden.

4.1.3 Verhandlungsmodell für die Landnutzung nach v. Thünen

Während anhand der Thünenschen Ringe ideale Landzonierungen berechnet wurden, was zur Folge haben kann, das einige Nutzungen gar nicht vorkommen, wird hier für verschiedene Nutzungen, die alle zu einem bestimmten Anteil Platz finden müssen, deren ideale räumliche Verteilung verhandelt.

Eine Zelle repräsentiert im Modell einen Landwirt, der versucht, den Gewinn mit seinem Anbauprodukt zu maximieren. Der Gewinn errechnet sich wie im letzten Abschnitt aus der Thünenschen Gleichung und ist abhängig von der Produktivität, der Entfernung zum Markt und den Transportkosten für die unterschiedlichen Güter. Die Verhandlungsregeln sind so definiert, dass jeder Landwirt innerhalb eines definierten Umgebungsbereichs vergleicht, ob er auf einem anderen Grundstück mit seinem Anbauprodukt einen höheren Gewinn erzielen kann. Ist dies der Fall, versucht er dieses Grundstück einzutauschen. Kommt es dabei zu einer Konkurrenz bei der Nutzung einer Parzelle, unterliegt derjenige Landwirt, der mit seinem Produkt an dieser Stelle einen geringeren Gewinn erwirtschaften würde als sein Konkurrent.

Zu Beginn werden die Prozentsätze der drei möglichen Nutzungen $n = \{1, 2, 3\}$ definiert, zufällig den Zellen i des Feldes zugewiesen und es wird mindestens ein Markt m platziert. Die verschiedenen Nutzungen können auch als Landwirte verstanden werden, die jeweils nur ein bestimmtes Produkt anbauen.

Für jede Zelle i werden zufällig 8 Zellen k aus den Nachbarschaftszellen ausgewählt, die sich innerhalb des Tauschradius T befinden. Zuerst wird für jede Zelle i, der eine Nutzung n zugewiesen wurde, die Lagerente L^n_i berechnet und anschließend verglichen, ob der Landwirt, welcher der Zelle i zugewiesen ist, mit seinem Anbauprodukt auf einer der verglichenen Zellen einen größeren Gewinn erzielen könnte. Der mögliche Gewinn entspricht der örtlich erzielbaren Lagerente L^n_k und lässt sich mit der Thünenschen Gleichung (16) bestimmen.

Bei jedem Zeitschritt t wird für jede Zelle eine Liste mit Interessenten x erstellt, die hier einen höheren Gewinn erzielen könnten, als an ihrem derzeitigen Standort ($L^n_{x, k} > L^n_{x,i}$). Getauscht wird eine Zelle zwischen den Landwirten dann, wenn der momentane Besitzer der Zelle mit seinem Produkt nur einen niedrigeren Gewinn erwirtschaften kann. Bewerben sich mehrere Landwirte um eine Zelle wird der bevorzugt, der die höchste Lagerente erzielen würde. Bei gleicher Eignung mehrerer Bewerber findet eine Zufallswahl statt:

$$L^n_i(t+1) \leftarrow \max_x \left\{ L^n_{x,i}(t), \varepsilon_x(t) \right\} \qquad (30)$$

In Abbildung 30 sind drei stabile Zustände des Verhandlungsmodells mit unterschiedlich vielen Märkten und verschiedenen Prozentsätzen der drei möglichen Nutzungen dargestellt. Im Gegensatz zum ursprünglichen Modell der Thünenschen Ringe im vorangegangenen Abschnitt kann sich hier eine Nutzung auf mehrere Ringe verteilen. In Abbildung 30 rechts sind beispielsweise die gelben Nutzungen auf drei Ringe verteilt, wobei nur auf den hell dargestellten Bereichen die Lagerenten positiv sind.

Eine weitere Besonderheit des Verhandlungsmodells ist die Abhängigkeit der Landnutzungsstruktur von dem Nachbarschaftsbereich T, innerhalb welchem verglichen und getauscht werden kann. Ist dieser relativ gering, kommt es nicht zu einer idealen Verteilung. In Abbildung 31 sind stabile Zustände des Systems bei drei Märkten und verschiedenen Werten für T abgebildet. Der globale Parameter Tauschradius kann als Fähigkeit der Informationsübermittlung der künstlichen Landwirtschaftsgesellschaft betrachtet werden.

Abbildung 30:   Ergebnisse des Verhandlungsmodells bei verschiedenen Einstellungen für die Produkte. n_1 (gelb), n_2 (grün), n_3 (weiß). Nur auf den hell dargestellten Bereichen sind die Lagerenten positiv. Links: Ein Markt; n_1=25%, n_2=25%, n_3=25%; Y_1=2500, C_1=10, P_1=400, F_1=5; Y_2=500, C_2=1, P_2=900, F_2=6; Y_3=2000, C_3=6, P_3=400, F_3=3. Mitte: Fünf Märkte; n_1=92%, n_2=4%, n_3=4%; Y_1=2500, C_1=10, P_1=400, F_1=5; Y_2=500, C_2=1, P_2=900, F_2=6; Y_3=2000, C_3=6, P_3=400, F_3=3. Rechts: Zwölf Märkte; n_1=25%, n_2=25%, n_3=25%; Y_1=2500, C_1=10, P_1=400, F_1=5; Y_2=499, C_2=375, P_2=900, F_2=6; Y_3=2000, C_3=6, P_3=400, F_3=3. Bei allen drei Varianten betrug der Tauschradius T=40 Zellen.

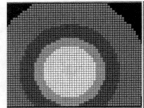 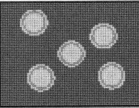 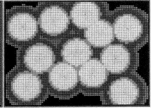

Abbildung 31:   Ergebnisse des Verhandlungsmodells bei variierendem Tauschradius. Oben links: Verteilung der Nutzungen bei der Initialisierung des Systems; Oben rechts: Verhandlungsergebnis mit einem Tauschradius T=2 Zellen; Unten links: bei T=5 Zellen; Unten rechts: bei T=10 Zellen. Bei allen Varianten betrugen die Einstellungen für die Produkte n_1=25%, n_2=25%, n_3=25%; Y_1=2726, C_1=10, P_1=400, F_1=3; Y_2=500, C_2=1, P_2=900, F_2=4; Y_3=2000, C_3=6, P_3=400, F_3=2.

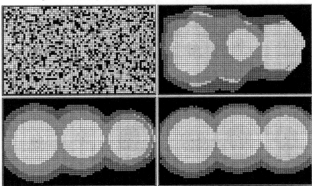

4.1.4 Alonsos Modell der Standortwahl für Betriebe

William Alonso geht in seiner "Theory of the Urban Land Market" der Frage nach, wie sich der gewinnmaximale Standort und die optimale Betriebsgröße eines städtischen Unternehmens in einer Stadt bestimmen lassen (W. Alonso 1964). Er geht damit grundsätzlich von einer ähnlichen Fragestellung wie Thünen aus, wobei folgende Prämissen angenommen werden. Die zu untersuchende Stadt ist konzentrisch aufgebaut. Daher kann die Bodenpreisverteilung einen zentral-peripheren Gradienten aufweisen. Die Annahme, dass zentrale Standorte leichter von potentiellen Kunden erreicht werden können führt dazu, dass bei konstanten Preisen der Produkte das Verkaufsvolumen und die Bruttoeinnahmen steigen, je näher ein Unternehmen am Zentrum ist. Wesentlich sind ferner die Annahme eines freien Bodenmarkts und ein profitmaximierendes Verhalten. Die folgende Darstellung der Standorttheorie nach Alonso orientiert sich an der Beschreibung von Breßler and Harsche (2004a).

Den Gewinn eines städtischen Unternehmens bestimmen die drei Variablen Umsatz V, Produktionskosten C und die Bodenkosten R, die alle von der Entfernung zum Markt d und der erforderlichen Bodenfläche q (=Betriebsgröße) abhängen. Jede der drei Bestimmungsgrößen lässt sich durch eine Funktionsgleichung beschreiben. Der Umsatz V hängt vom Standort d und der Betriebsgröße q ab, die mit der erforderlichen Bodenmenge gleichgesetzt wird:

$$V = V(d, q) \tag{31}$$

Die Produktionskosten C sind vom Umsatz V, der benötigten Bodenmenge q und vom Standort $S(d)$ abhängig:

$$C = C(V, t, S(d)) \tag{32}$$

Die Bodenkosten R lassen sich bestimmen über die Entfernung vom Stadtkern d und die Bodenpreisfuntion $P(t)$ sowie die benötigte Bodenmenge q:

$$R = q * P(t) \tag{33}$$

Ein Unternehmen kann nun seinen Gewinn maximieren, indem es entweder seine Lage oder seinen Flächenverbrauch anpasst. Die einzelnen Terme (31), (32) und (33) können nun in eine Gewinngleichung eingesetzt werden:

$$G = V - (C + R) \tag{34}$$

Bei dem erstellten Simulationsmodell können auf Seiten der Nutzung, für die ein optimaler Standort gesucht wird, die Variablen für die Betriebsgröße, die Transportkosten, die Kundensensibilität und die Produktionskosten variiert werden (Abbildung 32). Die Bodenpreisfunktion ergibt sich aus der Gleichung

$$P(d) = mp / (d * vpt), \tag{35}$$

wobei *mp* den maximalen Bodenpreis im Stadtzentrum angibt und *vpt* die Preisabnahme in Bezug zur Entfernung *d* vom Zentrum bestimmt. Kurven, die den Preis *P* angeben, der von einem Unternehmen an den verschiedenen Standorten *S(d)* geboten wird, werden von Alonso als Bid-Price-Kurven bezeichnet. Unter Berücksichtigung der Bodenpreisfunktion wird ein Unternehmen genau dort seinen Standort wählen, wo eine seiner Bid-Price-Kurven die Bodenpreiskurve tangiert (Abbildung 32 rechts unten), wo also der tatsächliche Bodenpreis dem Preis entspricht, den ein Unternehmen zu zahlen bereit ist, wenn es dabei den größtmöglichen Gewinn erzielt.

In Abbildung 32 sind die möglichen optimalen Standorte gelb markiert, die sich bei gegebenen Parametern für eine Nutzung und die Bodenpreiskurve ergeben. Die Diagramme auf der rechten Seite in Abbildung 32 zeigen neben der Bid-Price-Kurve und der Bodenpreiskurve (grün) die Umsatzkurve *V(d)* (blau) und die Produktionskostenkurve *C(d)* (rot), die jeweils von der Entfernung zum Zentrum abhängen.

Für Ladengeschäfte des episodischen Bedarfs (z.B. Schmuck- und Pelzgeschäfte) mit zumeist kleinen Ladenflächen verlaufen die möglichen Bid-Price-Kurven also relativ steil, so dass deren gewinnmaximale Standorte nahe am Stadtzentrum liegen müssen, wohingegen die Bid-Price-Kurven von Geschäften des periodischen Bedarfs mit großen Verkaufs- und Ausstellungsflächen flacher verlaufen und daher eher in City-Randlagen ihren Standort finden.

Aus der Konkurrenz von verschiedenen Unternehmen mit unterschiedlich steilen Bid-Price-Kurven um optimale Standorte ergibt sich damit eine zentral-periphere Anordnung der Unternehmensstandorte nach Unternehmenskategorien, die einer funktionalen Stadtgliederung, wie sie allgemein beobachtet werden kann, weitgehend entspricht. Variationen ergeben sich für Städte mit mehreren Zentren oder Subzentren, wobei die oben beschriebenen Funktionsbeziehungen für das jeweils betrachtete Zentrum anzuwenden wären. Wenn eine Stadt wächst oder schrumpft, wird sich auch die Bodenpreisverteilung verändern. Mit der Veränderung der Bodenpreisverteilung werden sich daher die Standorte der Unternehmen ebenfalls verändern müssen.

Im Vergleich zu dem Verhandlungsmodell, welches im letzten Abschnitt vorgestellt wurde, haben wir es hier mit einem reinen Top-Down-Modell zu tun, da die möglichen Standorte der verschiedener Nutzungen anhand der Gewinngleichung (34) berechnet und nicht mehr lokal verhandelt werden.

Abbildung 32: Simulation der Standortwahl nach Alonso. Unten können die Parameter für die Nutzung und die Bodenpreiskurve angegeben werden. Auf der rechten Seite werden die resultierenden Kurven für die Umsätze, die Produktionskosten, die Bodenpreise und die Bid-Prices angezeigt. Der Bodenpreisgradient ist in der grafischen Ausgabe als grüner Verlauf dargestellt (großer Fensterbereich). Die in kontrastierendem Grau markierten Zellen zeigen mögliche optimale Standorte bei den gewählten Parametern.

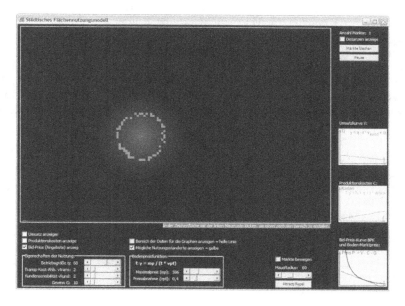

4.1.5 Skalenerträge

Bei dem in diesem Abschnitt vorzustellenden Simulationsmodell betrachten wir den Zusammenhang zwischen positiven Skalenerträgen und dem Einzugsgebiet eines Händlers bzw. Marktes. Bei der Herstellung eines Produktes fallen bestimmte Kosten an. Können bei der Produktion die Mehrkosten für jede weitere hergestellte Einheit reduziert werden (Grenzkosten), spricht man von einem Skalenertrag (mit Faktor größer eins). Anders ausgedrückt sinken bei positiven Skalenerträgen die Stückkosten, je mehr Einheiten produziert werden können.

Dieses Prinzip hängt unter anderem damit zusammen, dass bei einer Massenproduktion die Produktionsmittel, (z.B. Maschinen, Gebäude, fest angestellte Mitarbeiter usw.) sobald sie einmal vorhanden sind, effektiver eingesetzt werden können, wenn statt einer Einheit die maximal mögliche Anzahl hergestellt wird (G. Franck 1992).

In dem vorliegenden Simulationsmodell untersuchen wir die Konkurrenz zwischen zehn zufällig innerhalb des Zellenrasters platzierten Märkten, welche alle dieselben Produkte herstellen und verkaufen. Zu Beginn sind die Angebotspreise P bei allen zehn Händlern gleich hoch. Die potentiellen Kunden eines Marktes werden als gleichmäßig im Raum verteilt angenommen (eine Zelle entspricht einem Kunden). In welchem Markt die Käufer ein Produkt erwerben, entscheiden sie rational danach, wo es für sie am billigsten ist. Der relative Preis für einen Kunden an einem bestimmten Ort im zellulären Raum berechnet sich aus dem Angebotspreis P eines Händlers plus den Fahrtkosten F, um den Markt vom Wohnort aus zu erreichen.

Unter den Anfangsbedingungen wird ein Bewohner einfach im nächstgelegenen Markt einkaufen. Die Einzugsgebiete ergeben sich demnach einzig aus den Entfernungen d zum nächstgelegenen Markt, da die relativen Preise N an einem Ort i in diesem Fall nur von den Fahrtkosten F abhängen.

$$N_i(t) = P_j(t) + F_i \qquad (36)$$

Die Fahrtkosten F ergeben sich aus dem globalen Parameter für die Kosten K (z.B. Benzin) für eine Streckeneinheit und der Distanz d_{ij} von Kunde (Zelle) zum jeweiligen Markt.

$$F_i = d_{ij} * K \qquad (37)$$

Nach diesem ersten Schritt werden die Kunden einem Einzugsgebiet G des Marktes M_j zugeordnet, für welchen der relative Preis N am Standort i des Kunden am niedrigsten ist.

$$G_i \leftarrow min_j N_i \qquad (38)$$

Die jeweiligen Absatzgebiete der Märkte werden im Simulationsmodell farbig markiert (Abbildung 33). Daraus lassen sich wiederum das Einzugsgebiet der Händler und damit die Menge der Produkte bestimmen, die sie herstellen und verkaufen können. Unter der Annahme positiver Skalenerträge, deren Faktor S bei dem Simulationsprogramm über einen Parameter eingestellt werden kann, berechnen sich nun für den nächsten Zeitschritt $t+1$ auf Grundlage der Ausdehnung der jeweiligen Einzugsgebiete $\sum G_i$ und den globalen Produktionskosten D verschiedene Angebotspreise P bei den zehn Märkten:

$$P_j(t+1) = \sum_i G_i(t) / \left(\sum_i G_i(t)\right)^S * D \qquad (39)$$

Da die Angebotspreise P nun in jedem Markt verschieden hoch sind, wirkt sich dies auf die Berechnung der relativen Preise N aus. Jetzt lohnt es sich unter Umständen für einige Kunden an der Grenze zweier Absatzgebiete, einen weiteren Weg und damit höhere Fahrtkosten auf sich zu nehmen, um ein billiger gehandeltes Produkt in einem weiter entfernten Markt zu erwerben. Durch den Wechsel des Einkaufsmarktes einiger Kunden verändern sich im nächsten Zeitschritt wieder die Absatzgebiete der Märkte (Abbildung 33) und damit die Angebotspreise für die darauf folgende Berechnung usf.

Abbildung 33: Skalenerträge. Von links oben nach rechts unten: Die Bilder 1-3 zeigen die Ausbreitung oder Verkleinerung der einzelnen Einzugsgebiete der jeweiligen Märkte bei der Erhöhung des Parameters für zu erwirtschaftende Skalenerträge.

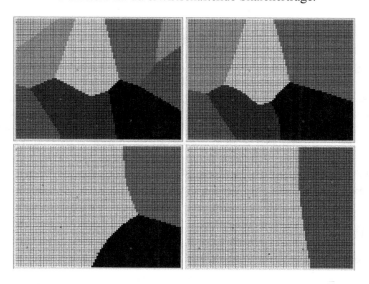

Bei dem ausgelösten Konkurrenzkampf handelt es sich um eine positive Rückkoppelung, bei der sich einige gut platzierte Anbieter durchsetzen können und örtliche Monopole bilden. Je höher die möglichen Skalenerträge sind, desto eher kommt es zu einer Monopolbildung. Der Verdrängungsprozess der Märkte mit kleineren Absatzgebieten endet, sobald sich die Fahrtkosten und die Kosten der

Produkte in den nächstgelegenen Märkten an den Grenzen der Einzugsgebiete ausgleichen. Nachdem ein Anbieter einmal seine Monopolstellung etabliert hat, wird es für potentielle neue Anbieter auch bei sinkenden Skalenerträgen sehr schwer, konkurrenzfähige Angebote zu machen, da sie bei einem anfänglich kleinen Absatzgebiet den Monopolisten unterbieten müssen (Abbildung 33 rechts unten).

Wie sich die Einzugsgebiete der Märkte ergeben, ist neben dem Faktor S für die Skalenerträge von zwei weiteren Parametern abhängig. Erstens haben die Fahrtkosten zu einem Händler wesentlichen Einfluss auf die Entwicklung der Absatzgebiete. Diese Kosten können wieder als aggregierter Wert verstanden werden, der sich beispielsweise zusammensetzt aus den Benzinkosten und der Reisezeit. Sind die Fahrtkosten hoch, lohnt sich der längere Weg zu einem Markt mit billigerem Angebot möglicherweise nicht mehr. Zweitens macht es einen Unterschied, mit welchen Produkten die konkurrierenden Händler handeln. Bei episodischen Produkten wie Fernsehern, Computern oder Autos, die seltener gekauft werden, können die möglichen Ersparnisse einen weiteren Weg rechtfertigen als es bei billigen Produkten des täglichen Bedarfs wie Lebensmitteln der Fall ist.

4.2 Selbstorganisation bei der Standortwahl

Bei den bisher in diesem Kapitel vorgestellten klassischen raumökonomischen Modellen waren die Zentren bzw. zentralen Orte als Eingangsbedingungen für die Untersuchungen von Landnutzung und Standortwahl bereits definiert. Bei den folgenden Modellen werden wir uns dagegen mit denjenigen Mechanismen beschäftigen, die für Zentrenbildung verantwortlich sind. Es wird zu zeigen sein, dass sich Verteilung und Organisation urbaner Nutzungen durch Selbstorganisationsprozesse erklären lassen.

4.2.1 Separation durch Standortpräferenzen

Das Separationsmodell basiert auf der Annahme, dass sich die Standortwahl nicht nur an der Entfernung zu einem Zentrum orientiert, sondern auch danach, welche Nutzungen sich bereits in der unmittelbaren Nachbarschaft befinden. Wir werden in diesem Abschnitt ein Modell betrachten, bei dem sich die Nutzungsverteilung nur aufgrund solcher lokaler Gegebenheiten organisiert. Vorgegeben wird ein abstrakter zufällig generierter Erschließungsgraph, bei welchem die Knoten Straßensegmente und die Kanten verbindende Kreuzungen repräsentieren (in Abbildung 34 rot dargestellt). Dieses Prinzip wurde bereits in Abschnitt 3.4.4 eingeführt. Zusätzlich werden Agenten erzeugt, die zwei verschiedene Nutzungsarten darstellen (in Abbildung 34 blau und gelb markiert), welche sich gegenseitig in ihrer unmittelbaren Umgebung meiden. Im Modell werden die Zellen um einen Agenten herum seiner Nutzung entsprechend markiert. Dieser Raum ist beispielsweise durch Emissionen eines Gewerbebetriebs beeinträchtigt (blau). Wohnnutzungen (gelb) bleiben diesen Flächen fern.

Zu Beginn der Simulation wird den Agenten ein zufälliger Status S^A zugewiesen:

$$S^A = \text{random} \{1, 2\}. \tag{40}$$

Anschließend werden sie zufällig über das Zellenfeld verteilt und bewegen sich mittels Random-Walk-Algorithmus (2.7.4) über das Feld. Die Agenten markieren bei jedem Zeitschritt t die Zellen H, auf denen sie sich jeweils befinden. Dabei greifen wir auf das gleiche Prinzip zurück wie zur Generierung eines Erschließungsgraphen (3.4.1) und verwenden die entsprechende Notation. Zellen, auf denen sich Gewerbe- oder Wohn-Agenten befinden, werden mit $T^H = S^A$ gekennzeichnet und freie Zellen werden mit $T^H = 0$ markiert. Der Status S einer Zelle wird über einen ZA berechnet. Der Vektor für S liegt im Intervall [-1; 1], wobei negative Werte für gewerbliche Nutzungen und positive Werte für Wohnnutzungen stehen. Die Berechnung des Status einer Zelle ergibt sich aus der Anzahl verschiedener Agenten in der neun Zellen umfassenden Moore-Nachbarschaft (Abbildung 18):

$$S^H (t+1) = n_{gew} - n_{wohn}, \tag{41}$$

wobei

$$n_{gew} = \sum_G \left\{ 1 | G \in U(H),\ T^G = 1 \right\}\ und$$
$$n_{wohn} = \sum_G \left\{ 1 | G \in U(H),\ T^G = 2 \right\}. \tag{42}$$

Ein Agent kann sich nur dann auf einer Zelle niederlassen wenn sein Status S^A dem der Zelle S^H entspricht, oder die Zelle einen neutralen Zustand $S^H = 0$ aufweist und zugleich eine bestimmte Entfernung δ zu einem Straßenknoten unterschritten ist:

$$if \left\{ 0 \le (S^A - S^H) < 1 \right\}\ and\ \left(d_{Ni,\,Nj} < \delta \right)$$
$$then\ L_{Hi}^A(t+1) = L_{Hi}^A(t), \tag{43}$$
$$otherwise\ L_{Hi}^A(t) \rightarrow move\ L_{Hj}^A(t+1).$$

L bezeichnet den Standort eines Agenten und *move L^N* entspricht dem Random-Walk-Algorithmus (2.7.4).

Durch die einfache Regel, dass sich eine Nutzung nur auf Zellen ansiedeln kann, die entweder keine oder eine gleichartige Markierung aufweisen entstehen automatisch Cluster der verschiedenen Farben um die Straßensegmente, die als Anlagerungspunkte dienen (Abbildung 34).

Abbildung 34:   Separationsmodell. Die blauen Gewerbe- und die gelben Wohnnutzungen meiden sich gegenseitig. Eine Ansiedlung kann nur in der Nähe der roten Knoten stattfinden.

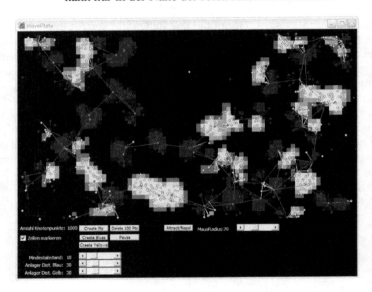

4.2.2   Dynamische Entwicklung verschiedener Flächennutzungen

Das Prinzip des vorherigen Modells, dass sich verschiedene Flächennutzungen separieren, lässt sich weiter differenzieren und für mehrere Nutzungen erweitern. Die Lagepräferenz einer Nutzung, die als anziehende oder abstoßende Kraft modelliert wird, kann mit verschiedenen Gewichtungen versehen werden. Überträgt man die bereits vorhandene Nutzungsdichte auf ein Diffusionsfeld (2.7.1), kann die Attraktivität durch die jeweiligen Potentialwerte dieses Feldes bewertet werden. Auf diese Weise findet auch das Prinzip der positiven Skalenerträge Eingang in das Modell, da bei einer anziehenden Wirkung einer Nutzung jene

Standorte bevorzugt werden, die bereits eine hohe Dichte dieser Nutzungsart aufweisen. Die folgende Darstellung basiert auf einem Modell von Batty (2005a: 241–252), dessen kausale Struktur den meisten der verbreiteten Flächennutzungs-Verkehrsmodelle zugrunde liegt (M. Wegener 2005) und erstmals von Lowry (1964) eingeführt wurde. Die Entwicklung der Flächennutzung ist abhängig von der bereits bestehenden Flächennutzungsstruktur und das Verkehrsaufkommen wird im Sinne der Austauschraten (3.2) zwischen den verschiedenen Nutzungen modelliert.

Das im Folgenden verwendete Zellenfeld besteht aus 201 x 201 Zellen, auf denen zu Beginn zehn Ressourcen R^H zufällig platziert werden. Wir führen ein Diffusionsfeld (2.7.1) ein, dessen Potentialwerte ein Maß für die lokale Dichte von bereits platzierten Nutzungen in der Umgebung jedes Standortes darstellen. Die Diffusionsgleichung (2) kann für den vorliegenden Kontext angepasst werden:

$$P^{H_i}(t+1) = \mu \bullet \left\{ \sum_{\substack{G \in U(H), \\ H \notin G}} P^G(t)/8 \right\} + o^H(t) + \varepsilon^H(t), \qquad (44)$$

wobei μ ein Diffusionskoeffizient ist, $o^H(t)$ die Position angibt, an der zum Zeitpunkt t eine neue Nutzung platziert wird und $\varepsilon^H(t)$ einen Fehlerwert darstellt, der gewisse Unsicherheiten bei der Standortwahl in das Potentialfeld einfließen lässt. Die Nutzungen o^H werden bei jedem Zeitschritt $t+1$ an den Orten bzw. auf den Zellen mit dem höchsten Potentialwert platziert:

$$o^H(t+1) = \max_H \left\{ P^H(t) \right\} \qquad (45)$$

Jede neue Nutzung ist der Ursprungsort θ^H eines Agenten, der nach den Ressourcequellen R^H sucht und dabei Austauschraten erzeugt (vgl. Abschnitt 3.2 zum agentenbasierten Interaktionsmodell). Die Gleichungen (17) bis (23) beschreiben die Bewegung der Agenten und ihre Interaktion mit der Zellenlandschaft. An dieser Stelle führen wir zusätzlich eine Migrationsfunktion zur Umsiedlung von Nutzungen ein:

$$if \sum_{G \in U(H)} L_H^A(t) \geq \xi \quad then \; \theta_i^H \rightarrow \theta_k^H . \qquad (46)$$

Überschreitet die Anzahl Agenten in der Moore-Nachbarschaft $U(H)$ eines betrachteten Agenten einen bestimmten Schwellenwert ξ, der als Maß für die Aktivität an diesem Ort betrachtet werden kann, dann wird der Ursprungsort θ_i^H des entsprechenden Agenten an diesen Standort θ_k^H umgesiedelt, sofern die Zelle noch nicht besetzt ist. Ferner ist der Migrationsprozess so eingeschränkt, dass pro Agent nur einmal eine Umsiedlung möglich ist.

Die Möglichkeit des Standortwechsels in Abhängigkeit von der Aktivität eines Ortes stellt eine einfache Art der Interaktion von Erschließungssystem und Flächennutzung dar, da ausreichend hohe Aktivitätsraten, die eine Umsiedlung bewirken können in der Regel an den Verkehrswegen zu finden sind. Diese Wechselwirkung ist allerdings noch relativ eingeschränkt, da sie nur auf den lokalen Bewegungsmustern der Agenten beruht.

In diesem Abschnitt betrachten wir nun, wie verschiedene Nutzungen über das Potentialfeld miteinander interagieren können. Zu diesem Zweck führen wir zwei weitere Nutzungen ein, die als weitere Ressourcen für die Agenten fungieren. Die drei Flächennutzungen können wir betrachten als Wohnnutzungen, welche die Ausgangsorte der mobilen Agenten sind, als Produktionsflächen und als Dienstleistungsbetriebe. Die Agenten repräsentieren die Bevölkerung, die mit den beiden anderen Nutzungen im Sinne von Fahrten zum und vom Arbeitsplatz sowie zum Einkaufen interagiert. Die Standortwahl einer Nutzung ist abhängig von der bisherigen Nutzungsverteilung, die über das Potentialfeld vermittelt wird. Die drei Flächennutzungen v können auf die ursprüngliche Gleichung übertragen werden:

$$\left\{ \begin{array}{l} P^H(t+1) = P^H(t) + \mu^P \nabla^2 P^H(t) + \sum_v \omega_P^{Hv}(t) \cdot o^{Hv}(t) + \varepsilon_P^H(t) \\[2mm] I^H(t+1) = I^H(t) + \mu^I \nabla^2 I^H(t) + \sum_v \omega_I^{Hv}(t) \cdot o^{Hv}(t) + \varepsilon_I^H(t) \\[2mm] S^H(t+1) = S^H(t) + \mu^S \nabla^2 S^H(t) + \sum_v \omega_S^{Hv}(t) \cdot o^{Hv}(t) + \varepsilon_S^H(t) \end{array} \right\} , \quad (47)$$

wobei nun drei Potentialfelder für Wohngebiete P^H, Industriegebiete I^H und Dienstleistungsgebiete $S^H(t)$ verwendet werden, für die μ^P, μ^I und μ^S die jeweiligen Diffusionskoeffizienten sind. Mit welcher Gewichtung eine neue Nutzung, deren Standort weiterhin über Gleichung (45) ermittelt wird, in ein Potentialfeld Eingang findet, wird über die Gewichtung $\omega_P^{Hv} * o^{Hv}$ ermittelt. Durch diese Methode kann der Einfluss jeder Nutzung auf jede andere definiert werden. Die Tabelle in Abbildung 35 zeigt ein Beispiel für die Zusammenstellung der Gewichtungen, wobei für das Wohn-Potentialfeld die Wohnnutzungen mit 1,0 und die Servicenutzungen mit 0,5 gewichtet werden. Der Einfluss der Wohnstandorte auf das Industrie- und das Dienstleistungs-Potentialfeld beträgt ebenfalls 0,5. Die Gewichtung der Industrienutzung auf das Industriepotentialfeld entspricht der Gewichtung der Dienstleistungen auf das Dienstleistungspotentialfeld und beträgt 1,0. Alle anderen Gewichtungen wurden auf 0 gesetzt. Die Spalte „noise" beinhaltet die Zufallswerte für ε^{Hv}.

Abbildung 35: Verteilung verschiedener Flächennutzungen. Links: Startkonfiguration des Modells. Die Tabelle mit den verschiedenen Gewichtungen ist rot umrandet. Rechts: Generierte Siedlungsstruktur nach $t = 2000$ Zeitschritten. Die Flächennutzungen sind farblich kodiert mit hellgrün für festgelegte Ressourcen, grün für Bevölkerung (population) bzw. Wohnnutzung, blau für Industrieflächen (industry) und rot für Dienstleistungsnutzungen (service).

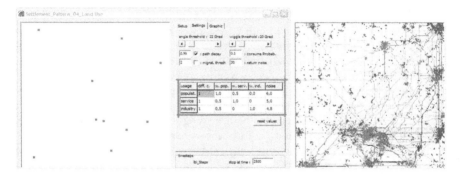

In Abbildung 35 rechts ist eine Landnutzungsstruktur dargestellt, die sich aus der Wechselwirkung der drei Flächennutzungen und unter Einbeziehung der Migrationsfunktion nach $t = 2000$ Zeitschritten ergeben hat. Bis $t = 800$ wurden pro Zeitschritt t drei Wohngebietsflächen und je eine Industrie- und Dienstleistungsfläche platziert.

Die ersten beiden Reihen in Abbildung 36 wurden mit den gleichen Parametereinstellungen generiert. Lediglich der Rückkehrmodus der Agenten unterscheidet sich. In der ersten Reihe wurde der Algorithmus des agentenbasierten Interaktionsmodells verwendet (3.2), in der zweiten und dritten Reihe dagegen der Algorithmus des sich selbstorganisierenden Wegesystems (3.3). Nach $t = 2000$ Zeitschritten zeigen sich deutliche Unterschiede bei den resultierenden Wegestrukturen, die jeweils in der dritten Spalte in Abbildung 36 dargestellt sind. Die Strukturen der unteren beiden Reihen zeigen ein detailliertes Wegenetz zwischen den Nutzungsclustern, während die Interaktionsmuster (oberste Reihe) einen besseren Eindruck der Austauschraten zwischen den Clustern vermitteln. In der untersten Reihe in Abbildung 36 wurde die räumliche Auflösung des Modells verringert, wodurch das System einen eher urbanen Charakter erhält im Gegensatz zu den regionalen Strukturen der ersten beiden Reihen. Damit die Agenten nicht nur die Ressourcen finden und nutzen, die ihnen räumlich am nächsten liegen, wurde ein Wahrscheinlichkeitswert für den Zugriff auf eine Ressource eingeführt. Indem sich die Agenten über eine Ressource bewegen können, ohne zwangsläufig auf diese zuzugreifen, können sie einen größeren Aktionsraum erkunden. In den Beispielen in Abbildung 35 und Abbildung 36 wurden ein Wahrscheinlichkeitsfaktor von $\rho = 0,1$ gewählt. Diese Modellfunktion kann als Analogie zum wirklichen Verhalten einer Bevölkerung betrachtet werden, da die Bewohner einer Stadt nicht notwendigerweise im nächstgelegenen Supermarkt einkaufen oder am nächstmöglichen Arbeitsplatz beschäftigt sind.

Die Diagramme in der rechten Spalte in Abbildung 36 zeigen verschiedene Kennwerte der generierten Strukturen in der jeweiligen Reihe. Die durchschnittliche Reisezeit (travel time) gibt an, wie viele Zeitschritte die Agenten im Mittel benötigen um eine Ressource zu finden und wieder zu ihrem Ausgangsort zurückzukehren. Vergleicht man diesen Kennwert bei den ersten beiden Reihen, zeigt sich, dass die Agenten mit dem Rückkehrmodus der zweiten Reihe im Durchschnitt um ca. 2000 Zeitschritte schneller sind. Diesen Unterschied können wir als Effektivitätsunterschied der beiden Wegesysteme interpretieren, wobei die Struktur der mittleren Reihe, bei der die Agenten versuchen, bereits bestehende Wege zu benutzen, nicht nur vom Umfang der benötigten Wege, sondern überraschenderweise auch hinsichtlich der Reisezeit wirtschaftlicher zu sein scheint als das Direktwegesystem der ersten Reihe (vergleiche die Diskussion in Abschnitt 3.3.1). Bemerkenswert ist schließlich, dass die durchschnittliche Reisezeit der Agenten bei der Struktur in der untersten Reihe nach einem Hochpunkt bei ca. $t = 500$ wieder zurückgeht. Dies deutet daraufhin, dass bei einer bestimmten Dichte eine automatische Optimierung der Wegenutzung stattfindet. Außerdem werden die Agenten gezählt, die mindestens einmal einen Weg zu einer Ressource und wieder zurück gefunden haben (successful agents), sowie die Anzahl der Agenten, die sich zu einem bestimmten Zeitschritt auf dem Rückweg befinden (returning agents). Bei den letzten beiden Kennwerten ergibt sich kein auffälliger Unterschied zwischen den Strukturen.

Die möglichen Flächennutzungsstrukturen, die mit dem vorgestellten Modell generiert werden können, sind äußerst umfangreich. Ein Vergleich der generierten Strukturen mit realen Siedlungsmustern ist sinnvoll, wenn man beispielsweise die Verteilung verschieden großer Cluster betrachtet. Das allgemeine Prinzip der Verteilung zentraler Orte im Raum wurde bereits am Anfang des Kapitels besprochen. Messen können wir diese Verteilung mit der Rang-Größen-Analyse (2.8.3). In Abbildung 37 ist eine Rang-Größen-Analyse einer beispielhaften

Simulation mit den oben angegebenen Einstellungen dargestellt: Die Steigung der Regressionsgeraden folgt nach $t = 800$ Zeitschritten annähernd der Pareto-Verteilung.

Abbildung 36: Siedlungsmuster. Die Strukturen in der oberen und mittleren Reihe wurden mit einer höheren räumlichen Auflösung generiert (Zellengröße = 2). Die Strukturen in der unteren Reihe wurden dagegen mit einer geringeren Auflösung erstellt (Zellengröße = 4). Die Spalten zeigen von links nach rechts a) die Flächennutzungen mit den Interaktionsraten, b) die reinen Siedlungsstrukturen, c) nur die Interaktionsraten, d) die Diagramme mit den durchschnittlichen Werten für die Reisezeit (an der rechten y-Achse angetragen), erfolgreiche Agenten und Agenten auf dem Rückweg in Prozent (beide an der linken y-Achse angetragen). Die x-Achse zeigt die Zeitschritte.

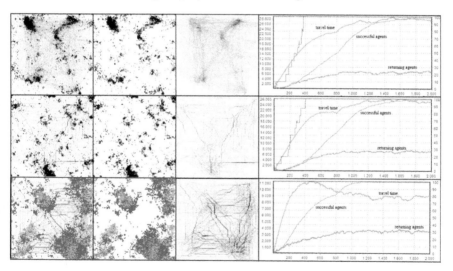

Eine Schwierigkeit des vorliegenden Modells besteht darin festzulegen, wie die verschiedenen Nutzungen gegeneinander gewichtet werden sollen. Hierfür sind sehr viele sinnvolle Varianten vorstellbar, die jeweils anhand der Rang-Größen-Verteilung analysiert werden können. Allerdings werden wir bei einer systematischen Untersuchung des Modells mit typischen Eigenschaften komplexer Systeme konfrontiert, die als Equifinality und Multifinality bekannt sind. Auf diese Phänomene wird im letzten Kapitel (7.2) dieser Arbeit ausführlich eingegangen.

Abbildung 37: Rang-Größen-Verteilung. Verteilung der Siedlungscluster einer beispielhaften Simulation mit den Parametereinstellungen aus Tabelle in Abbildung 35. Oben: Die Clustergrößen (linke x-Achse) wurden in ein log-log Diagramm eingetragen. Der blaue Graph zeigt die Veränderungen der Ränge der Cluster (angetragen an der rechten x-Achse). Die Tabelle neben dem Diagramm gibt für verschiedene Zeitpunkte den Schnittpunkt mit der linken x-Achse an (größter Cluster), sowie die Korrelationswerte und die Steigung der Regressionsgeraden. Unten: Die Clustergrößen wurden in ein lineares Diagramm eingetragen. In der nebenstehenden Tabelle sind in der zweiten Spalte die Größen der Cluster, in der dritten Spalte die idealen Clustergrößen nach der Regressionsgeraden und in der vierten Spalte die jeweilige Differenz zwischen den generierten Clustergrößen und den Idealwerten angegeben

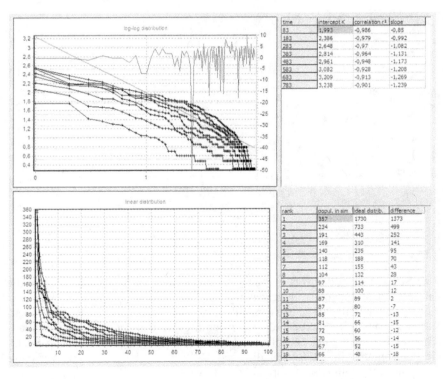

time	intercept K	correlation r²	slope
83	1,993	-0,986	-0,85
183	2,386	-0,979	-0,992
283	2,648	-0,97	-1,082
383	2,814	-0,964	-1,131
483	2,961	-0,948	-1,173
583	3,082	-0,928	-1,208
683	3,209	-0,913	-1,269
783	3,238	-0,901	-1,239

rank	popul. in sim	ideal distrib.	difference
1	357	1730	1373
2	234	733	499
3	191	443	252
4	169	310	141
5	140	235	95
6	118	188	70
7	112	155	43
8	104	132	28
9	97	114	17
10	88	100	12
11	87	89	2
12	87	80	-7
13	85	72	-13
14	81	66	-15
15	72	60	-12
16	70	56	-14
17	67	52	-15
18	66	48	-18

Neben dem umfangreichen Spektrum an erzeugbaren Flächennutzungsstrukturen, können über den Wahrscheinlichkeitsfaktor ρ auch Auswirkungen unterschiedlich großer Aktionsräume der Agenten erkundet werden. Diese Möglichkeiten sind ausreichend für allgemeine Untersuchungen zum Verhältnis von räumlichen Strukturen wie Wegen und Flächennutzungen zu den Aktionsmustern der Bevölkerung. Eine eingehende Untersuchung der Abhängigkeiten von Verkehrswegen und Flächennutzungen folgt in Kapitel 6.

4.3 Umwelteinflüsse auf den Bodenmarkt

Bisher wurden in diesem Kapitel lediglich die positiven Aspekte zentraler Lagen ausgeführt. Die Vorteile wurden hauptsächlich durch die gute Erreichbarkeit zentraler Nutzungen und Güter und entsprechend geringe Fahrtkosten begründet. Allerdings sind zentrale Lagen in einer Großstadt auch mit erheblichen Nachteilen verbunden. Der verfügbare Raum ist knapp und wird daher entsprechend effektiv genutzt. Dadurch sind freie Flächen meist auf öffentliche Parks beschränkt. Private Grünflächen finden sich höchstens in den Innen- oder Hinterhöfen der Wohnblocks. Ferner steigt mit der Zentralität eines Ortes auch das Verkehrsaufkommen mit den zugehörigen Luft- und Lärmbelastungen. Ein weiterer Gesichtspunkt ist, dass in den modernen Gesellschaften die Erreichbarkeit von Naherholungsgebieten eine zunehmen wichtige Rolle spielt. Hier verkehrt sich der Vorteil einer zentralen Lage aufgrund seiner Entfernung zur freien unverbauten Landschaft in sein Gegenteil und die Fahrtkosten die auf der einen Seite gespart wurden, fallen nun für die Fahrten ins Grüne wieder an.

Folglich lässt sich feststellen, dass es sich auch bei der Bewertung einer Lage stets um einen Trade-Off zwischen deren Vor- und Nachteilen handelt. Bei der Diskussion des Wachstumsmodells urbaner Strukturen im 6. Kapitel werden wir diesen Trade-Off wieder aufgreifen und darstellen, welche Auswirkungen die Bewertung einer Lage hinsichtlich ihrer Qualität auf die Siedlungsstruktur hat.

Als technische Grundlage für die Berechnung der Ausbreitung der Emissionen eignet sich ein zusätzliches Diffusionsfeld (2.7.1). Die Summe der Belastungen einer Zelle kann dann mit den Bodenpreisen verrechnet werden. Durch ein solches Modell wirken die Belastungen und Beeinträchtigungen auf die Raten räumlicher Diskontierung zurück, wodurch ein Rückkoppelungskreis zwischen dem Umweltmodell und der Standortbewertung entsteht.

4.4 Zusammenfassung, Diskussion und Ausblick

Die vorgestellten klassischen Landnutzungstheorien zielen darauf ab, Nutzungs-
zonierungen allein durch wirtschaftlich rationales Handeln zu erklären. Bei der
Beschreibung der Verteilung zentraler Orte in den Modellen von Christaller und
Lösch spielt die Lagebeziehung zu möglichen Konsumenten letztendlich die
entscheidende Rolle. Lipietz (1993) wirft diesen Stadt-Umland-Modellen vor,
dass sie von der Existenz städtischer Ballungen ausgehen und daher die in den
Modellen ermittelte räumliche Hierarchie das Ergebnis bereits vorhandener
Standortverdichtungen ist. Auf der Zentrenstruktur aufbauend lassen sich nach
den Theorien von Thünen und Alonso alle potentiellen Standorte über die Lage-
beziehungen zu den zentralen Orten bewerten, wodurch die Zonierung möglicher
Angebote im Allgemeinen erklärt wird. Die angeführten Raum-Wirtschafts-
modelle sind aufgrund ihrer Einfachheit natürlich nur eingeschränkt gültig und
reagieren besonderen empfindlich auf die Veränderung der Raumüberwindungskosten. Andererseits haben diese Modelle universalen Charakter und sind in der
Lage, auf einfache Weise grundlegende Zusammenhänge verständlich abzubilden, was ihren hohen Stellenwert innerhalb geographischer Methodik erklärt.

Wir haben in diesem Kapitel des weiteren Modelle zur Erklärung des Zu-
standekommens zentraler Orte und der Verteilung von Nutzungen im Raum
eingeführt. Diese postulieren Selbstorganisationsmechanismen. Nach diesen
Ansätzen lassen sich räumliche Phänomene durch ihre evolutionäre, pfadabhängige Entwicklung herleiten. Mit anderen Worten lässt sich der Zustand, den wir
zu einem bestimmten Zeitpunkt beobachten können, nur erklären, wenn wir den
Entwicklungsprozess verstehen, der für die räumliche Konstellation ursächlich
ist. Unter Punkt 4.2.2 wurde die pfadabhängige Entwicklung einer Siedlungsstruktur mit der entsprechenden Verteilung der verschiedenen Flächennutzungen
anhand eines FACS-Modells exemplarisch dargestellt.

Sobald wir uns einmal die Vorteile der dynamischen FACS-Simulations-
modelle bewusst gemacht haben, eröffnen sich auch eine Reihe weitergehender
Fragestellungen, die mit den traditionellen statischen Modellen nur unzureichend
beantwortet werden können. Was passiert zum Beispiel, wenn alle Anbieter
ihren Standort verändern können, in der Hoffnung dadurch ihre Einzugsgebiete
und Konkurrenzfähigkeit zu verbessern, sie allerdings gleichzeitig die Strategien
ihrer Konkurrenten berücksichtigen müssen? Jene Anbieter, die mit ihren Produkten nicht miteinander konkurrieren, könnten den Effekt der Mehrfacherledi-
gungen ausnützen und ihren Standort so wählen, dass sie von den Einzugsgebie-
ten anderer Märkte profitieren. Denn ein Kunde wird in der Regel den Vorteil
nutzen, mit einer Fahrt mehrere Produkte zu erwerben, um dadurch seine Fahrtkosten zu reduzieren. Ein wichtiger Aspekt besteht ferner darin, dass verschie-

ne Bevölkerungsgruppen sich hinsichtlich ihrer Bereitschaft oder ihres Potentials unterscheiden, Raumüberwindungskosten auf sich zu nehmen (R. Klöpper 1953). Es ist offensichtlich, dass wir für die Beantwortung derartiger Fragestellungen auf die Theorie komplexer adaptiver Systeme und entsprechende Simulationsmodelle zurückgreifen müssen. Im folgenden Kapitel werden wir sehen, welche Einsichten uns diese Methoden in die Wohnortdynamik der städtischen Bevölkerung gewähren.

5 Residentielle Segregation

„Der soziale Raum weist eine Tendenz auf, sich mehr oder weniger strikt im physischen Raum in Form einer bestimmten distributionellen Anordnung von Akteuren und Eigenschaften niederzuschlagen. (…) Daraus folgt, daß der von einem Akteur eingenommene Ort und sein Platz im angeeigneten physischen Raum hervorragende Indikatoren für seine Stellung im sozialen Raum abgeben."

(P. Bourdieu 1991)

Wir beschäftigen uns im Folgenden anhand verschiedener Simulationsmodelle mit Untersuchungen zum Prinzip der residentiellen Segregation. Der Grundgedanke bei diesem Prinzip ist, dass jeder Teilnehmer am Wohnungsmarkt einem Trade-Off ausgesetzt ist, bei dem er versucht zu möglichst niedrigen Mietpreisen eine Wohnung mit möglichst guter Nachbarschaft und Lage zu erhalten (Abbildung 38). Wie die Qualität der Nachbarschaft beurteilt wird und welche Preisklasse an Wohnungen zur Wahl steht, ist von Fall zu Fall verschieden.

Abbildung 38:   Modell der residentiellen Segregation.

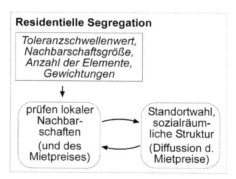

Nach einem kurzen Überblick zum kulturanthropologischen Hintergrund von residentieller Segregation folgt die formale Beschreibung des grundlegenden Simulationsmodells, auf dem die Untersuchungen aufbauen. Anschließend folgt eine detaillierte Analyse der Kontrollparameter. Es wird gezeigt, wie sensitiv die

Ergebnisse einer Simulation auf die zugrunde gelegten Anfangsbedingungen reagieren. Darauf aufbauend können kritische Systemzustände untersucht werden, bei denen die weitere Veränderung geringfügiger, lokaler Ursachen zu globalen Phasenübergängen führen kann. Schließlich wird das Segregationsmodell noch erweitert, indem Mietpreisdynamik, Konkurrenz um zentrale Orte sowie eine Interaktion zwischen Standortwahl und Skalenerträgen einbezogen werden.

Auf den bis dahin gewonnen Erkenntnissen aufbauend wird im letzten Teil dieses Kapitels eines der Hauptthemen der vorliegenden Untersuchungen behandelt, nämlich die Wechselwirkung räumlicher Strukturen und der residentiellen Segregation.

5.1 Kulturanthropologischer Hintergrund

Untersucht man die Verteilung verschiedener Bevölkerungsgruppen im Raum, stellt sich die Frage, welche Mechanismen zum Tragen kommen, wenn Menschen Entscheidungen darüber treffen, inwieweit sie andere tolerieren. Es erscheint hilfreich, hierzu einen Blick auf die vergleichende Kulturanthropologie zu werfen und das theoretische Grundkonzept von Murdock (1949) zur Erklärung der Heiratsregeln verschiedener Kulturen zu betrachten. Bei diesem Modell lässt sich die „Erwünschtheit" einer Heirat zwischen zwei Partnern anhand einer Bewertungskurve ausdrücken, die sich aus dem Ethnozentrismus- und dem Exogamie-Gradienten herleitet (Abbildung 39).

> „Unter Ethnozentrismus versteht man die allzu menschliche Tendenz zur Höherschätzung des Heimatlich-Vertrauten, des Bodenständigen und Immerso-Gewesenen – verbunden mit entsprechendem Mißtrauen gegen alles Fremde, Andersartige, aus der gewohnten Ordnung Fallende. Harmlos-grantiger Spott über ‚zugereiste' Redeweisen und Lebensart, aber auch Bösartigkeiten gegen Fremdarbeiter und die Ausgeburten des Rassenhasses gehören hierher." (N. Bischof 2001: 40)

Der Exogamie-Gradient beschreibt die verwandtschaftliche Nähe eines Paares. Eine eheliche Bindung wird als positiv bewertet, wenn die Partner einerseits nicht allzu verschiedener ethnische Herkunft sind, sich andererseits verwandtschaftlich aber auch nicht allzu nahe stehen, was z.B. bei Geschwistern der Fall wäre. In Abbildung 39 ist die Herleitung einer Bewertungskurve dargestellt, die angibt, wie erwünscht eine eheliche Verbindung in einer Kultur (y-Achse) in Abhängigkeit von der „sozialen Distanz" (x-Achse) ist. Die Distanzachse gibt die verwandtschaftliche und ethnische Nähe eines Paares an, wobei die Distanz nach rechts zunimmt. Die Erwünschtheit einer Heirat nimmt nach oben auf der Bewertungsachse zu. Für unser Thema der residentiellen Segregation ist nun interessant, wie sich die „soziale Distanz" messen lässt. Bei Bischof (2001: 42) finden sich vier Dimensionen sozialer Distanz: Verwandtschaftliche, kulturelle, geographische und physiognomische Distanz. Dabei ist die kulturelle Distanz wieder ein Sammelbegriff, der sich aus mehreren Dimensionen zusammensetzt. Die Bewertung der Dimensionen sozialer Distanz stellt die Position der Werte des Gradienten auf der y-Achse dar (Abbildung 39) und ist bei verschiedenen Kulturen und Gesellschaften unterschiedlich ausgeprägt.

Abbildung 39:   Bewertungskurve ehelicher Bindungen (reproduziert nach Bischof (2001: 42)).

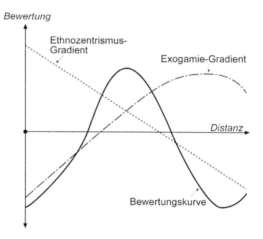

Diese Bewertungsmethode mittels eines Koordinatensystems bringt allerdings bei mehreren unabhängigen Skalen ein Anordnungsproblem mit sich. Nehmen wir an, es lassen sich auf jeder Dimension grob drei Grade unterschieden – nah, mittel und fern. Man kann dann beliebig viele Kombinationen erzeugen, indem man einfach die Skalen seitlich gegeneinander verschiebt. Je wichtiger eine Dimension wird, desto ausgedehnter muss sie nach rechts und links in die Flanken der Bewertungskurve hineinragen. Umgekehrt kann eine Dimension auch zur Bedeutungslosigkeit zusammenschrumpfen: „nah" und „fern" liegen dann so dicht beieinander, dass z.B. beide unter dem Gipfel der Bewertungskurve Platz haben (N. Bischof 2001: 44).

Trotz der Schwierigkeiten beim Zusammenfassen mehrerer Dimensionen zu einer Bewertungskurve stellt diese Methode eine brauchbare theoretische Grundlage für die folgenden Untersuchungen dar. Allerdings interessieren uns für die Untersuchung der residentiellen Segregation andere Dimensionen sozialer Un-

gleichheit. Diese lassen sich nach Häußermann & Siebel (1991) durch die drei
grundlegenden Spaltungslinien moderner Stadtgesellschaften benennen:
„Die *ökonomische* Spaltung nach Eigentum, Einkommen und Position auf dem Arbeitsmarkt; (…) die *soziale* Spaltung nach Bildung, sozialer Integration und Position
auf dem Wohnungsmarkt; (…) die *kulturelle* Spaltung nach ethnischen Zugehörigkeit, Religion und normativen Orientierungen." (H. Häußermann und W. Siebel
1991)

Dangschat (2000) hat das Konzept von Häußermann & Siebel in Anlehnung an
Bourdieu (1991) in ein erweitertes Struktur-Habitus-Praxis-Modell sozialer Un-
gleichheit integriert. Im Rahmen der vorliegenden Untersuchungen können wir
allerdings die vielen sich wechselseitig beeinflussenden Faktoren dieses komplexen Modells nicht berücksichtigen, sondern müssen uns auf einige wenige Faktoren beschränken, die sich vorrangig auf das räumliche Verhalten der Akteure
beziehen.

5.2 Grundlegendes Modell

Als Grundlage für die folgenden Untersuchungen führen wir ein formales Modell ein, dessen Grundprinzip auf die Überlegungen von Schelling (1969, 1971,
1972, 1978) bzw. Sakoda (1971) zur Beschreibung der Wohnortpräferenzen
verschiedener Bevölkerungsgruppen in U.S.-amerikanischen Städte zurückgeht.
Für eine kurze Einführung in die historische Entwicklung ZA-basierter Simulationsmodelle in den Sozialwissenschaften empfiehlt sich der Abriss bei
Hegselmann und Flache (1998). Die ZA-Modelle, die auf Schellings bzw.
Sakodas Ideen aufbauen gehen in der Regel der Frage nach, wie sich die Entmischung zweier Bevölkerungsgruppen unter der ausschließlichen Berücksichtigung individueller Standtortentscheidungen auf Basis lokaler Nachbarschaften
beschreiben lässt. Das grundlegende Modell dieses Abschnitts orientiert sich an
einer Multi-Agenten Simulation von Benenson (1998), welche auf dem Grundkonzept Schellings (1978) aufbaut.
    Für den hier verwendeten ZA wird ein zweidimensionales reguläres Raster
aus $x * y$ quadratischen Zellen als Infrastrukturlayer eingeführt. Die formale
Darstellung entspricht jener für Zelluläre Automaten aus Abschnitt 2.5.2. Für die
Nachbarschaftskonfiguration $U(H)$ wird hier die Moore-Nachbarschaft verwendet (Abbildung 18). Bei den nachfolgenden Untersuchungen wird auf verschiedene Werte für k zurückgegriffen. Die Nachbarschaft $U(H)$ einer Zelle bzw.
$U(A)$ eines Agenten beinhaltet jeweils alle Zellen in dem Feld $(k*2+1)^2$, mit H
im Zentrum. Um ein gleichförmiges Feld ohne Ränder zu erhalten, wird angenommen, dass die vier Seiten des ZA zu einem Torus zusammengefügt sind.

5 Residentielle Segregation

„Der soziale Raum weist eine Tendenz auf, sich mehr oder weniger strikt im physischen Raum in Form einer bestimmten distributionellen Anordnung von Akteuren und Eigenschaften niederzuschlagen. (...) Daraus folgt, daß der von einem Akteur eingenommene Ort und sein Platz im angeeigneten physischen Raum hervorragende Indikatoren für seine Stellung im sozialen Raum abgeben."

(P. Bourdieu 1991)

Wir beschäftigen uns im Folgenden anhand verschiedener Simulationsmodelle mit Untersuchungen zum Prinzip der residentiellen Segregation. Der Grundgedanke bei diesem Prinzip ist, dass jeder Teilnehmer am Wohnungsmarkt einem Trade-Off ausgesetzt ist, bei dem er versucht zu möglichst niedrigen Mietpreisen eine Wohnung mit möglichst guter Nachbarschaft und Lage zu erhalten (Abbildung 38). Wie die Qualität der Nachbarschaft beurteilt wird und welche Preisklasse an Wohnungen zur Wahl steht, ist von Fall zu Fall verschieden.

Abbildung 38:   Modell der residentiellen Segregation.

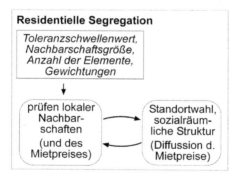

Nach einem kurzen Überblick zum kulturanthropologischen Hintergrund von residentieller Segregation folgt die formale Beschreibung des grundlegenden Simulationsmodells, auf dem die Untersuchungen aufbauen. Anschließend folgt eine detaillierte Analyse der Kontrollparameter. Es wird gezeigt, wie sensitiv die wobei $N^A(t)$ der Anzahl Agenten innerhalb $U(A)$ entspricht:

$$N^A(t) = \sum_B \left\{ 1 \mid B \in U(A),\ L^B \right\}.$$ (51)

Vom Toleranzwert ($\Psi \in [0, 1]$) eines Agenten hängt ab, ob dieser seinen inneren Status M als zufrieden oder unzufrieden deklariert:

$$M^A(t+1) = \begin{cases} 1 & \text{if } v^H(t) \geq \Psi \\ 0 & \text{otherwise.} \end{cases}$$ (52)

Abbildung 40:   Flussdiagramm für das FACS Modell der Wohnortdynamik.

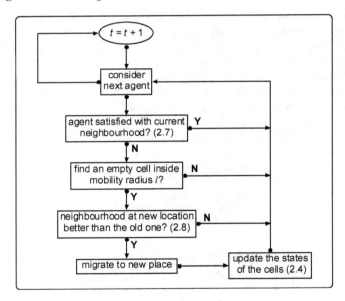

5.2.1   Segregation durch Standortwahl

Sofern ein Agent nicht länger mit seinem gegenwärtigen Wohnort zufrieden ist ($M^A = 0$), versucht er zuerst eine leere Zelle innerhalb seines Mobilitätsradius l zu finden und prüft dann, ob die Nachbarschaftszusammensetzung an diesem neuen Standort $L^A{}_{new}$ besser als an seinem alten ist. Ein Agent zieht nur um, wenn er eine leere Zelle finden und seine Nachbarschaftskonfiguration verbessern kann. Andernfalls verbleibt er unzufrieden an seinem alten Wohnort. Das Nachbarschaftsverhältnis an einem möglichen neuen Standort H_{new} wird ebenfalls mit den Gleichungen (5) und (6) berechnet. Die Migrationsregel lautet:

$$L^A(t+1) = \begin{cases} L^A_{new}(t) & if \ \left(M^A_{new}(t+1)=1 \ \ and \ \ H_{new} \neq L^A \right) \\ L^A(t) & otherwise. \end{cases} \tag{53}$$

Ein unzufriedener Agent kann nur einmal pro Zeitschritt versuchen seinen Standort zu wechseln. Der Ablauf, in dem die Programmschleife die Bedingungen durchläuft, ist in Abb. 05 dargestellt. Zur Vermeidung von Artefakten bei der Simulation wird bei jedem Zeitschritt die Reihenfolge der Agenten zufällig geändert (J. M. Epstein und R. Axtell 1996).

5.2.2 Segregation durch Eigenschaftsanpassung

Wenn ein Agent mit seinem Umfeld nicht zufrieden ist ($M^A = 0$), muss er nicht zwangsläufig seinen Standort wechseln. Es besteht prinzipiell auch die Möglichkeit sich anzupassen. Im Rahmen unseres Modells bedeutet Anpassung das Ändern des internen Status eines Agenten und damit den Wechsel der Gruppenzugehörigkeit. Wir können dieses Verhalten anhand einer Anpassungsregel formulieren, die anstelle der Migrationsregel (53) tritt:

$$S^A(t+1) = \begin{cases} G = \max\left\{v^G(t)\right\} & if \ \left(v^H(t) < \Psi_H \ \ and \ \ v^G(t) > \Psi_G \right) \\ S^A(t) & otherwise. \end{cases}, \tag{54}$$

wobei $v^H(t)$ den Anteil von gleichartigen Agenten an allen Agenten in der betrachteten Umgebung $U(H)$ darstellt und $v^G(t)$ den Anteil andersartiger Agenten an allen Agenten in der entsprechenden Nachbarschaft. Fällt nun der Anteil $v^H(t)$ unter einen bestimmten Schwellenwert Ψ_H ist der Agent mit seiner Umgebung unzufrieden. Dominiert eine andere Gruppe $v^G(t)$ die Nachbarschaft, tritt der betrachtete Agent der größten Gruppe bei, sobald der Anteil einer anderen Gruppe den Schwellenwert Ψ_G überschreitet. Für die Abfolge des Algorithmus in Abbildung 40 werden die Sequenzen der Migrationsregel entsprechend durch die Anpassungsregel ersetzt. In Abbildung 41 sind die Ergebnisse einer solchen Anpassungssimulation unter Verwendung von zwei Gruppen ($N_G = 2$) dargestellt, bei der für die Schwellenwerte $\Psi_H = \Psi_G = 0,5$ gewählt wurde. Die einmal zustande gekommenen Strukturen sind verhältnismäßig unempfindlich gegen

Störungen: In Abbildung 41 wurden bei der Struktur unten links, die sich in einem Gleichgewicht befindet, bei 45% der Zellen zufällig der Status verändert. Der sich ergebende neue Gleichgewichtszustand, den das System einnimmt (Abbildung 41, unten Mitte), gleicht im Wesentlichen dem vorausgegangenen Systemzustand. Wird einem Drittel der Zellen ein neutraler Zustand zugewiesen (Abbildung 41 rechts), der sich im Verlauf der Simulation nicht verändert, ergibt sich eine kleinfleckigere Segregationsstruktur, die einen geringeren IS-Kennwert (2.8.4) aufweist.

Abbildung 41:   Anpassungssimulation. Die Abbildung links oben zeigt die Ausgangskonfiguration mit einer zufälligen Mischung von zwei Gruppen (schwarze und weiße Zellen). Darunter der Gleichgewichtszustand nach 25 Iterationsschritten ($\Psi_H = \Psi_G = 0{,}5$). Bei dem mittleren Bild oben wurde diese Gleichgewichtskonfiguration mit einer Störung versehen, wobei 45% der Zellen eine zufällig gewählte Eigenschaft bekommen haben. Die Abbildung darunter zeigt den neuen Gleichgewichtszustand, der eine große Ähnlichkeit mit dem ersteren aufweist. Die beiden Bilder auf der rechten Seite zeigen den Verlauf einer Konfiguration, bei der ein Drittel der Zellen (grau markiert) leer bleiben und diesen Zustand nicht ändern können. Das obere Bild zeigt den Startzustand und das untere den stabilen Endzustand.

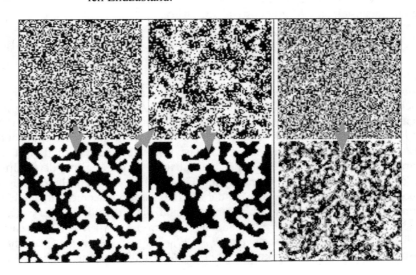

5.3 Sensitivitätsanalyse

Für die folgenden Untersuchungen wird die Modellvariante der Segregation durch Standortwahl (5.2.1) verwendet. Es soll analysiert werden, wie sich die Dynamik des Modells der residentiellen Segregation in Abhängigkeit von systematischen Veränderungen der Kontrollparametereinstellungen verhält. Wie von Hermann Haken, dem Begründer der Synergetik, gefordert, besteht die zentrale Methodologie der folgenden Untersuchung darin, nach qualitativen Veränderungen auf der makroskopischen Ebene Ausschau zu halten (H. Haken 1996).

Die betrachteten Parameter sind im Einzelnen der Toleranzschwellenwert Ψ, die Nachbarschaftsgröße k, der Mobilitätsradius l, die Anzahl der Gruppen N_G und die Gesamtzahl der Agenten im System N_A. Durch letztere wird die Dichte an Agenten innerhalb des gegebenen Raums von 116 x 116 = 13.456 Zellen bestimmt. Im Normalfall wird das System mit 5% leeren Zellen initialisiert um sicherzustellen, dass für die Migration der Agenten ausreichend freie Orte vorhanden sind. Das bedeutet, dass bei den folgenden Simulationen N_A = 12.783 Agenten verwendet werden, sofern nicht gesondert auf eine andere Konfiguration hingewiesen wird.

Die Regeln für das Verhalten der Agenten, welche im Abschnitt 5.2 definiert wurden, beziehen sich ausschließlich auf die lokale Umgebung eines Individuums, welches also keinerlei Wissen über den globalen Zustand des Systems hat. Der jeweilige Status eines Agenten, also seine Gruppenzugehörigkeit, wird durch verschiedene Farben gekennzeichnet (Abbildung 42), wodurch im Verlauf der Simulation emergierende Strukturen beobachtet und interpretiert werden können. Allerdings ist die subjektive visuelle Interpretation der resultierenden Strukturen zum einen nicht präzise genug und zum anderen zu aufwändig, wenn hunderte Simulationsdurchläufe miteinander verglichen werden müssen. Folglich ist es sinnvoll zwei quantitative Methoden einzuführen, um die Eigenschaften der resultierenden globalen Strukturen messen und vergleichen zu können. Die erste Methode zählt mit Hilfe des „Hoshen-Kopelman"-Algorithmus die einzelnen Cluster der Agenten desselben Typs, welche in einer Von-Neumann-Nachbarschaft direkt benachbart sind (Vergleiche das Verfahren zur Rang-Größen-Regel 2.8.3). Weniger Cluster bei gleicher Anzahl von Gruppen und Agenten deuten auf eine stärkere Entmischung der Bevölkerung hin. Die zweite Methode gibt den Segregationsindex (IS) an (siehe Punkt 2.8.4). Ein höherer IS-Wert bei gleicher Anzahl von Gruppen und Agenten bedeutet eine stärkere Entmischung der Bevölkerung. Es ist allerdings drauf zu achten, dass nicht alle Messungen miteinander verglichen werden können, da es z.B. bei einer Zunahme der Gruppen in einem System automatisch zu mehr Clustern kommt und sich der IS verringert.

Abbildung 42:   Programmfenster der Simulation zur Segregation durch Standortwahl. Links: Das Programmfenster zeigt die farbigen Agenten und das Benutzerinterface. Rechts: Verschiedene Diagramme zur Darstellung des zeitlichen Verlaufs der IS-Werte,
die oben linear und unten links logarithmisch skaliert wurden.
Unten rechts wurden die IS-Werte zum aktuellen Zeitpunkt für
die jeweiligen Gruppen in einer Tabelle eingetragen. In der
mittleren Reihe sind links die Gruppengrößen und rechts die
Clusteranzahl und -größen dargestellt.

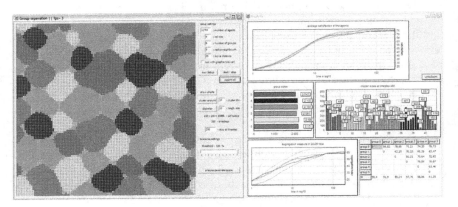

5.3.1   Der Toleranzschwellenwert Ψ

Der erste zu untersuchende Parameter ist der Toleranzschwellenwert Ψ. Unser
Interesse besteht darin, nach qualitativen visuell sichtbaren Veränderungen Ausschau zu halten und darüber hinaus die quantitativen Messungen des IS und die
Anzahl an Clustern zu vergleichen, während der Toleranzschwellenwert Ψ
schrittweise erhöht wird. Jeder Simulationsdurchlauf wird bis zu einem festgelegten Zeitschritt ausgeführt. Anschließend werden die Messungen durchgeführt
und die Simulation wird erneut gestartet. Abbildung 43 zeigt die Analyse für Ψ
im Bereich von 10 bis 95 mit Inkrement 5. Die anderen Parameter werden nicht
verändert und sind eingestellt mit $N_G = 6$ verschiedenen Gruppen, Nachbarschaftsgröße $k = 5$ und Mobilitätsradius $l = 55$. Für jeden Wert Ψ wird die Simulation 10-mal mit den gleichen Einstellungen bis Zeitschritt 200 durchlaufen, bei
welchem sich das System nicht mehr verändert. Bei $t = 200$ werden der IS und
die Anzahl der Cluster geplottet.

Wenn die virtuellen Bewohner immer intoleranter gegenüber Mitgliedern anderer Gruppen werden (von links nach rechts auf der x-Achse in *Abbildung 43*), nimmt der Grad der Segregation der Bevölkerung zu und der IS steigt an. Dagegen nimmt die Anzahl der sich bildenden Cluster aus Agenten der gleichen Gruppenzugehörigkeit ab, da sich immer größere Cluster mit Agenten einer Gruppe bilden. Die Diagramme zeigen außerdem, dass die räumlichen Effekte sich nicht mehr weiter unterscheiden, sobald der Toleranzwert größer als 0,50 wird. Die Ergebnisse dieser Analyse sind nicht besonders überraschend und wurden zumindest qualitativ bereits für viele ähnliche Simulationsmodelle beschrieben (R. Hegselmann und A. Flache 1998; J. Portugali 2000). Eine genauere Analyse der Abhängigkeit des IS vom Toleranzschwellenwert und der Anzahl Gruppen N_G wird später im Abschnitt 5.4 über Phasenübergänge vorgestellt.

Abbildung 43:   Analyse des Toleranzschwellenwertes. *a)* zeigt die Anzahl der Cluster und *b)* den IS für jeden Wert $\Psi * 100$. Die Linie verbindet die Durchschnittswerte der zehn Berechnungen je Ψ.

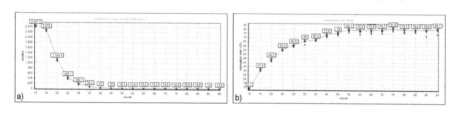

5.3.2 Die Nachbarschaftsgröße k

Was passiert nun, wenn wir in der gleichen Weise die Variation der Nachbarschaftsgröße untersuchen. Das Vorgehen für die Analyse der Nachbarschaftsgröße k ist das gleiche wie für den Toleranzschwellenwert. Der untersuchte Bereich für k reicht von 1 bis 12 mit Inkrement 1, wobei die Simulation pro k-Wert 10 Mal durchlaufen wird. Die Einstellungen für die anderen Parameter sind $N_G = 6$, $\Psi = 1,0$ und $l = 55$. Die Ergebnisse der Analyse sind in Abbildung 44 dargestellt, wo wieder der IS und die Anzahl der Cluster nach jeweils 200 Zeitschritten geplottet wurden. Interessanterweise lässt sich der gleiche Effekt wie bei der Erhöhung des Toleranzwertes auch für die Erhöhung der Nachbarschaftsgröße beobachten. Der Grund dafür liegt darin, dass bei einer Betrachtung einer größeren Anzahl an Zellen die Wahrscheinlichkeit abnimmt, genügend gleichartige Nachbarn zu finden. Mit anderen Worten nimmt die Wahrscheinlichkeit, dass ein Agent mit seiner Nachbarschaft zufrieden ist desto mehr ab, je größer die betrachtete Nachbarschaft wird. Für ein besseres Verständnis dieses Zusammenhangs können wir uns eine Zelle mit einer Nachbarschaft von nur einer anderen Zelle bei einem Toleranzschwellenwert $\Psi = 1,0$ vorstellen. In diesem Fall hängt die Wahrscheinlichkeit für die Zufriedenheit ρ mit der Nachbarschaft nur von der Anzahl der Gruppen N_G ab und entspricht $\rho = 1/N_G$. Wenn nun die Anzahl der Zellen z, die wir für die Nachbarschaft $U(H)$ betrachten, erhöht wird, und wir die Zelle H selbst ausschließen, verringert sich unter der Annahme, dass alle Zellen besetzt sind, die Wahrscheinlichkeit auf $\rho = (1/N_G)^Z$. Im Hinblick auf die verschiedenen Bevölkerungsdichten, mit denen sich auch die Anzahl der Nachbarn verändert, könnte dieser Effekt ein erster Hinweis auf Unterschiede der Sozialstrukturen in ländlichen und städtischen Siedlungen sein.

Abbildung 44:   Analyse der Nachbarschaftsgröße. *a)* zeigt die Anzahl der Cluster und *b)* den IS für jeden Wert k.

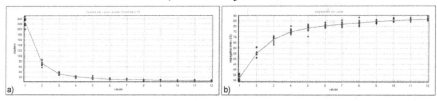

Der Effekt, den die Nachbarschaftsgröße k auf die Entmischung der Bevölkerung (IS) hat, ändert sich in Abhängigkeit vom Toleranzschwellenwert Ψ. Laurie und Jaggi (2003) haben diesen Zusammenhang eingehend untersucht. Das Ergebnis ihrer Analyse ist in Abbildung 45 dargestellt. Ferner haben Granovetter und Soong (1988) sowie Fossett und Waren (2005) gezeigt, dass der Grad der Entmischung und die Stabilität einer räumlichen Konfiguration von der Größe der Gruppen in einem System abhängt.

5.3.3   Die Dichte – Anzahl Agenten N_A

Als letzter Kontrollparameter soll die Dichte der Agenten im System betrachtet werden. Die Initialisierung erfolgt mit $N_A(0) = 100$ zufällig verteilten Agenten. Pro Zeitschritt werden dann 10 Agenten hinzugefügt, bis die maximale Anzahl mit $N_A = 12.783$ Agenten erreicht ist. Die Einstellungen für die anderen Kontrollparameter sind $N_G = 6$, $k = 5$ und $l = 55$. In dieser Untersuchung sind wir an den Effekten interessiert, die durch einen Anstieg der Dichte verursacht werden. Dazu wird bei jedem Zeitschritt und damit Anstieg der Agentendichte der IS gemessen. Zudem interessieren wir uns dafür, ob diese Effekte in Abhängigkeit

von verschiedenen Toleranzschwellenwerten Ψ unterschiedlich ausfallen. Für Ψ
werden Werte von 0,10 bis 0,60, inkrementiert mit 0,10, betrachtet.

Abbildung 45:   Segregation vs. Nachbarschaftsgröße bei verschiedenen Tole-
                    ranzschwellenwerten. Die Nachbarschaftsgröße *k* wird hier als
                    Range of Vision *R* (x-Achse) und der Toleranzschwellenwert
                    als Preference *p* bezeichnet. Der IS ist an der y-Achse angetra-
                    gen. Abb. aus Laurie und Jaggi (2003).

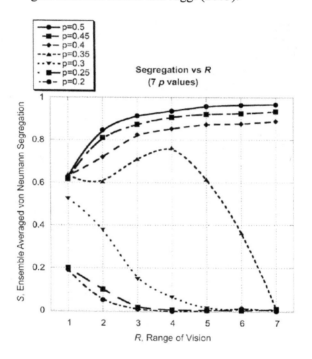

Das linke Diagramm in Abbildung 46 zeigt die Entwicklung der durchschnittlichen IS-Werte von 10 Berechnungen pro Ψ-Wert während einer kontinuierlichen
Erhöhung der Dichte im System. Der relativ hohe IS-Wert von 0,40 bei der zu
Beginn geringen Agentendichte von $N_A(0) = 100$ hängt mit der Messmethode
zusammen. Wenn bei einer geringen Dichte die betrachteten Gebiete nur von
wenigen Agenten, oder im Extremfall von nur einem besiedelt sind, führt dies zu
relativ hohen Werten für den IS. Daher beginnen alle Kurven bei einem IS-Wert
von ca. 0,40.

Bei einem geringen Toleranzschwellenwert $\Psi = 0{,}10$ (rote Linie) führt der Anstieg der Agentendichte zu einer Abnahme des IS, was einer gleichmäßigen Verteilung der Agenten verschiedener Gruppen im Raum entspricht. Bei $\Psi = 0{,}20$ bleibt der IS annähernd konstant aber bereits ab $\Psi = 0{,}30$ (die blaue Linie in Abbildung 46) steigt der IS mit zunehmender Dichte an. Eine höhere Dichte bedeutet mehr Agenten in der betrachteten Nachbarschaft weshalb es, den Feststellungen des Abschnitts zur Nachbarschaftsgröße entsprechend, folgerichtig ist, dass der IS ansteigt. Interessanterweise zeigt das Diagramm in Abbildung 46, dass der IS-Gradient desto schneller steigt, je höher der Toleranzschwellenwert ist. Die Erklärung hierfür liegt darin, dass bei einem höheren Toleranzschwellenwert Ψ die Wahrscheinlichkeit ρ, eine zufriedenstellende Nachbarschaft zu finden, geringer wird. Unter der Annahme, dass alle Zellen besetzt sind und eine relativ große Nachbarschaft betrachtet wird, kann die Wahrscheinlichkeit ρ annähernd angegeben werden mit

$$\rho = \left(\frac{1}{N_G} \right)^{(z \cdot \Psi)} . \tag{55}$$

Abbildung 46:   Analyse der steigenden Agentendichte. *a)* Die Diagonale zeigt die lineare Zunahme der Anzahl an Agenten in % im Verlauf der Zeit und ist an der linken y-Achse orientiert. Die anderen Linien geben die Verläufe des IS bei verschiedenen Ψ-Werten wieder und sind an der rechten y-Achse orientiert; *b) und c)* zeigen die absolute (rechte y-Achse) und relative (linke y-Achse) Migrationsrate *b)* bei $\Psi = 0{,}40$ und *c)* bei $\Psi = 0{,}60$.

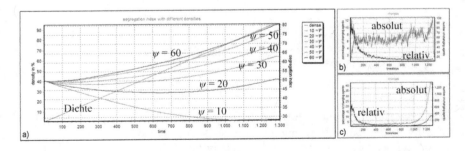

Der hier beschriebene Effekt, ausgelöst durch die Erhöhung der Dichte an Agenten, kann als weiterer Hinweis für die Interpretation der Unterschiede ländlicher und städtischer sozialer Organisationsformen dienen.

Der rote Graph in den beiden Diagrammen auf der rechten Seite von Abbildung 46 zeigt die absolute Anzahl an migrierenden Agenten. Bei dem oberen Diagramm ist die Entwicklung des Systems bei einem Toleranzschwellenwert $\Psi = 0,40$ geplottet. Die Migrationsrate bleibt hier über die gesamte Zeitperiode relativ konstant. Bei $\Psi = 0,60$ steigt die Migrationsrate bei einer Dichte von ungefähr 80% bei $t = 1100$ dramatisch an. Der plötzlich auftretende Anstieg der Migrationsrate bei einer kritischen Dichte könnte ein Hinweis auf einen Phasenübergang des Systems sein. Dieses Phänomen wird im nächsten Abschnitt unter Anwendung einer anderen Methode beleuchtet.

5.4 Phasenübergänge

Der Begriff des Phasenübergangs wird benutzt, um den Übergang von stabilen Phasen eines Systems zu rasanten qualitative Zustandsänderungen in Folge von Variationen eines Kontrollparameters zu beschreiben. Einem fortwährenden linearen Anstieg oder Abfall einer Kontrollparametereinstellung steht eine nichtlineare Systemveränderung gegenüber. Systeme, die ein solches Verhalten zeigen, welches oft mit lawinenartigen Rückkoppelungsprozessen verbunden ist, werden im Rahmen der Theorie komplexer Systeme untersucht. In den Sozialwissenschaften hat Morton Grodzins 1957 für seine Beobachtungen von Phasenübergängen bei seinen Untersuchungen von Rassentrennungen den Begriff „Tipping Point" geprägt, der später von Thomas Schelling weiterentwickelt wurde, weshalb man ihm zu Ehren auch von „Schelling Point" spricht. Populär wurde der Begriff des „Tipping Point" durch die Veröffentlichung des gleichnamigen Buchs von Malcom Gladwell (2000).

Betrachten wir zuerst das allgemeine Prinzip eines Phasenübergangs, dass sich beispielhaft an einem Glas mit Wasser veranschaulichen lässt. Wenn die Raumtemperatur herabgesetzt wird, lässt sich keine sichtbare Auswirkung auf das Wasser beobachten. Es bleibt dieselbe Flüssigkeit mit augenscheinlich unveränderten Eigenschaften. Sobald die Temperatur aber auf 0°C fällt, ändert das Wasser seinen Aggregatszustand. Die Wassermoleküle beginnen zu kristallisieren und das Wasser wird nach einer Weile bei konstanter Temperatur von 0°C oder darunter vollständig zu Eis. Der Temperaturabfall $\Delta T = 1°C$ hat einen Phasenübergang von Wasser zu Eis bewirkt. Bei weiterer Abkühlung lässt sich keine sichtbare Veränderung mehr erkennen.

Was bedeuten nun Phasenübergänge im Kontext des präsentierten FACS-Modellrahmens? Im Fall des FACS-Modells interessieren uns nun die IS Werte anstelle des Aggregatszustands des Wassers und statt der Temperatur werden die Toleranzwerte geändert (Abbildung 47). Das erste Experiment wird mit den

Kontrollparametern $N_G = 2$, $k = 5$, $l = 55$ und $\Psi = 0{,}0$ gestartet. Sobald während fünf Zeitschritten kein Agent seinen Wohnort wechselt, kann angenommen werden, dass sich das System in einem stabilen Zustand befindet und der Toleranzschwellenwert Ψ wird um eins erhöht. Die Randbedingung ist bei dieser Untersuchung kein Torus mehr, sondern der zelluläre Raum endet an den vier Seiten, wodurch die Zellen an den Rändern weniger Nachbarn haben. Nachdem das System vor der nächsten Erhöhung des Toleranzschwellenwerts einen stabilen Zustand erreicht hat, wird der IS geplottet (Abbildung 47, b und e). Abbildung 47 a zeigt einen deutlichen Phasenübergang zwischen $\Psi = 0{,}37$ und $\Psi = 0{,}38$: Der qualitative Zustand des Systems verändert sich von einer Gleichverteilung zu einer stark segregierten Struktur. In Abbildung 47, c ist die zeitliche Entwicklung dargestellt. Die rote Linie zeigt die Werte des aktuellen Toleranzschwellenwertes und der grüne Graph stellt die Anzahl migrierender Agenten dar. Der Bereich des Phasenübergangs ist klar zu erkennen: bei $\Psi = 0{,}37$ hat das System seinen kritischen Zustand erreicht. Wird der Toleranzschwellenwert von 0,37 auf 0,38 erhöht, nimmt die Migrationsrate durch einen lawinenartigen Rückkoppelungsprozess exponentiell zu. Die Migrationswelle hält 200 Zeitschritte an, bevor das System einen neuen Gleichgewichtszustand erreicht. Ein weiterer Anstieg von Ψ hat so gut wie keine Auswirkungen mehr.

Wiederholt man die Simulation mit mehr Bevölkerungsgruppen ($N_G = 9$) und den gleichen Einstellungen für die Kontrollparameter, findet der Phasenübergang kontinuierlich über einen wesentlich größeren Zeitraum statt und es gibt keine so plötzliche Veränderung des IS (Abbildung 47, e). Allerdings lässt sich hier während des langsameren Übergangs zwischen den Phasen eine andere interessante qualitative Beobachtung machen (Abbildung 47, d mit $\Psi = 0{,}17$ und $\Psi = 0{,}30$): Agenten verschiedener Gruppen arrangieren sich untereinander und bilden räumliche Gemeinschaften. Verschiedenen Gruppen separieren sich von anderen Gruppen und es kommt zur Organisation symbiotischer Mischgruppen und lokalen Kooperationen.

Nun sollen die bisherigen Analysen noch zu vier Stabilitätsdiagrammen ausgebaut werden: Diese hängen neben dem Toleranzschwellenwert Ψ noch von einem weiteren Kontrollparameter ab (Abbildung 48). Die dargestellten Flächen zeigen den Verlauf der Phasenübergänge, von einer anfänglichen Gleichverteilung der Agenten verschiedener Gruppen hin zu stark segregierten Strukturen. Der Toleranzschwellenwert ist jeweils der x-Achse und der entsprechende IS der y-Achse zugeordnet. Die variierten Parameter (Anzahl der Gruppen N_G, die Nachbarschaftsgröße k, die Anzahl der Agenten N_A und der Mobilitätsradius l) sind jeweils an den z-Achsen orientiert (Abbildung 47, a, b, c, d). Die Grundeinstellungen für die Simulationen waren $N_G = 6$, $k = 5$, $l = 55$ und $N_A = 12.783$, mit Ausnahme des in der jeweiligen Simulation variierten Parameters.

Abbildung 47:   Phasenübergänge. Links: Phasenübergänge bei 2 *(a, b, c)* und 9 *(d, e, f)* Gruppen. Rechts: Die Diagramme zeigen die Entwicklung der beiden Systeme in Abhängigkeit von der schrittweisen Erhöhung des Toleranzschwellenwerts Ψ.

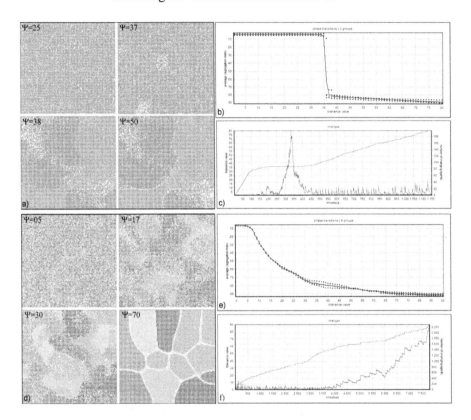

Für die folgende Beschreibung der Graphen in Abbildung 48 führen wir den Begriff des kritischen Bereichs ein, der den labilen Zustand des Systems bezeichnet. In diesem Bereich haben kleine Änderungen der Kontrollparametereinstellungen relativ große Auswirkungen innerhalb des Systems. Im vorliegenden Fall wird der Zustand des Systems anhand des IS gemessen. Ein kritischer Bereich ist gekennzeichnet durch den nicht-horizontalen Verlauf der Graphen.

Betrachtet man die Graphen in Abbildung 48 a, von links nach rechts, wird ersichtlich, dass der der Beginn des kritischen Bereichs, der den Übergang vom

Zustand der Gleichverteilung hin zu stärker segregierten Strukturen markiert, bei der Zunahme der Gruppen im System (z-Achse) weiter nach links, und damit hin zu niedrigeren Toleranzschwellenwerten wandert. Die Abhängigkeit des kritischen Bereichs von der Anzahl der Gruppen wurde bereits in Abbildung 47 vermittelt und wird uns später noch einmal beschäftigen. Generell können wir feststellen, dass sich die Segregation einer Bevölkerung früher, d.h. bei tolerantem Einstellungen der Bevölkerung, eintreten kann, sobald eine weitere Gruppe dem System hinzugefügt wird.

Abbildung 48:   Stabilitätsdiagramme. Die x-Achse stellt den Toleranzschwellenwert Ψ und die y-Achse den IS dar. Die weißen Flächen markieren Systemzustände bei denen die Agenten gleichverteilt sind. Je stärker die Flächen ins dunkelgraue übergehen, desto höher ist die Segregation der Agenten. Die z-Achse zeigt *a)* die Anzahl der Gruppen N_G, *b)* die Nachbarschaftsgröße k, *c)* den Mobilitätsradius l und *d)* die Anzahl der Agenten N_A.

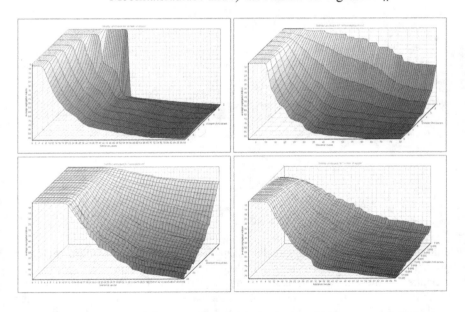

In Abbildung 48 b betrachten wir die Abhängigkeit des kritischen Bereichs von der Nachbarschaftsgröße k. Der Beginn dieses Bereichs verändert sich in diesem Fall nicht bei den relativ niedrigen Toleranzschwellenwerten im linken Bereich der x-Achse, sondern bei den relativ hohen Toleranzschwellenwerten im rechten Bereich der x-Achse. Je größer die betrachtete Nachbarschaft wird (z-Achse), desto stärker wirkt sich eine Veränderung des Toleranzschwellenwerts innerhalb des kritischen Bereichs aus. Betrachten wir das Stabilitätsdiagramm in der z-Richtung, stellt sich heraus, dass sich die Bevölkerung bei gleich bleibendem Toleranzschwellenwert stärker entmischt, je größer die betrachtete Nachbarschaft wird. Mit einer anderen Ausprägung des Verlaufs, mit der gleichen Tendenz verhält sich der Zusammenhang des Toleranzschwellenwerts zum Mobilitätsradius (Abbildung 48 c). Auch hier hat die Zunahme des Mobilitätsradius eine stärkere Entmischung der Bevölkerung (höherer IS-Wert) zur Folge. Bei konstantem Toleranzschwellenwert kann die Entmischung der Bevölkerung zunehmen, wenn sich der Mobilitätsradius der Agenten erhöht (z-Achse).

Die Dichte der Agenten im System hat dagegen einen vergleichsweise geringen Effekt auf den kritischen Bereich. Die Segregation wird bei verschiedenen Dichten in erster Linie durch den Toleranzschellenwert bestimmt (Abbildung 48 d).

5.5 Mietpreisdynamik

In diesem Abschnitt wird dargestellt, welchen Einfluss die Mietpreise auf die residentielle Segregation haben können. Bei der sozialräumlichen Struktur einer Stadt handelt es sich immer auch um ein Abbild der Machtstrukturen einer Gesellschaft (G. Franck 2005). Da der städtische Raum nicht überall die gleichen Qualitäten aufweist ergeben sich zwangsläufig Unterschiede hinsichtlich der Umweltfaktoren und der Lagequalitäten. Die entsprechenden Auswirkungen auf den Bodenmarkt wurden im letzten Kapitel bereits dargestellt. Vereinfachend können wir davon ausgehen, dass sich die Disparitäten, die sich aus der zusammengefassten Attraktivität eines Ortes ergeben, in den Miet- und Bodenpreisen widerspiegeln. Aus ökonomischer Perspektive ist diese Preisgestaltung wirtschaftlich sinnvoll für eine optimale Nutzbarmachung des zur Verfügung stehenden Raums. Unter sozialen Gesichtspunkten betrachtet bedeutet dies allerdings eine Manifestation der sozialen Struktur im Stadtraum, insofern als sozial benachteiligte Bevölkerungsgruppen, die in der Regel über ein verhältnismäßig geringes Einkommen verfügen, aus bestimmten Bereichen der Stadt ausgegrenzt werden. Dies kann wiederum weitere Benachteiligungen nach sich ziehen, wenn beispielsweise die Angabe einer allgemein als minderwertig bewerteten Adresse zu Nachteilen auf dem Arbeitsmarkt führt (H. Häußermann und W. Siebel 2004: 162-166).

Ein agentenbasiertes Simulationsmodell, welches die Entwicklung der Miet-
und Bodenpreise im Kontext von residentieller Segregation betrachtet, findet
sich bei Portugali (2000: 121-128). Die Standortwahl der Agenten beruht bei
diesem Modell auf der Attraktivität eines Ortes, die sich aus der Nachbarschaft
errechnet. Im Gegensatz zu dem hier vorzustellenden Modell verwendet
Portugali ein probabilistisches Entscheidungsverfahren, nachdem ein Agent nur
mit einer bestimmten Wahrscheinlichkeit seinen Wohnort wechselt. Dazu
kommt, dass die Agenten ihre Wohnungen entweder kaufen oder mieten können,
was von ihrem Vermögensstatus und ihrer Präferenz abhängt. Der Wert eines
vakanten Wohnorts wird als Durchschnittswert des Vermögensstatus der Agenten sowie aus den Werten der vakanten Häuser, die sich in der Nachbarschaft
$U(H)$ befinden, berechnet. Diese Art der Berechnung hat große Ähnlichkeit mit
dem Prinzip eines Diffusionsfeldes (2.7.1). Das Modell von Portugali vereint
bereits komplexe Wechselwirkungen, da sich auch der Vermögensstatus der
Agenten verändern kann und den Agenten die Möglichkeit offensteht, das System zu verlassen. Wir werden uns im Folgenden ausschließlich auf die Interaktion zwischen den Mieten und der residentiellen Segregation konzentrieren und
alle anderen Parameter konstant halten.

Bevor wir uns mit der Mietpreisdynamik befassen, wird zuerst die Toleranz
der Agenten bezüglich ihrer Nachbarschaft weiter differenziert, indem für die
Mitglieder einer Gruppe unterschiedliche Toleranzschwellenwerte gegenüber
den anderen Gruppen definiert werden können. Demnach sind für die Agenten
jeder Gruppe so viele Toleranzschwellenwerte Ψ zu definieren, wie sich Gruppen im System befinden. Ein Toleranzschwellenwert Ψ von 0,5 der Agenten der
Gruppe i gegenüber den Mitgliedern der Gruppe j wird wie folgt angegeben:

$$\Psi_i^j = 0,5. \tag{56}$$

In *Abbildung 49* sind die Toleranzschellenwerte der Gruppen untereinander angegeben. Die Toleranzen sind so gestaffelt, dass Angehörige wohlhabender
Gruppen gegenüber ökonomisch schwächeren Gruppen umso intoleranter sind,
je entfernter die Gruppen voneinander sind. Die Agenten ökonomisch schwäche-
rer Gruppen sind gegenüber Angehörigen wohlhabenderer Gruppen sehr tolerant.
Wird nun eine Simulation mit einer anfänglichen Gleichverteilung entsprechend
der Anfangskonfiguration (49) gestartet, so kommt es trotz der teilweise sehr
hohen Intoleranz der Mitglieder von Gruppe 6 (Abbildung 49) zu keiner nennenswerten Entmischung der Bevölkerung ($N_A = 12.783$, $N_G = 6$, $k = 5$ und
$l = 55$). Der Grund dafür liegt hauptsächlich bei den Agenten der Gruppe 1, die
sehr tolerant gegenüber andersartigen Agenten sind und daher keinen Grund
haben, ihren Wohnort zu wechseln. Da die Agenten gleichmäßig über das Feld
verteilt sind, finden andere Agenten, die mit ihrer gegenwärtigen Wohnlage

unzufrieden sind, keine geeigneten Standorte, an denen ihre Anforderungen an die Nachbarschaftskonfiguration erfüllt wären, weshalb auch sie ihre Wohnorte nicht wechseln.

Abbildung 49: Toleranzschwellenwerte der einzelnen Gruppen. Die Agenten der Gruppe 1 (rot) tolerieren beispielsweise alle Agenten in ihrer Umgebung gleichermaßen, wohingegen die Agenten der Gruppe 2 (gelb) gegenüber den Agenten der Gruppe 1 einen Toleranzschwellenwert von $\Psi^1_2 = 0,2$ aufweisen.

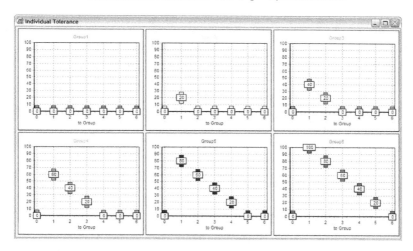

Wenn wir davon ausgehen, dass die Agentengruppen den unterschiedlichen sozioökonomischen Status der Bevölkerung darstellen, wobei die Gruppe 1 die ökonomisch schwächsten Agenten beinhaltet, die Gruppe 6 die vermögendsten Agenten umfasst und die anderen Gruppen sich entsprechend ihrer Reihenfolge dazwischen befinden, ergibt sich für die unzufriedenen Agenten der ökonomisch besser gestellten Gruppen eine Möglichkeit ihr Wohnumfeld zu verbessern. Sie können versuchen sich exklusive Wohngebiete zu schaffen, indem sie bereit sind, mehr Miete für ihre Wohnungen zu bezahlen.

Das im Folgenden dargestellte formale Modell bildet einen einfachen Mechanismus der Mietpreisdynamik ab. Sobald ein Agent eine Wohnung (Zelle) bezieht, wird ihr Wert dem ökonomischen Status des Agenten gleichgesetzt. Die Mietpreislandschaft wird anhand eines Diffusionsfeldes (2.7.1) repräsentiert. Demnach entsprechen die Potentialwerte P den Mietpreisen. Zur Berechnung des Feldes wird die Diffusionsgleichung (2) mit $\mu = 1$ verwendet. Der Vektor der

Mieten bewegt sich im Intervall [-1, 1]. Je geringer der Potentialwert einer Zelle ist, desto niedriger ist auch die Miete an diesem Standort. Der ökonomische Status T eines Agenten errechnet sich aus seiner Gruppenzugehörigkeit S:

$$T^A = -1 + (S^A - 1) \cdot J_T, \qquad (57)$$

wobei

$$J_T = -1 + \frac{2}{N_G - 1} \qquad (58)$$

die „ökonomischen Abstände" zwischen den Gruppen innerhalb des gegebenen Intervalls [-1, 1] angibt. Wechselt ein Agent seinen Wohnort, wird der Potentialwert der neu besetzten Zelle mit dem ökonomischen Status des Agenten gleichgesetzt:

$$P(t+1) = T^A(t). \qquad (59)$$

Der maximale Mietpreis W, den sich die Mitglieder einer Gruppe leisten können wird berechnet mit:

$$W^A = -1 + S^A \cdot J_M, \qquad (60)$$

wobei

$$J_M = -1 + \frac{2}{N_G + 1} \qquad (61)$$

die „ökonomischen Bereiche" der Mitglieder der verschiedenen Gruppen definiert. Ob ein Agent der Gruppe i seinen internen Status M (zufrieden oder unzufrieden) ändert, hängt nun davon ab, welche Toleranz er gegenüber dem Anteil an Agenten der jeweiligen Gruppe j hat. Gleichung (52) wird folgendermaßen erweitert:

$$M^A(t+1) = \begin{cases} 1 & \textit{if } \left(v^j(t) \geq \Psi_i^j \;\; \textit{and} \;\; P^H(t) \leq W^A(t) \right) \\ 0 & \textit{otherwise.} \end{cases} \qquad (62)$$

Ein Agent ist mit einem Standort also nur dann zufrieden, wenn alle Toleranzschwellenwerte gegenüber den verschiedenen Gruppen eingehalten werden (Abbildung 49) und die Miete (Potential P^H) an diesem Ort unter seinem Limit liegt. Das Verhältnis v^j der Agenten einer Gruppe j ergibt sich aus:

$$v^j(t) = \sum_B \left\{ 1 \mid B \in U(A), \; S^B = S^j \right\} / N^A(t), \qquad (63)$$

wobei die Gesamtzahl Agenten N^A in der Nachbarschaft weiterhin mit Gleichung (51) berechnet wird. An dieser Stelle kann nun Migrationsregel (53) ausgeführt werden:

$$L^A(t+1) = \begin{cases} L^A_{new}(t) & if \; \left(M^A_{new}(t)=1 \;\; and \;\; H_{new} \neq L^A \right) \\ L^A(t) & otherwise. \end{cases} \tag{64}$$

wobei sich der interne Status M eines Agenten aus Gleichung (62) errechnet.

Wechselt nun beispielsweise ein Agent der niedrigsten ökonomischen Gruppe seinen Wohnort, wird das Potential an seinem neuen Standort auf -1 gesetzt und verteilt sich aufgrund der Diffusionsgleichung (2) auf die benachbarten Zellen, die dadurch ebenfalls an Wert verlieren. Entsprechend werden die Mieten in den Gebieten, in die vermehr Agenten der wohlhabenden Gruppen ziehen aufgewertet. Dieser Mechanismus führt dazu, dass sich die Agenten der ärmeren Gruppen die Mieten nur noch in Gebieten leisten können, in denen bereits vermehrt ökonomisch schwächere Gruppen zu finden sind. Durch das Diffusionsfeld werden die Mietunterschiede allerdings kontinuierlich aneinander angeglichen, wodurch teure Gegenden langsam an Wert verlieren, sofern keine neuen, reichen Agenten zuziehen und ärmere Nachbarschaften an Wert gewinnen, solange nicht weiterhin vermehrt arme Agenten ihren Wohnort dorthin verlegen. Dieses Prinzip der Mietangleichung folgt der Überlegung, dass die Besitzer der Wohnungen in den ökonomisch schwachen Gebieten versuchen werden, diese durch Sanierungen oder Verbesserung der Infrastruktur wieder aufzuwerten. Zusätzlich können sich unter nicht ständig wechselnden Bewohnern soziale Netzwerke bilden und es kann sich eine Art Subkultur bilden, die möglicherweise für andere Gruppen attraktiv ist. Umgekehrt kann es sein, dass in Gegenden mit relativ hohen Mieten diese nicht ständig angepasst werden, insbesondere wenn Wohnungen über lange Zeiträume von den gleichen Mietern bewohnt werden. Die Bewohner sehen außerdem keine Notwendigkeit die ökonomische Barriere zu verstärken, solange sie mit ihrer Nachbarschaft zufrieden sind. Ferner können unzureichende Instandhaltung und Veränderungen der Wohnmoden zu Wertminderungen führen.

Es kommt in unserem System also immer nur dann zu einer direkten Beeinflussung der Mieten durch die ökonomisch unterschiedlichen Gruppierungen, sobald ein Agent seinen Wohnort wechselt. Andernfalls sorgt das Diffusionsfeld für eine indirekte kontinuierliche Nivellierung der Mieten. Hierin besteht einer der wesentlichen Unterschiede zu dem oben erwähnten Modell von Portugali (2000: 121-128), bei dem zu jedem Zeitschritt für die Berechnung der Mieten auch der ökonomische Status der Agenten einfließt, die sich in der unmittelbaren Umgebung befinden.

Betrachten wir eine Simulation mit den in Abbildung 49 angegebenen Toleranzschwellenwerten und den Parametereinstellungen N_A = 12.783, N_G = 6, k = 5 und l = 55, so ist die Langzeitentwicklung des Systems von besonderem Interesse. In Abbildung 50 sind einzelne Zustände aus einem Simulationsdurchlauf bis t = 10000 dargestellt. Die Diagramme in Abbildung 51 zeigen die zugehörigen Verläufe der Umzugsraten und des IS. Betrachten wir die Umzugsraten anhand der Anzahl Agenten, die pro Zeitschritt ihren Wohnort wechseln (Abbildung 51 links), lässt sich feststellen, dass sich Perioden mit stabilen räumlichen Konfigurationen mit instabilen Phasen, in denen es zu starken Umverteilungen kommt, abwechseln, wobei sich selbst verstärkende Prozesse in der Art auftreten, wie wir sie im Abschnitt zu Phasenübergängen (5.4) beschrieben haben. Der Wechsel von stabilen und labilen Phasen des Systems erinnert an die Beschreibung komplexer sich selbst organisierender Systeme, die wir in Abschnitt 2.1 behandelt haben. In Abbildung 1 wurde der schematische Verlauf eines solchen Systems gezeigt, bei dem sich ähnlich wie in Abbildung 51 links stabile und chaotische Perioden ohne ersichtlichen Grund abwechseln.

Eine weitere interessante Beobachtung zum Verlauf der Simulation besteht darin, dass sich der IS der verschiedenen Gruppen im Verlauf der Simulation nur geringfügig verändert, und dass die Agenten der stärksten und schwächsten ökonomischen Gruppe am deutlichsten segregiert sind (Abbildung 51 rechts). Dieses Ergebnis entspricht der allgemeinen Beobachtung, dass in europäischen Städten die Segregation der Bevölkerung nach Einkommen einer U-Kurve folgt:

„Während am unteren und oberen Rand der Schichtungshierarchie die Konzentration bzw. Segregation in bestimmten Vierteln besonders hoch ist, zeigt der größte Teil des Stadtgebiets einen geringeren Segregationsgrad." (H. Häußermann und W. Siebel 2004: 149)

Die Umzugsdynamik (Abbildung 51 links), hängt unter anderem stark von der Gruppengröße ab. Auf die Auswirkung verschiedener Gruppengrößen wurde bereits hingewiesen. Bei der bisher beschriebenen Simulation waren die Agenten gleichmäßig auf die Gruppen verteilt. Bei dem folgenden Beispiel verändern wir die Gruppengrößen wie bei den Einstellungen in Abbildung 52 mitte angegeben. Die Gruppengrößen werden am unteren und am oberen Rand der Schichtungshierarchie stark reduziert während sie im mittleren Bereich am umfangreichsten sind. Die abwechselnden Phasen der Umzugsdynamik finden sich bei dieser Simulationskonfiguration nicht mehr. Abbildung 52 rechts oben zeigt nach einer anfänglichen Periode der Strukturbildung eine beständig niedrige Umzugsrate während des restlichen Verlaufs. Die Entwicklung des IS der ökonomisch schwächsten Gruppe (rot) in Abbildung 52 rechts unten zeigt, dass hauptsächlich die Mitglieder dieser Gruppe ihren Wohnort wechseln müssen, was durch zu hohe Mietpreise bedingt ist. Es bildet sich schließlich bei ca. t = 6500 ein ghettoartiger Bereich, in dem sich die roten Agenten konzentrieren (Abbildung 52 links). Bezüglich der Dichteverteilung der räumlichen Konfiguration ist ein deutlicher Zusammenhang zwischen dem ökonomischen Status der Agenten und der Dichte zu erkennen. Je reicher die Agenten sind, desto mehr freie Zellen befinden sich in ihrer unmittelbaren Umgebung, während umgekehrt die Dichte ansteigt, je ärmer die Agenten werden. Diese Verteilung ist abhängig von den Regeln des Diffusionsfeldes, zeigt aber sehr anschaulich wie sich die Wahlfreiheit der Agenten an ihren ökonomischen Ressourcen orientiert.

Abbildung 50:   Residentielle Segregation und Mietpreisdynamik. Die hellen Bereiche markieren Gebiete mit hohen Mieten und die dunklen entsprechend jene Lagen mit niedrigen Mieten.

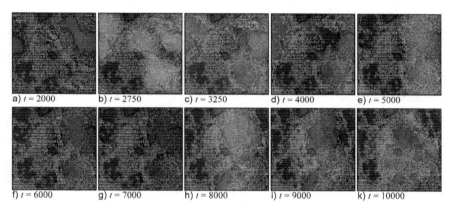

Abbildung 51:   Kennwerte zur Simulation. Links: Entwicklung der Umzugsraten. Rechts: Verlauf des Segregationsindex IS für die einzelnen Gruppen. Die Pfeile und Buchstaben markieren die Zeitpunkte, die in Abbildung 50 als räumliche Konstellationen abgebildet sind.

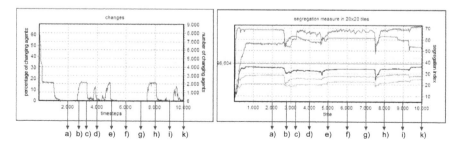

Abbildung 52:   Simulation mit unterschiedlichen Gruppengrößen. Links:
Räumliche Verteilung der Agenten bei $t = 6500$. Mitte: Umfang der Gruppengrößen. Rechts oben: Entwicklung der Umzugsraten. Rechts unten: Verlauf des Segregationsindex IS für
die einzelnen Gruppen.

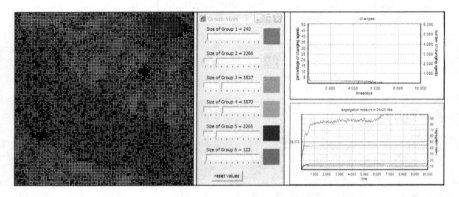

5.6 Konkurrenz um zentrale Orte

In diesem und den folgenden Abschnitten 5.7 und 5.8 werden weitere Einflüsse
auf die Segregation der Bevölkerung dargestellt. Wichtig ist dabei, dass es an
sich zu Veränderungen hinsichtlich der Entmischungsdynamik kommt. Auf die
Einzelheiten wird weniger eingegangen, da detaillierte Analysen sehr aufwendig
sind und nur mit einem Bezug zu empirischen Studien sinnvoll erscheinen, der
allerdings außerhalb des Rahmens der vorliegenden Arbeit liegt.

Wir widmen uns zunächst der Frage, welche Auswirkungen es hat, wenn
die Agenten um Wohnorte konkurrieren, die möglichst nah an zentralen Orten
liegen. Als Ausgangsmodell wird auf die Segregation durch Standortwahl (5.2.1)
zurückgegriffen. Bei der Initialisierung der Simulation werden mittels des Status
S^H der entsprechenden Zellen ergänzend zu (49) zentrale Orte Z_i, $i = \{1, 2, ...,$
$N_Z\}$ zufällig über das Zellenfeld verteilt. Die Agenten des Systems werden in
zwei gleich große Gruppen ($N_G = 2$) aufgeteilt. Die Zufriedenheit der Agenten
hängt nach wie vor von der Nachbarschaftszusammensetzung ab. Zusätzlich
führen wir hier die Regel ein, dass ein Agent dann seinen Wohnort wechselt,
wenn er dadurch die Entfernung zu einem zentralen Ort verringern kann:

$$L^A(t+1) = \begin{cases} L^A_{new}(t) & \text{if } \left(M^A_{new}(t)=1 \text{ and } d\left(L^A_{new}, Z_l\right) < d\left(L^A, Z_l\right)\right) \\ L^A(t) & \text{otherwise.} \end{cases} \quad (65)$$

Für die Berechnung von M wird Gleichung (52) verwendet. Ein Agent hat nun eine zusätzliche Motivation seinen Standort L^A zu wechseln, sobald die Distanz d eines potentiellen Wohnorts L^A_{new}, der sich innerhalb seines Mobilitätsradius befindet, näher an einem zentralen Ort liegt und mindestens eine gleichwertige Nachbarschaft aufweist.

Abbildung 53:   Segregation durch Standortwahl bei zusätzlicher Konkurrenz um zentrale Orte. Das Zellenraster der Simulation besteht in allen drei Versionen aus 40 x 40 = 1600 Zellen und N_A = 1000 Agenten. Es wurden jeweils zufällig zehn zentrale Orte (Kreise) über das Feld verteilt (N_Z = 10, durch Kreise markierte Zellen). Von links nach rechts: Toleranzschwellenwerte Ψ = 0, Ψ = 0.25, Ψ = 0.50.

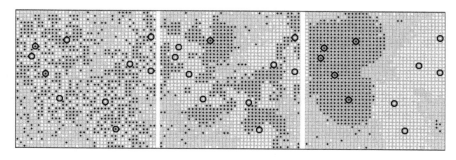

Durch die Ergänzung dieser Regel kommt es zwischen den Agenten um eine Konkurrenz um die zentralen Orte und die Besiedlung konzentriert sich innerhalb des jeweiligen Kreises um diese Orte (Abbildung 53). Das Interessante an diesem Experiment ist, dass sich ab einem bestimmten Toleranzschwellenwert nur noch Agenten einer Gruppe um einen zentralen Ort herum anlagern. Es kommt zu einer zentrenabhängigen Segregation.

5.7   Interaktionsmodell Standortwahl und Skalenerträge

Das nächste Experiment führt das eben vorgestellte Teilmodell zur residentiellen Segregation in Verbindung mit der Konkurrenz um zentrale Orte (5.6) mit dem zu Skalenerträgen (4.1.5) zusammen. Dies ermöglicht eine Untersuchung der Standortwahl eines Agenten unter Einbezug des Ziels einer möglichst günstigen Marktlage. Die Lagequalität eines Standortes (Zelle) wird einerseits durch die Zusammensetzung der Nachbarschaft und andererseits durch die Entfernung zum und den Angebotspreis im nächstgelegenen Markt definiert. Im Folgenden wird angegeben, wie die Modelle miteinander kombiniert und welche Funktionen ergänzt wurden.

Zu Beginn der Simulation werden analog zur Vorgehensweise in Abschnitt (5.6) zehn konkurrierende Märkte Z (zentrale Orte) zufällig auf dem Zellenfeld platziert. Anschließend werden die Agenten zufällig über das Feld verteilt (49).

Im ersten Schritt werden die Angebotspreise P^Z der Märkte Z_i, die lokalen Preise N^H an jedem Ort H (für jede Zelle) und die resultierenden Einzugsgebiete K^Z je Markt für alle Zellen berechnet. Die Nachfrage C^Z potentieller Kunden ist nun aber nicht mehr gleichmäßig über den zellulären Raum verteilt, sondern wird durch die mobilen Agenten repräsentiert. Ein Agent wird als Kunde des Marktes Z betrachtet, sobald er sich in dessen Einzugsgebiet befindet. Daraus ergibt sich die Nachfrage:

$$C^{Z_i}(t+1) = \sum L^A(t) \in K^{Z_i}(t) \, . \tag{66}$$

Der Angebotspreis P^Z eines Marktes im nächsten Zeitschritt $t+1$ wird auf der Basis der Nachfrage C^Z bei einem Markt, den globalen Produktionskosten D und dem Faktor für die Skalenerträge S berechnet (vergleiche 4.1.5):

$$P^Z(t+1) = C^Z(t) / \left(C^Z(t) \right)^S \cdot D \, . \tag{67}$$

Anschließend prüfen die Agenten die Qualität ihrer momentanen Lage hinsichtlich Nachbarschaft und Zentralität. Die Suche nach dem zentralsten Ort orientiert sich jetzt allerdings nicht mehr an der Entfernung zum Zentrum, sondern an den lokalen Preisen N^H. Die Berechnung von N^H entspricht der Gleichung (36) des Modells Skalenerträge (4.1.5). Dementsprechend wird die Gleichung (65) aus dem letzten Abschnitt so angepasst, dass Anstelle der Entfernung zum nächstgelegenen Zentrum die lokalen Preise N^H betrachtet werden:

$$L^A(t+1) = \begin{cases} L^A_{new}(t) & if \ \left(M^A_{new}(t)=1 \ \ and \ \ N^H_{new} < N^H \right) \\ L^A(t) & otherwise. \end{cases} \tag{68}$$

Der gesamte Ablauf des Algorithmus lautet zusammenfassend:

a. berechne die lokalen Preise N^H für jede Zelle
b. bestimme die Marktzugehörigkeit (Einzugsgebiete K) jeder Zelle H
c. berechne die Angebotspreise P^Z in den Märkten Z
d. Agent, prüfe momentane Nachbarschaftszusammensetzung
e. Agent, vergleiche Nachbarschaftszusammensetzung mit Schwellenwert Ψ
f. Agent, prüfe ob ein Ort mit geringeren lokalen Preisen N^H erreichbar ist
g. Agent, gehe zu einem neuen Ort *oder* bleibe wo du bist
h. beginne wieder bei a).

Durch die vorliegende Modellkombination kann die Untersuchung der Konkurrenz verschiedener Märkte um den Aspekt der sozialräumlichen Organisation der Bevölkerung erweitert werden. Die Kunden sind jetzt nicht mehr wie im Modell Skalenerträge (4.1.5) gleichmäßig über das Feld verteilt, sondern wählen ihren Standort aufgrund der Kriterien einer zufriedenstellenden Nachbarschaft und der günstigen Lage zu einem möglichst großen Markt, der seines Produkte aufgrund eines umfangreichen Einzugsgebiets billiger anbieten kann als sein Konkurrent, der nur über ein kleineres Einzugsgebiet verfügt (Abbildung 54).

Die Dynamik des Wechselspiels von Standortwahl und Angebotspreisen ist abhängig von den gewählten Kontrollparametern. Beispielsweise wirkt sich ein größerer Mobilitätsradius der Agenten verstärkend auf die Monopolbildung der Märkte aus.

5.8 Wirkung von Straßen auf die Segregation

Im Folgenden soll untersucht werden, wie sich Straßen in den Zellulären Raum integrieren lassen und welche Wirkung sie auf die Segregation der Bevölkerung haben. Bisher wurde eine Zelle als Wohnung für einen Haushalt angesehen. Auf Grundlage des Modells der Segregation durch Standortwahl (5.2.1) kann eine Zelle nun zusätzlich sechs verschiedene Typen von Straßen repräsentieren, die einer von zwei Kategorien angehören: Die sind zum einen Straßen, die aufgrund ihrer Verkehrsbelastung, Breite oder Gestaltung eine trennende Wirkung zwischen den beiden angrenzenden Stadtgebieten haben $S^H = \{-3, -2, -1\}$, und zum anderen Straßen, die kommunikativ und verbindend wirken, da sie durch ihre Anlage und Nutzung einen belebten „lebendigen" Stadtraum bilden $S^H = \{1, 2, 3\}$. Von den sieben Zuständen $S^H = \{-3, -2, -1, 0, 1, 2, 3\}$, die pro Zelle möglich sind, definieren die negativen Werte die Straßen-Typen der erstgenannten Kategorie und die positiven die der letztgenannten. Die verschiedenen

Straßen unterscheiden sich in ihrer Wirkung auf die Wahrnehmung eines Agenten hinsichtlich seiner Nachbarschaft. Bei der Bewertung der Nachbarschaft auf der anderen Seite einer Straße mit trennender Wirkung erhält diese eine geringere Gewichtung, während Nachbarn, die auf der anderen Seite einer Straße mit verbindender Wirkung wohnen, eine höhere Gewichtung erhalten (Tabelle 1).

Abbildung 54:   Interaktion von Standortwahl und Angebotspreisen. Das Zellenraster der Simulation besteht aus 40 x 40 = 1600 Zellen und $N_A = 800$ Agenten. Es wurden jeweils zufällig zehn zentrale Orte über das Feld verteilt (rot markierte Zellen). Obere Reihe: Die Agenten bleiben an ihrem anfangs zugewiesenem Ort. Die Einzugsgebiete (farbig markierte Zellen) werden lediglich durch den Faktor S für die Skalenerträge bestimmt (Parameter von links nach rechts: $S = 1,00$, $\Psi = 0$; $S = 1,02$, $\Psi = 0$; $S = 1,05$, $\Psi = 0$; $S = 1,15$, $\Psi = 0$). Mittlere Reihe: Sehr tolerante Agenten konkurrieren um die zentralsten Orte (Parameter von links nach rechts: $S = 1,00$, $\Psi = 0$; $S = 1,02$; $\Psi = 0$; $S = 1,05$, $\Psi = 0$; $S = 1,08$, $\Psi = 0$). Untere Reihe: Neben der Konkurrenz um zentrale Lagen wurden die Toleranzschwellenwerte erhöht (Parameter von links nach rechts: $S = 1,00$, $\Psi = 0,5$; $S = 1,02$, $\Psi = 0,5$; $S = 1,05$, $\Psi = 0,5$; $S = 1,08$, $\Psi = 0,5$).

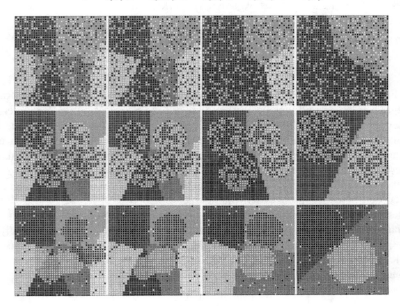

Tabelle 1:   Typ – Gewichtung

Straßen-Typ	Gewichtung ω^S
-3	0
-2	1/3
-1	2/3
0	keine Strasse $\rightarrow$ 1
1	2
2	4
3	8

Bei der Gleichung zur Ermittlung der Nachbarschaftszusammensetzung (50) führen wir einen entsprechenden Gewichtungsfaktor w^S ein:

$$v^H(t) = \sum_B \left\{ \omega^S \mid B \in U(A),\ S^B = S^A \right\} / N^A(t) . \qquad (69)$$

Liegt keine Straße zwischen den Agenten, erfolgt eine Gewichtung wie bisher mit $\omega^S = 1$. Liegt allerdings eine trennende oder kommunikative Straße zwischen den Agenten wird die Gewichtung entsprechend dem Typ reduziert oder erhöht. Die drei Abstufungen innerhalb einer Kategorie erlauben einerseits im Fall der trennenden Straßen eine Unterscheidung zwischen Autobahnen, Ausfall- und Hauptstraßen und andererseits bei den verbindenden Straßen eine Differenzierung zwischen Nebenstraßen, verkehrsberuhigten Anliegerstraßen und Fußgängerzonen.

Konnten sich die Agenten bisher in einem homogenen Zellenfeld nach ihren Nachbarschaftspräferenzen organisieren (Abbildung 55 a), beeinflusst nun das Layout der Straßen die räumliche Verteilung der Agenten. Bei einem Straßenraster, das nur aus stark trennenden Verkehrstrassen besteht, tendieren die einzelnen Felder zu autarken homogenen Gruppenstrukturen (Abbildung 55 b). Verändern wir die Wirkung des Wegerasters so, dass es ausschließlich aus kommunikativen Straßenzellen besteht, lagern sich die Cluster der verschiedenen Agentengruppen an diesen Wegen an (Abbildung 55 c). Es wird deutlich, dass die Straßen immer durch die Clusterzentren verlaufen. Diese Beziehung zwischen Straßen und Gruppenclustern bleibt auch bestehen, wenn die Anordnung der Wege nicht orthogonal ist, sondern die Straßen zufällig über das Feld verteilt werden (Abbildung 55 d). Die Kontrollparameter bei allen Simulationen aus Abbildung 55 sind $N_A = 12.783$, $N_G = 6$, $k = 5$, $l = 55$ und $\Psi = 0{,}6$.

Das Einfügen von Straßen in den ansonsten leeren Zellenraum wirkt augenscheinlich störend auf die optimale Organisation der Agenten (Abbildung 55 a).

Unabhängig davon, ob die Straßen verbindend oder trennend wirken, kann sich die minimal mögliche Anzahl an Clustern nicht mehr bilden.

Abbildung 55: Wirkung verschiedener Straßen auf die residentielle Segregation. Die Parameter bei allen Varianten sind $N_A = 12.783$, $N_G = 6$, $k = 5$, $l = 55$ und $\Psi = 0,6$. a) Keine Straßen b) Straßenraster mit stark trennender Wirkung ($\omega^S = 0$) c) Straßenraster mit sehr kommunikativer Wirkung ($\omega^S = 8$) d) Frei Anordnung von sehr kommunikativen Straßen ($\omega^S = 8$).

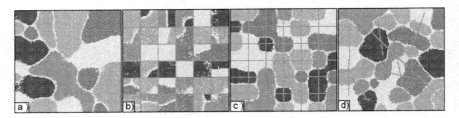

Die Unterschiede zwischen den einzelnen Strukturen in Abbildung 55 lassen sich am besten erfassen, wenn wir die Anzahl der resultierenden Cluster vergleichen[7]. Eine systematische Analyse des Zusammenhangs zwischen der Dichte des Wegenetzes und der Anzahl sich ergebender Cluster ist in Abbildung 56 dargestellt. Die Kontrollparameter für alle Simulationsdurchläufe sind $N_A = 12.783$, $N_G = 6$, $k = 5$, $l = 55$ und $\Psi = 0,3$. Die Agenten können bei dieser Simulation auch die Straßenzellen besetzen, damit bei konstanter Anzahl an Agenten unerwünschte Artefakte vermieden werden, die aus einem Mangel an freien Wohnorten aufgrund zunehmender Straßendichte resultieren (5.3.3).

In Abbildung 56 links ist ein klarer positiver Zusammenhang zwischen der Anzahl an trennenden Straßenzellen und der an resultierenden Clustern zu erkennen. Dieses Ergebnis deutet daraufhin, dass zerschneidende Verkehrstraßen der Entmischung der Bevölkerung entgegenwirken. Misst man allerdings die Segregation mittels IS so, dass die Zählfelder immer genauso groß sind wie die Felder zwischen den Straßen, ergeben sich sehr hohe Werte für den IS. Daraus können wir schließen, dass sich zwischen den trennenden Verkehrstrassen autarke Mikrokosmen homogen zusammengesetzter Bevölkerungsgruppen bilden.

---

7 Der IS eignet sich aufgrund der Abhängigkeit des Ergebnisses von der gewählten Größe der Zählfelder in diesem Fall nicht (vgl. 2.8.3 und 2.8.4). Er ist bei allen Strukturen in Abbildung 55 annähernd gleich.

Abbildung 56: Analyse des Einflusses der Straßen auf die Segregation. Dargestellt ist der Zusammenhang zwischen der Anzahl sich ergebender Cluster und der Dichte des Wegenetzes, die mittels Anzahl
Straßenzellen gemessen wurde. Links: Straßenraster mit stark
trennender Wirkung ($\omega^S = 0$). Rechts: Straßenraster mit sehr
kommunikativer Wirkung ($\omega^S = 8$).

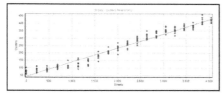 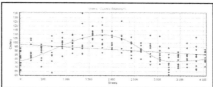

Bei kommunikativen Wegen ist der Zusammenhang zwischen der Anzahl an
Straßenzellen und der an resultierenden Clustern nicht so eindeutig. Bis zu einer
bestimmten Straßendichte steigt auch die Menge der Cluster, allerdings kommt
es beim Überschreiten dieser Dichte wieder zu einem Rückgang der Clusteranzahl trotz Zunahme der Straßenzellen. Dieser Wechsel von positivem zu negati-
vem Zusammenhang kann dadurch erklärt werden, dass sich die Agenten anfangs noch in großen Clustern an den Straßen anlagern (Abbildung 55 c und d).
Bei Erhöhung der Straßendichte nimmt die durchschnittliche Clustergröße immer weiter ab, da sich die Agenten auf mehr Cluster verteilen. An dem Punkt,
bei dem sich der Zusammenhang umkehrt, stoßen die kleinen Cluster vermehrt
aneinander, wodurch sich ab einer gewissen Straßendichte wieder größere Cluster bilden können, die mehrere Straßenzüge umfassen.

Zusammenfassend können wir feststellen, dass der Einfluss verschiedener
Straßentypen auf die Segregation nicht pauschal beurteilt werden kann. Zwar
führen trennende Straßenschneisen global zu einer Abnahme der Segregation,
allerdings bilden sich lokal stärker segregierte Bereiche. Bei den kommunikativ
wirkenden Straßen hängt der Zusammenhang wiederum stark von der relativen
Dichte des Wegesystems ab. Dieses Ergebnis deutet auf eine generelle Schwierigkeit bei der Segregationsforschung hin: Die Ergebnisse quantitativer Messungen hängen davon ab, welche Bereiche einer Stadt untersucht und welche Gebiete als zusammengehörig definiert werden.

5.9 Modell Circle City

In der gesamten bisherigen Arbeit haben wir die räumliche Struktur einer Stadt mit Hilfe eines Zellenrasters repräsentiert. In Abschnitt 5.3.2 wurde gezeigt, dass das Resultat einer Simulation der Wohnortwahl erheblich von der Größe der betrachteten Nachbarschaft abhängt. Mit dem Ziel, die Abbildung von baulichen Strukturen weniger abstrakt sondern wirklichkeitsgetreuerer zu gestalten, wird im Folgenden eine Heuristik der Nachbarschaftsdefinition in Anlehnung an ein Geo-Informations-System (GIS) vorgeschlagen, die sich aus dem Erschließungssystem ableitet. Das darauf beruhende nun vorzustellende Modell, das die räumliche Struktur einer Stadt auf einen Netzwerkgraphen überträgt, wird aufgrund seiner visuellen Darstellung als Circle City bezeichnet.

Abbildung 57:   Voronoi-Nachbarschaftsdefinition.   Nachbarschaftsbeziehungen werden mittels Voronoi-Diagramm definiert. Größere Straßen trennen hier Nachbarschaften und weiter entfernte Häuser werden mit einer geringeren Gewichtung berücksichtigt (verschiedene Graustufen). Abb. aus Omer & Benenson (2002).

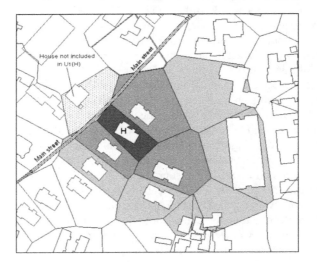

Benenson und Kollegen (I. Benenson, I. Omer, & E. Hatna 2002; I. Omer und I. Benenson 2002) haben unter Verwendung eines GIS die Stadtfläche in ein Voronoi Diagramm unterteilt, das die Nachbarschaftsverhältnisse aufgrund der realen räumlichen Gegebenheiten erfassen soll. Die Zellen des Diagramms werden durch die Gebäude definiert (I. Benenson et al. 2002; I. Omer und I. Benenson 2002). Mit dieser Methode erhält man eine Struktur wie in Abbildung 57. Hier kann der Einfluss eines Nachbars mittels der Entfernung „in" Voronoi-Zellen angegeben werden. Auch der Einfluss trennender Straßen kann berücksichtigt werden. Die Schwierigkeit bei dieser Methode besteht darin, dass aneinander angrenzende Voronoi-Zellen eine Nachbarschaft und die entsprechende Gewichtung unabhängig von der Erschließungsstruktur definieren. In Abbildung 57 sind die hellgrau gefärbten Nachbarn der Zelle H alle gleich bedeutsam, obwohl manche an der gleichen Straße liegen und andere eventuell nur über mehrere Kreuzungen zu erreichen sind. Aufgrund dieser Unzulänglichkeit wird im Folgenden eine Heuristik der Nachbarschaftsdefinition auf der Grundlage des Erschließungssystems vorgeschlagen.

5.9.1 Nachbarschaftsdefinition über Erschließung

Im Kapitel Wege, Graphen und Verkehr wurden die Grundlagen für die Repräsentation eines Erschließungssystems mittels eines Graphen eingeführt (3.4). Im Abschnitt Erweiterter Erschließungsgraph (3.4.4) findet sich die detaillierte Beschreibung, wie das System der Straßen und Kreuzungen mit den Anbindungen an die Grundstücke und Häuser in einen Netzwerkgraphen übertragen wird (Abbildung 24 bis Abbildung 26). Ausgehend von Abbildung 26 können wir nun den Einfluss eines Haushalts H_1 (Wohnung in Abbildung 26, a) auf einen anderen H_2 darstellen, indem verschiedene Gewichtungen w_i für die Durchquerung unterschiedlicher räumlicher Elemente eingeführt werden (Abbildung 58). Der Einfluss einer Zelle auf eine andere wird mit w_{total} angegeben und stellt das Produkt der einzelnen Gewichtungen dar, die sich beim Durchqueren der Knoten ergeben, die zwischen den beiden Zellen H_1 und H_2 liegen:

$$w_{H1,H2} = w_{total} = \prod_{i=1}^{n} w_i \qquad (70)$$

Um den Zusammenhang zwischen der räumlichen Struktur einer Stadt und der sozialräumlichen Organisation der Bevölkerung untersuchen zu können, konstruieren wir ein abstraktes Modell einer Circle City (Abbildung 59). Durch die geschlossene kreisförmige Struktur werden Artefakte bei der Simulation vermieden, die sich durch Modellränder ergeben können. Das gleiche Vorgehen wurde bereits bei den zellulären Automaten angewendet, indem das Zellenraster zu einem Torus verbunden wurde.

Abbildung 58: Gewichtungen der Knoten. Die Graphen a, b, c und d zeigen verschiedene Nachbarschaftsbeziehungen zweier Zellen H_1 und H_2. Rechts sind die Gewichtungen w_i für jede hierarchische Ebene angegeben.

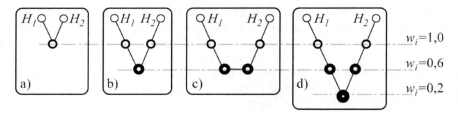

Abbildung 59: Konstruktion der Circle City. Übertragung eines Erschließungssystems auf ein abstraktes Modell einer Circle City zur Simulation der residentiellen Segregation. A) Ausgangsstruktur. B) In einem regelmäßigen Straßen-raster hat jeder Knoten 6 Kanten. C) Verbindet man für ein abstraktes Modell die Ränder jeder Seite mit der gegenüberliegenden Seite, so lässt sich der Straßenraph auch als Ring darstellen. (schwarz Straßenknoten, weiß Hausknoten und grau Wohnungsknoten).

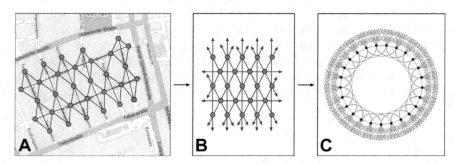

5.9.2 Modellbeschreibung

Anhand der vorgestellten Methode, die räumliche Struktur einer Stadt auf einen Netzwerkgraphen zu übertragen, kann jetzt das grundlegende Modell der Segregation durch Standortwahl (5.2.1) angepasst werden. Die Regeln für einen Ortswechsel eines Agenten beruhen auf dem gleichen Prinzip wie bei den vorange-

gangenen rasterbasierten Segregationsmodellen. Allerdings führen wir an dieser
Stelle zwei verschiedene Toleranzschwellenwerte ein. Der erste, Ψ_{leave} definiert,
ab wann ein Agent mit seinem derzeitigen Wohnort nicht mehr zufrieden ist.
Unzufrieden ist ein Agent, sobald das Verhältnis von Agenten gleicher Gruppenzugehörigkeit zu Agenten anderer Gruppenzugehörigkeit in der betrachteten
Nachbarschaft den Schwellenwert Ψ_{leave} unterschreitet. Das bedeutet, dass niedrige Werte für Ψ_{leave} eine hohe Toleranz ausdrücken und vice versa. Für den Fall,
dass ein Agent mit seinem derzeitigen Wohnort nicht mehr zufrieden ist, prüft er
alle freien Wohnungen (vollständiges Wissen über den Wohnungsmarkt). Ein
Agent zieht nur dann um, wenn aufgrund der Nachbarschaftsbedingungen an
dem neuen Ort der zweite Toleranzschwellenwert Ψ_{settle} unterschritten wird. Da
Menschen in der Regel träge und Veränderungen gegenüber zurückhaltend sind,
gehen wir davon aus, dass für ein realistisches Modell der Schwellenwert Ψ_{settle}
mindestens so hoch sein muss wie Ψ_{leave}. Wenn die Verhältnisse an einem Standort den Bedürfnissen nicht entsprechen, wechselt man seine Wohnung nicht für
eine lediglich geringfügige Verbesserung sondern nur, wenn sich ein Standort
finden lässt, an dem die eigenen Anforderungen erfüllt werden. Der Aufwand
eines Umzugs wird nur in Kauf genommen, wenn der neue Ort wesentlich attraktiver ist (Ψ_{settle} muss am neuen Ort überschritten werden).

Die Nachbarschaft eines Agenten $U(A)$ umfasst in der vorliegenden Simulation prinzipiell die gesamte Stadt. Ist der Einfluss zwischen zwei Knoten allerdings sehr klein, definieren wir ihn als nicht vorhanden:

$$if \left(w_{H_i,H_j} < 0,1 \right) \quad then \quad \left(w_{H_i,H_j} = w_{total} = 0 \right). \tag{71}$$

Dadurch orientiert sich die Größe der Nachbarschaft an der Gewichtung der
Knoten. Unterschiede in der baulichen Struktur einer Stadt können über diese
Gewichtungen Eingang in das Modell finden. In einer Einfamilienhaussiedlung
werden die Haushalte sicherlich eine andere Beziehung zueinander haben als in
benachbarten Hochhäusern.

Das formale Modell aus Abschnitt 5.2 wird folgendermaßen angepasst:

$$M^A(t+1) = \begin{cases} 1 & if \ \left(v_{old}^H(t) \geq \Psi_{leave} \right) \\ 0 & otherwise. \end{cases} \tag{72}$$

Das Verhältnis von Agenten der eigenen Gruppenzugehörigkeit zu denen anderer
Gruppenzugehörigkeit $v^H(t)$ berechnet sich unter Einbeziehung der Gewichtungen w_{total}, die sich aus dem Netzgraphen (Abbildung 58) und der Gleichung (70)
ergeben:

$$v^H(t) = \sum_B \left\{ \omega_{total} \mid B \in U(A), \ S^B = S^A \right\} / N^A(t), \tag{73}$$

wobei

$$N^A(t) = \sum_B \left\{ \omega_{total} \mid B \in U(A), L^B \right\}. \tag{74}$$

Ob ein unzufriedener Agent seinen Wohnort wechselt, hängt allerdings davon ab, ob seine Anforderungen an einen neuen Standort erfüllt werden können.

$$L^A(t+1) = \begin{cases} L^A_{new}(t) & if \left(M^A_{new}(t)=1 \quad and \quad v^H_{new}(t) \geq \Psi_{settle} \right) \\ L^A(t) & otherwise. \end{cases} \tag{75}$$

Weitere formale Notationen die für die folgenden Untersuchungen verwendet werden sind N_s für die Anzahl Straßen, N_h für die Anzahl Häuser je Straße, N_f für die Anzahl Wohnungen je Haus, N_c für die Anzahl Verbindungen je Straße sowie ω_s für die Gewichtung der Straßenknoten und ω_h für die Gewichtung der Häuserknoten.

Als Grundeinstellungen werden die Parameter $N_G = 3$, $N_s = 12$, $N_h = 12$, $N_f = 12$, $N_c = 6$, $\omega_s = 0,5$, $\omega_h = 1,0$, $\Psi_{leave} = 0,33$, $\Psi_{settle} = 0,33$ verwendet. Die Anzahl der Agenten beträgt 95% der Wohnungen. Bei allen folgenden Untersuchungen werden jeweils nur die Einstellungen angegeben, die bei einer Untersuchung verändert werden.

In Abbildung 60 ist die Umsetzung des Modells Circle City in ein Simulationsprogramm dargestellt. Technisch wurde das Modell so realisiert, dass jedes Haus in einer Liste die ihm zugehörigen Wohnungen und jede Straße in einer separaten Liste die ihr zugehörigen Häuser verwaltet. Dadurch ist es möglich, bei jedem Zeitschritt die Anteile der verschiedenen Gruppen je Haus und je Straße zu berechnen. Auf diese Weise wird die Verteilung der verschiedenen Agenten auf den Aggregationsniveaus der Häuser und Straßen zusammengefasst. Diese Datenstruktur ermöglicht ferner eine einfache Berechnung des Segregationsindex entweder auf der Maßstabsebene der Straßen oder der der Häuser.

Darüber hinaus ist bei jeder Wohnung der Index des Hauses, zu dem die Wohnung gehört, und bei jedem Haus der Index der Straße, zu der das Haus gehört, gespeichert. Anhand dieser Verweise kann der Pfad von einer Straße zu einer Wohnung angegeben werden, wodurch nur noch die kürzesten Wege von Straße zu Straße mittels des zeitaufwändigen A-Stern-Algorithmus (2.7.6) berechnet werden müssen. Da nicht alle Verbindungen für die Berechnungen der kürzesten Wege notwendig sind, werden zum einen alle Verbindungen eines Knoten in einem Array gespeichert, welches zum Zeichnen der Hierarchie dient. Zum anderen werden die Verbindungen der Straßenknoten untereinander in einem separaten Array gespeichert, welches für den A-Stern-Algorithmus verwendet wird. Jeder Straßenknoten kennt die Indizes aller Straßen, zu denen eine Verbindung besteht.

Abbildung 60: Simulationsprogramm Circle City. Links: Grafische Darstellung eines hierarchischen Netzwerks, welches Straßen (große schwarze Knoten), Häuser (schwarz umrandete weiße Knoten) und Wohnungen (schwarz umrandete graue Knoten falls leer; farbige Knoten, falls mit einem Agenten einer bestimmten Gruppe besetzt) repräsentiert. Rechts: Programminterface zur Eingabe der Kontrollparameter.

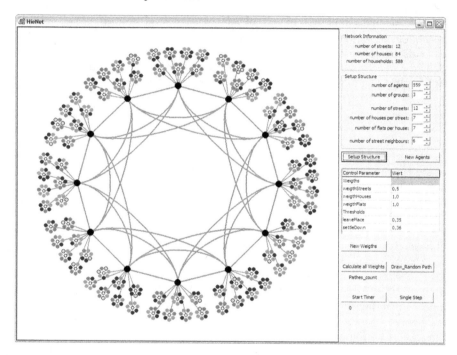

Die berechneten Nachbarschaftsbeziehungen werden bei jedem Knoten in einem Array gespeichert. Ausgehend von jeder Wohnung beinhaltet dieses Array die Pfade, die entsprechende Gewichtung sowie die Zusammensetzung der Agentengruppen des jeweiligen Hauses, der Straße und aller anderen Straßen. Diese Struktur muss erst bei Änderung eines der Setup-Parameter oder nach dem Entfernen einer Verbindung neu berechnet werden.

Bei jedem Zeitschritt *t* wird zunächst die Zusammensetzung der Agentengruppen je Haus und Straße berechnet. Auf Grundlage der erstellten Listen kann die Zusammensetzung der Nachbarschaft eines Agenten berechnet werden. Es müssen nicht alle anderen Wohnungen betrachtet werden, sondern es genügt, die Zusammensetzung der Agentengruppen des Hauses, der entsprechenden Straße, sowie aller anderen Straßen mit den Gewichtungen zu multiplizieren und zu summieren. Durch diese Vereinfachung kann die Geschwindigkeit bei der Ausführung der Simulation erheblich gesteigert werden.

Bevor wir uns mit der Frage auseinandersetzen, wie sich die gebaute Struktur des Erschließungssystems auf die sozialräumliche Gliederung der Bevölkerung auswirkt, werden wir in den nächsten Abschnitten zuerst nach den Bedingungen für Phasenübergänge im System suchen, deren Robustheit testen sowie anschließend den Einfluss der Agentendichte im System betrachten (5.9.3). Diese kritischen Bereiche werden dann dafür dienen, anhand des vorliegenden Modells die Wechselwirkungen zwischen baulichen Strukturen und der sozialräumlichen Organisation der Bevölkerung eingehend zu studieren (5.10).

5.9.3 Kritische Bereiche

In diesem Abschnitt wird untersucht, unter welchen Bedingungen es zu Phasenübergängen kommt, wo also die kritischen Bereiche liegen, innerhalb derer unkontrollierte spontane Änderungen des Systems auftreten. Die Untersuchungsmethode entspricht der in Abschnitt 5.4. Wir beginnen mit einer Zufallskonfiguration (49) sehr toleranter Agenten $\Psi_{settle} = \Psi_{leave} = 0$. Der Grad der Entmischung der Bevölkerung wird anhand des IS (2.8.4) gemessen. Um die kritischen Bereiche des Systems zu finden, werden die beiden Toleranzschellenwerte schrittweise erhöht, wobei immer $\Psi_{settle} = \Psi_{leave}$ gilt. Die virtuelle Bevölkerung verringert also schrittweise ihre hohe Toleranz bis hin zur absoluten Intoleranz ($\Psi_{settle} = \Psi_{leave} = 100$). Ergänzend untersuchen wir das Verhalten des Systems, wenn bei einer anfänglichen Gleichverteilung der Agenten die Toleranzschwellenwerte sukzessive von $\Psi_{settle} = \Psi_{leave}$ verringert, die virtuellen Bewohner dadurch also in umgekehrter Richtung immer toleranter werden.

In Abbildung 61 sind die durchschnittlichen IS-Werte von zehn Simulationsdurchläufen dargestellt. Sie wurden jeweils gemessen, nachdem das System einen stabilen Zustand erreicht hat (d.h. keine Umzüge während 5 Zeitschritten). Der Graph oben links zeigt die IS-Werte bei einer kontinuierlichen Erhöhung der beiden Schwellenwerte und der Graph rechts oben stellt die IS-Werte bei schrittweiser Verringerung der Schwellenwerte dar. Erwartungsgemäß findet bei einer hohen Toleranz (niedrige Schellenwerte) keine Entmischung der Agentengruppen statt. Interessant ist allerdings, dass auch bei sehr intoleranten Agenten (hohe Schwellenwerte) keine Entmischung möglich ist, da die hohen Anforderungen (Ψ_{settle}) nirgends erfüllt werden können. Die Agenten sind zwar höchst unzufrieden mit ihrer Wohnsituation, können aber keine befriedigenden alternativen Standorte finden und ihre Situation daher auch nicht durch einen Umzug verbessern. Nur innerhalb des relativ kleinen kritischen Bereichs, der sich aus der Analyse der Toleranzschwellenwerte ergibt und in etwa zwischen 0,31 und 0,35 liegt, kommt es im Rahmen eines Phasenübergangs zu einer unvermittelten Segregation der Stadtbewohner.

Wie der kritische Bereich der Toleranzschwellenwerte von der Anzahl der Gruppen N_G im System abhängt, ist in der Analyse in Abbildung 62 deutlich zu erkennen. Je größer N_G wird, desto weiter verschiebt sich der kritische Bereich hin zu geringeren Toleranzschwellenwerten. Betrachten wir in Abbildung 62 die Ψ-Werte auf der x-Achse, bei denen sich die Graphen bei steigenden und fallenden Schwellenwerten schneiden, liegen diese Schnittpunkte ziemlich genau bei $\Psi = 1/N_G$. Das kann nun bedeuten, dass sich eine Population trotz relativ hoher Toleranz eher Segregiert, wenn sie aus mehr Gruppen zusammengesetzt ist, oder dass es zu einer verstärkten Segregation kommt, wenn die Gruppengrößen kleiner werden (vgl 5.4).

Abbildung 61: Phasenübergänge. Es wurden die Parameter $N_G = 3$, $N_s = 12$, $N_h = 12$, $N_f = 12$, $N_c = 6$, $\omega_s = 0,5$, $\omega_h = 1,0$, $\Psi_{leave} = 0,33$ und $\Psi_{settle} = 0,33$ verwendet. Die Anzahl der Agenten beträgt 95% der freien Wohnungen. Oben links: IS bei schrittweiser Erhöhung der Torleranzschwellenwerte vom 0 bis 1. Oben rechts: IS bei schrittweiser Verringerung der Toleranzschwellenwerte von 1 bis 0. Die Graphen unterhalb zeigen die Umzugsraten bei den jeweiligen Tolernazschwellenwerten (ansteigende bzw. abfallende Linie).

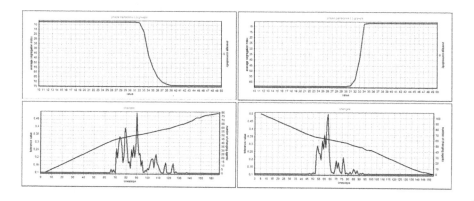

Abbildung 62:   Kritische Bereiche. Die verschieden gefärbten Graphen zeigen
die kritischen Bereiche bei unterschiedlich vielen Gruppen N_G
in einem System. Die strichpunktierten Linien stellen die IS-
Werte bei steigenden Ψ-Werten dar und die durchgezogenen
Linien die entsprechenden Graphen bei fallenden Ψ-Werten.

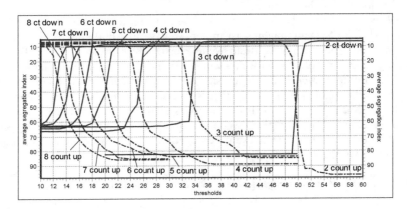

Wir betrachten abschließend die Robustheit der kritischen Bereiche in Bezug auf
erstens die Größe der Circle City, also der Anzahl Straßen N_s, Häuser N_h und
Wohnungen N_f im System, zweitens der Verknüpftheit des Wegesystems, die
sich anhand der Verbindungen pro Straße variieren lässt und drittens der
Bewohnerdichte, die mittels des Verhältnisses von besetzten zu vorhandenen
Wohnungen ausgedrückt wird. Das Verfahren für die Messungen, deren Ergebnisse in den Graphen in Abbildung 63 dargestellt sind, ist das gleiche, wie es
oben für Abbildung 61 bereits beschrieben wurde. Der Vergleich verschieden
großer Siedlungen in Abbildung 63 links zeigt, dass der kritische Bereich im
Wesentlichen unverändert bleibt. Lediglich bei sehr kleinen Siedlungsstrukturen
($N_s = 6$) findet kein klarer Phasenübergang statt. Je mehr Straßen sich im System
befinden, desto deutlicher wird der Phasenübergang. Das Diagramm auf der
rechten Seite in Abbildung 63 zeigt den Einfluss, den die Anzahl Verbindungen
pro Straße auf die Segregation hat. Auch hier beeinflusst dieser Kennwert den
kritischen Bereich des Phasenübergangs nur, wenn wir von einer Siedlung ohne
Kreuzungen ausgehen (roter Graph mit 2 Verbindungen pro Straße). Bei den
anderen Fällen ist der Verlauf der Phasenübergänge sehr ähnlich.

Für die Untersuchung der Bewohnerdichte wird die Anzahl Agenten N_A in
100er Schritten von 48% bis 99% der möglichen Dichte erhöht. Die Simulation
wurde in der gleichen Art und Weise wie bereits bei den vorangegangenen Untersuchungen 10-mal je Einstellung für N_A ausgeführt (Gesamtzahl der Simulati-

onsdurchläufe $n = 190$) und der Mittelwert der Segregations-Indizes (IS) der einzelnen Gruppen in dem Diagramm in Abbildung 64 links angetragen. Die durchgehende grüne Linie verbindet wiederum die Mittelwerte der 10 Messungen pro N_A.

Abbildung 63:   Robustheit der Phasenübergänge. Oben: Erhöht wird jeweils die Anzahl an Straßen $N_s = 6$, $N_s = 12$ und $N_s = 24$, wobei die Gesamtzahl der Häuser und Wohnungen indirekt steigt, da diese pro Straße bzw. pro Haus definiert werden ($N_h = 12$, $N_f = 12$). Unten: Erhöht wird jeweils die Anzahl Verbindungen pro Straße (Rot = 2, grün = 6, blau = 12). Bei beiden Graphen sind die Toleranzschwellenwerte Ψ an der x-Achse und die IS-Werte an der y-Achse angetragen.

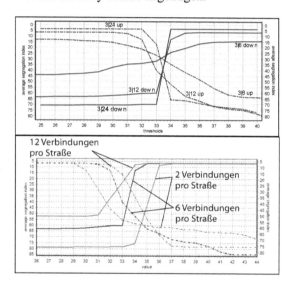

Bis zu einer Dichte von ca. 90% Agenten entmischen sich die Gruppen in etwa gleich stark. Ab einer Dichte von ca. 90% fällt der IS jedoch kontinuierlich ab bis bei 99% nur noch eine deutlich geringere Entmischung stattfindet. Diese Eigenschaft des Systems erklärt sich daraus, dass ab einer bestimmten Dichte die Agenten keine geeigneten bzw. freien Standorte finden können, der die Bedingung Ψ_{settle} erfüllt, obwohl die meisten Agenten mit ihrem derzeitigen Standort nicht zufrieden sind. Bei einer hohen Dichte blockieren sich die Agenten wesentlich öfter gegenseitig als dies bei niedrigen Dichten vorkommt.

Abbildung 64 rechts zeigt die gleiche Untersuchung bei verschieden großen Siedlungen. Auch hier beginnt bei den meisten Systemgrößen bei ca. 90% die gegenseitige Blockierung der Agenten. Die definierte Voreinstellung von 95% Agenten im System, mit der wir bei den folgenden Untersuchungen arbeiten werden, erscheint auf der einen Seite realistisch für einen durchschnittlichen Wohnungsmarkt und ermöglicht auf der anderen Seite einen ausreichend großen Spielraum für die Umzugsdynamik der Agenten.

Abbildung 64:   Wirkung der Agentendichte auf die Segregation. Links: Verlauf des Segregations-Index IS bei schrittweiser Erhöhung von N_A ($n = 190$). Rechts: Bei schrittweiser Erhöhung von N_A und verschiedenen Siedlungsgrößen. In der Legende sind N_s, N_h und N_f angegeben. Die verschieden farbigen Linien stellen die Durchschnittswerte von 10 Berechnungen dar.

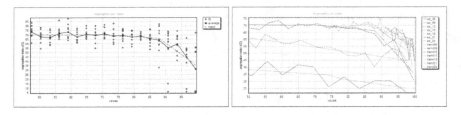

5.10 Effekte verschiedener baulicher Strukturen

Auf der Grundlage des Modells Circle City befassen wir uns nun im letzten Teil dieses Kapitels mit möglichen Auswirkungen der baulichen Struktur einer Siedlung auf die sozialräumliche Organisation der Bevölkerung. Für die folgenden Untersuchungen werden wir uns insbesondere auf die Schwellenwerte im kritischen Bereich konzentrieren, da sich relativ schwache Effekte vermutlich nur dort aufzeigen lassen. Wie oben beschrieben werden als Grundeinstellungen die Parameter $N_G = 3$ bei 95% Agentendichte gewählt. Variiert werden die Werte für N_h, N_f und N_c, welche die Größe einer Siedlung beschreiben und für ω_s, ω_h, welche die Art der baulichen Struktur ausdrücken. Dargestellt werden die Unterschiede in der Segregation der Bevölkerung, die sich in Abhängigkeit von verschiedenen Toleranzschwellenwerten ergeben. Zur Vereinfachung werden die beiden Schwellenwerte Ψ_{leave} und Ψ_{settle} zusammenfassend mit Ψ angegeben, wenn gilt $\Psi_{leave} = \Psi_{settle}$.

5.10.1 Anzahl der Straßen N_s

Die Analyse der Auswirkung der Anzahl Straßen N_s in einem System ist ein wichtiger Anhaltspunkt für Aussagen über den Einfluss der Siedlungsgröße auf die Bevölkerungsstruktur. In Abbildung 65 ist der Verlauf des IS bei $N_G = 3$ Gruppen dargestellt. Auf der linken Seite lässt sich keine Auswirkung der Zunahme der Straßen von 5 bis 25 auf den IS erkennen (Ψ außerhalb des kritischen Bereichs), wohingegen auf der rechten Seite bei nur geringfügig höheren Ψ-Werten ein deutlicher Anstieg des IS zu verzeichnen ist (Ψ innerhalb des kritischen Bereichs). Für jede Straßenkonstellation wurden 10 Berechnungen durchgeführt (rote Datenpunkte, insgesamt $n = 210$) und deren Mittelwerte miteinander verbunden (grüne Linie).

Abbildung 65: Variation der Anzahl Straßen. Verlauf des IS (Ordinate) bei Zunahme der N_s (Abszisse), $n = 210$. Links: $\Psi = 0,30$ ($r = -0,11$; $r^2 = 0,01$; $s_{\text{-fehler}} = 3,55$). Rechts: $\Psi = 0,34$ ($r = 0,53$; $r^2 = 0,28$; $s_{\text{-fehler}} = 16,70$). Die Histogramme rechts neben den Diagrammen zeigen die Verteilung der Datenpunkte in 10er-Bereichen.

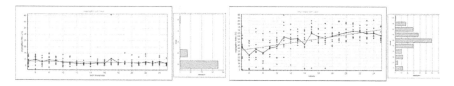

Um die Abhängigkeit des Einflusses von N_s auf den IS besser darstellen zu können, werden die einzelnen Steigungen (ΔIS) der orangen Regressionsgeraden aus Abbildung 65 für alle Durchläufe je Schwellenwert berechnet und in Abbildung 66 angetragen (rote durchgehende Linie). Es wurden beide Schwellenwerte von $\Psi = 0,25$ bis $\Psi = 0,41$ mit 0,01 inkrementiert. Dabei wurden für jedes Schwellenwertpaar die Anzahl der Straßen N_s von 5 auf 25 mit Inkrement 1 erhöht (21 Schritte) und je 10-mal berechnet. Für alle anderen Parameter gelten die Grundeinstellungen des Systems. Die Simulation wurde demnach für jeden roten Datenpunkt ΔIS in Abbildung 66 210-mal durchlaufen ($n = 210$). Wir können auf den ersten Blick erkennen, dass die Anzahl der Straßen nur bei Schwellenwerten im kritischen Bereich zwischen 0,30 und 0,36 einen Einfluss auf den IS hat. Bei den übrigen Ψ Werten scheint N_s und damit im übertragenen Sinn die Größe einer Siedlung nicht von Bedeutung für die Entmischung der Bevölkerung zu sein. Für eine genauere Untersuchung werden im Folgenden deskriptive statistische Kennwerte verwendet, die in Abschnitt 2.9 eingeführt wurden.

Abbildung 66:   Variation der Anzahl Straßen. Verlauf verschiedener Kennwerte bei Erhöhung der Anzahl Straßen N_s und verschiedenen
Schwellenwerten Ψ (Abszisse, Werte wurden mit 100 multipliziert), $N_G = 3$. Oben: Steigungswerte der Regressionsgeraden
ΔIS (durchgezogene Linie, linke Ordinate), Standardabweichung s_y (gestrichelte Linie, rechte Ordinate), das Bestimmtheitsmaß r^2 (gepunktete Linie, linke Ordinate) und der
Standardschätzfehler s_{fehler} (strichpunktierte Linie, rechte Ordinate) Unten: Der Wert b_{yx} gibt den Schnittpunkt der Regressionsgeraden mit der linken Ordinate an (durchgezogene Linie,
linke Ordinate). Die beiden anderen Graphen zeigen den Verlauf des Korrelationsmaßes r (gestrichelte Linie, rechte Ordinate) und der IS-Mittelwerte (gepunktete Linie, linke Ordinate).

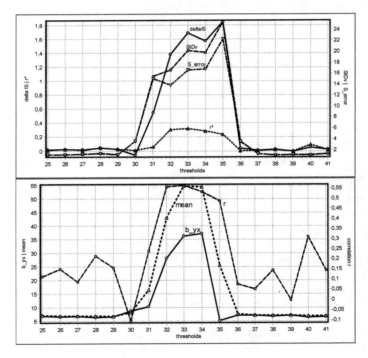

Zuerst betrachten wir den Bereich $0{,}30 \geq \Psi \geq 0{,}36$ (Abbildung 66 links). Die Steigung der Regressionsgeraden ist hier ungefähr 0. Sie verläuft demnach horizontal und entspricht dem Verlauf der Mittelwerte der zugrundeliegenden Datenpunkte. Die Standardabweichung s ist verhältnismäßig klein und liegt ca. zwischen 1,0 und 1,3, was bedeutet, dass die Streuung der Datenpunkte sehr gering ist. Wie hoch der Mittelwert für IS ist, lässt sich aus dem Diagramm in Abbildung 66 rechts ablesen. In erster Linie interessiert uns die Veränderung, welche durch die Variation der Toleranzschwellenwerte im Verhältnis zur Anzahl der Straßen hervorgerufen wird. Der Korrelationskoeffizient r ist in diesem Bereich sehr klein bzw. 0. Da die Regressionsgerade hier keine nennenswerte Steigung aufweist, gibt es folgerichtig auch keinen linearen Zusammenhang zwischen x- und y-Werten. Der Standardschätzfehler s_{fehler} ist annähernd gleich s_y.

Als nächstes betrachten wir den Bereich $0{,}30 < \Psi < 0{,}36$ der beiden Schwellenwerte. Hier ist ein starker Anstieg der Steigung der Regressionsgeraden (rote durchgehende Linie) bis $\Delta IS = 1{,}85$ und $s_y = 25{,}42$ bei $\Psi = 0{,}35$ zu verzeichnen. Die Werte des Korrelationskoeffizienten steigen bis auf $r = 0{,}56$. Der Standardschätzfehler s_{fehler} liegt in diesem Bereich zwischen 14,89 (97%) bei $\Psi = 0{,}31$ und 22,21 (87%) bei $\Psi = 0{,}35$. Die Kurve der Schnittpunkte der Regressionsgeraden mit der x-Achse, b_{xy}, verläuft ähnlich wie die Mittelwert-Kurve. Diese Schnittpunkte geben die absolute Entmischung der Bevölkerung bei $x = 0$ an und ermöglichen mittels der Steigung der Regressionsgeraden die Berechnung der absolute Entmischung der Bevölkerung bei allen anderen x-Werten.

Für die Darstellung der Verteilung der Messpunkte auf der y-Achse in Abbildung 65 wurden die entsprechenden Histogramme rechts neben den Diagrammen eingefügt. An den beiden Beispielen kann abgelesen werden, wie häufig sich die gemessenen Werte des IS innerhalb eines bestimmten Bereichs befinden.

Die bisher beschriebene Analyse lässt sich dahingehend auswerten, dass bei Schwellenwerten im Bereich $0{,}30 \geq \Psi \geq 0{,}36$ der Anstieg der Straßenanzahl keine Auswirkung auf den Segregationsindex IS und damit die Bevölkerungsentmischung hat (vgl. Abbildung 65 links). Da der Standardfehler s_{fehler} annähernd gleich s_y ist und maximal 1,3 erreicht, können wir bei einer Skalierung des IS von 0 - 100 mit hoher Sicherheit davon ausgehen, dass die Größe der Siedlung bei den ansonsten angenommenen Parametern $(G = 3)$ keinen Einfluss auf die Segregation der Bevölkerung hat.

Dagegen können wir im Bereich $0{,}30 < \Psi < 0{,}36$ den Zusammenhang zwischen Straßenanzahl und Segregationsindex IS mit $r = 0{,}56$ als starken Effekt bewerten. Der Determinationskoeffizienten r^2 gibt an, dass ein Anteil von ca.

32% des Varianzanteils bei ΔIS durch die Anzahl der Straßen N_s vorhergesagt werden kann. Dies spiegelt sich auch im Standardschätzfehler s $_{fehler}$ wieder, der zwischen 87% und 97% der Merkmalstreuung beträgt.

Diese verhältnismäßig schlechte Vorhersagbarkeit kann teilweise darauf zurückgeführt werden, dass die Werte von r durch einzelne Ausreißerwerte verringert werden (vgl. Abbildung 65 rechts). Diese kommen vor allem dadurch zustande, dass es bei der anfänglichen Zufallsverteilung der Agenten manchmal zu Konstellationen kommen kann, bei denen die Agenten eine Verbesserung ihrer derzeitigen Wohnumgebung gegenseitig verhindern, da nirgends die Bedingung Ψ_{settle} erfüllt werden kann. Durch diesen Umstand kann trotz hoher Unzufriedenheit eine Entmischung der Bevölkerung ausbleiben. Eine ähnliche Situation tritt dann auf, wenn es in einer Siedlung keine freien Wohnungen gibt. Solange Agenten nur in freie Wohnungen umziehen und nicht mit anderen Agenten ihre Wohnung tauschen können, verhindert die gegenseitige Blockierung eine Entmischung. Dieser Sachverhalt wurde bereits in Abschnitt 5.9.3 bei den Untersuchungen zur Agentendichte in einem System erläutert.

Aufgrund der erforderlichen Rechenzeit kann die Anzahl der Straßen bei der vorliegenden Simulation nicht beliebig erhöht werden. Insbesondere für die Repräsentation einer ganzen Stadt wären hier wesentlich größere Systeme erforderlich. Es kann allerdings davon ausgegangen werden, dass sich dann die Häufigkeitsverteilung der IS-Werte des Histogramms in Abbildung 66 rechts einfach nach oben verschieben würde. Der Effekt, dass bei bestimmten Bereichen der Toleranzschwellenwerte Ψ die Anzahl der Straßen plötzlich eine wesentliche Auswirkung auf die Entmischung der Bevölkerung hat, bliebe erhalten.

Obwohl wir in diesem Abschnitt nur die Erhöhung der Anzahl an Straßen betrachtet haben, steigt mit N_s automatisch auch die Anzahl der Häuser und Wohnungen. Die Gesamtzahl der Häuser wird berechnet mit

$$N_{h\_ges} = N_h * N_s, \tag{76}$$

und die Gesamtzahl der Wohnungen errechnet sich aus

$$N_{f\_ges} = N_f * N_h * N_s \text{ oder } N_{f\_ges} = N_f * N_{h\_ges}. \tag{77}$$

Für die gewählten Werte bedeutet dies, dass bei einem Anstieg der Straßenanzahl von 5 auf 25 die Gesamtzahl der Häuser N_{h_ges} zwischen 60 und 300 geschwankt hat und die Gesamtzahl der Wohnungen N_{f_ges} zwischen 720 und 3600 lag. Aus diesem Grund ist es möglich, dass die beschriebenen Effekte nicht alleine auf die Anzahl der Straßen zurückzuführen sind, sondern mit der Anzahl der Häuser oder Wohnungen zusammenhängen. Deshalb werden in den nächsten Abschnitten N_h und N_f gesondert untersucht.

5.10.2 Anzahl Häuser pro Straße N_h

Wir analysieren die Auswirkungen der Anzahl Häuser pro Straße nach dem gleichen Schema wie bei der Untersuchung zur Anzahl der Straßen (5.10.1). N_h wird von 1 bis 25 mit Inkrement 1 erhöht ($n = 250$) und die jeweilige Steigung der Regressionsgeraden bei verschiedenen Toleranzschwellenwerten Ψ als Datenpunkte des roten Graphen in Abbildung 67 links eingetragen. Für alle anderen Parameter gelten die Grundeinstellungen des Systems.

Wir unterscheiden wieder zwei Bereiche auf der Abszisse bei den Diagrammen in Abbildung 67. Als erstes betrachten wir die Schwellenwerte $0,31 \geq \Psi \geq 0,35$. Hier haben die Regressionsgeraden negative Steigungen, die von beiden Seiten ausgehend zur Mitte hin stärker werden ($\Delta IS = -0,50$ bei $\Psi = 0,41$ und $\Delta IS = -1,73$ bei $\Psi = 0,35$). Die Standardabweichung s_y steigt von den beiden Seiten zur Mitte hin an ($s_y = 5,43$ bei $\Psi = 0,41$ und $s_y = 23,07$ bei $\Psi = 0,35$). Der Korrelationskoeffizient r bleibt dagegen in diesem Bereich relativ konstant und schwankt zwischen $r = -0,67$ ($r^2 = 0,45$) bei $\Psi = 0,27$ und $r = -0,76$ ($r^2 = 0,57$) bei $\Psi = 0,26$. Der Standardfehler folgt in etwa dem Verlauf der Standardabweichung mit $s_{fehler} = 3,46$ (64%) bei $\Psi = 0,41$ und $s_{fehler} = 16,47$ (71%) bei $\Psi = 0,35$.

Innerhalb des zweiten zu betrachtenden Bereichs der Schwellenwerte $0,32 < \Psi < 0,34$ dreht sich die Tendenz der Steigung der Regressionsgeraden um und erreicht $\Delta IS = 0,47$ bei $\Psi = 0,33$. Allerdings ist hier die Standardabweichung mit $s_y = 19,45$ hoch im Gegensatz zu einem schwachen $r = 0,20$ ($r^2 = 0,04$). Der Standardschätzfehler ist mit $s_{fehler} = 19,01$ (98%) fast identisch mit der Streuung s_y.

In Abbildung 68 ist die Verteilung der Datenpunkte bei $\Psi = 0,41$ und bei $\Psi = 0,33$ dargestellt. Hier sind noch einmal die absoluten Veränderungen der IS Werte bei steigender Anzahl an Häusern pro Straße abzulesen. Die beiden Histogramme in Abbildung 68 zeigen die Verteilung der IS Werte auf der y-Achse.

Innerhalb des ersten Bereichs $0,31 \geq \Psi \geq 0,35$ kann davon ausgegangen werden, dass sich die Entmischung der Bevölkerung bei einer Zunahme der Häuser verringert. Dieser negative Zusammenhang steigt bis zu $r = -0,76$ (starker Effekt). Die Varianzaufklärung erreicht hier mit 57% einen relativ hohen Wert. Der geringe Standardschätzfehler $s_{fehler} = 3,24$ (65%) weist darauf hin, dass es lediglich zu geringen Abweichungen von der Regressionsgeraden kommt. In Abbildung 68 links wird allerdings auch ersichtlich, dass das Verfahren der linearen Regressionsanalyse hier nicht ideal ist, da wir es teilweise mit eher exponentiellen Zusammenhängen zu tun haben. Dennoch können wir davon ausgehen, dass auch bei hohen Werten für N_h die IS Werte sehr gering bleiben und die

Regressionsgerade eine leicht negative Steigung beibehält, auch wenn wir die linke Hälfte des Diagramms in Abbildung 68 links wegschneiden.

Abbildung 67: Variation der Anzahl Häuser. Verlauf verschiedener Kennwerte bei der Erhöhung der Anzahl Häuser N_h und verschiedenen Schwellenwerten Ψ (Abszisse, Werte wurden mit 100 multipliziert), $N_G = 3$. Oben: Steigungswerte der Regressionsgeraden ΔIS (durchgezogene Linie, linke Ordinate), Standardabweichung s_y (gestrichelte Linie, rechte Ordinate), das Bestimmtheitsmaß r^2 (gepunktete Linie, linke Ordinate) und der Standardschätzfehler s_{fehler} (strichpunktierte Linie, rechte Ordinate) Unten: Der Wert b_{yx} gibt den Schnittpunkt der Regressionsgeraden mit der linken Ordinate an (durchgezogene Linie, linke Ordinate). Die beiden anderen Graphen zeigen den Verlauf des Korrelationsmaßes r (gestrichelte Linie, rechte Ordinate) und der IS-Mittelwerte (gepunktete Linie, linke Ordinate).

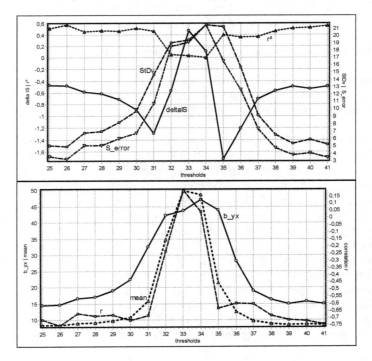

Bei dem zweiten Bereich $0{,}32 < \Psi < 0{,}34$ kann lediglich ein schwacher Zusammenhang mit $r = 0{,}18$ gezeigt werden, der mit 3% Varianzaufklärung und einem Standardschätzfehler $s_{fehler} = 19{,}10$ (98%) nahezu keine Vorhersage zulässt. Dennoch lässt sich an der Verteilung der IS Werte im Histogramm in Abbildung 68 rechts ablesen, dass die Entmischung der Bevölkerung in diesem Parameterbereich an sich höher ausfällt. Bemerkenswert ist, dass sich in diesem kleinen Wertebereich der Zusammenhang der Bevölkerungsentmischung, der innerhalb des ersten Bereichs beschrieben wurde, umkehrt (von negativ zu positiv). In den Diagrammen in Abbildung 67 rechts (b_{yx} und IS-Mittelwerte) und Abbildung 68 kann man zudem gut erkennen, dass das absolute Ausmaß der Entmischung innerhalb der beiden Bereiche sehr verschieden ist.

Abbildung 68: Variation der Anzahl Häuser. Verlauf des IS (Ordinate) bei Zunahme von N_h (Abszisse), $N_G = 3$, $n = 210$. Links: $\Psi = 0{,}41$ ($r = -0{,}75$; $r^2 = 0{,}56$; $s_{fehler} = 3{,}46$). Rechts: $\Psi = 0{,}33$ ($r = 0{,}18$; $r^2 = 0{,}03$; $s_{fehler} = 19{,}10$). Bei beiden Diagrammen ist $n = 250$. Die Histogramme rechts neben den Diagrammen zeigen die Verteilung der Datenpunkte in 10er-Bereichen.

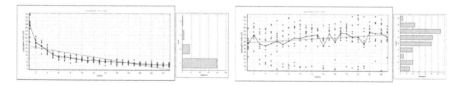

Es wurde bereits erwähnt, dass die lineare Regressionsanalyse aufgrund von teilweise exponentiellen Zusammenhängen nur bedingt tauglich zur Analyse unserer Ergebnisse ist. Um aber den statistischen Teil nicht zu umfangreich zu gestalten, nehmen wir diese Ungenauigkeit in Kauf, da es hier mehr um das Aufzeigen bestimmter Tendenzen und die Verdeutlichung bestimmter Eigenschaften geht als um eine präzise statistische Aufarbeitung.

5.10.3 Anzahl der Wohnungen pro Haus N_f

Unter Beibehaltung des Analyseschemas wie bei der Untersuchung zur Anzahl der Straßen (5.10.1) werden nun die Auswirkungen der systematischen Erhöhung der Anzahl Wohnungen pro Haus N_f von 1 bis 25, Inkrement 1 ($n = 250$) auf die residentielle Segregation untersucht. Die durchschnittlichen Steigungen der Regressionsgeraden bei verschiedenen Toleranzschwellenwerten Ψ werden als Datenpunkte des Graphen (durchgezogene Linie) in Abbildung 69 oben eingetragen. Für alle anderen Parameter gelten die Grundeinstellungen des Systems.

Abbildung 69:   Variation der Anzahl Wohnungen. Verlauf verschiedener Kennwerte bei der Erhöhung der Anzahl Wohnungen N_f und verschiedenen Schwellenwerten Ψ (Abszisse), $N_G = 3$. Oben: Steigungswerte der Regressionsgeraden ΔIS (durchgezogene Linie, linke Ordinate), Standardabweichung s_y (gestrichelte Linie, rechte Ordinate), das Bestimmtheitsmaß r^2 (gepunktete Linie, linke Ordinate) und der Standardschätzfehler s_{fehler} (strichpunktierte Linie, rechte Ordinate). Unten: Der Wert b_{yx} gibt den Schnittpunkt der Regressionsgeraden mit der linken Ordinate an (durchgezogene Linie, linke Ordinate). Die beiden anderen Graphen zeigen den Verlauf des Korrelationsmaßes r (gestrichelte Linie, rechte Ordinate) und der IS-Mittelwerte (gepunktete Linie, linke Ordinate).

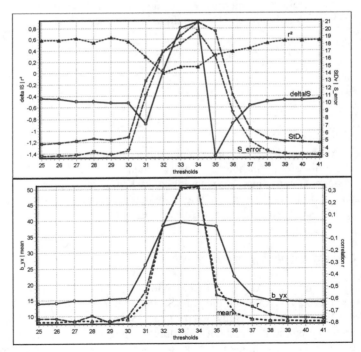

Wir unterscheiden wieder zwei Bereiche auf der Abszisse bei den Diagrammen in Abbildung 69. Als erstes betrachten wir die Schwellenwerte $0,31 \geq \Psi \geq 0,35$. Hier haben die Regressionsgeraden negative Steigungen, die von beiden Seiten ausgehend zur Mitte hin stärker werden ($\Delta IS = -0,46$ bei $\Psi = 0,41$ und $\Delta IS = -1,44$ bei $\Psi = 0,35$). Die Standardabweichung s_y steigt von den beiden Seiten zur Mitte hin an ($s_y = 4,70$ bei $\Psi = 0,41$ und $s_y = 19,80$ bei $\Psi = 0,35$). Der Korrelationskoeffizient r bleibt in diesem Bereich hoch und schwankt zwischen $r = 0,76$ ($r^2 = 0,58$) bei $\Psi = 0,25$ und $r = 0,66$ ($r^2 = 0,44$) bei $\Psi = 0,37$. Der Standardfehler folgt in etwa dem Verlauf der Standardabweichung mit $s_{fehler} = 3,04$ (65%) bei $\Psi = 0,41$ und $s_{fehler} = 16,26$ (82%) bei $\Psi = 0,35$.

Innerhalb des zweiten zu betrachtenden Bereichs der Schwellenwerte $0,32 < \Psi < 0,34$ dreht sich die Steigung der Regressionsgeraden um und erreicht $\Delta IS = 0,91$ bei $\Psi = 0,34$. Die Standardabweichung ist hier mit $s_y = 21,03$ hoch und der Korrelationskoeffizient mittel mit $r = 0,33$ ($r^2 = 0,11$). Der Standardschätzfehler ist mit $s_{fehler} = 18,01$ (94%) fast identisch mit der Streuung s_y.

In Abbildung 70 ist die Verteilung der Datenpunkte bei $\Psi = 0,30$ und bei $\Psi = 0,33$ dargestellt. Hier sind noch einmal die absoluten Veränderungen der IS-Werte bei steigender Anzahl Wohnungen pro Haus abzulesen. Die beiden Histogramme in Abbildung 70 zeigen die Verteilung der IS Werte auf der y-Achse.

Abbildung 70:   Variation der Anzahl Wohnungen. Verlauf des IS (Ordinate) bei Zunahme der N_f (Abszisse), $N_G = 3$. Links: $\Psi = 0,30$ ($r = 0,75$; $r^2 = 0,56$; $s_{fehler} = 3,63$) . Rechts: $\Psi = 0,33$ ($r = 0,33$; $r^2 = 0,11$; $s_{fehler} = 18,01$). Bei beiden Diagrammen ist $n = 250$. Die Histogramme rechts neben den Diagrammen zeigen die Verteilung der Datenpunkte in 10er-Bereichen.

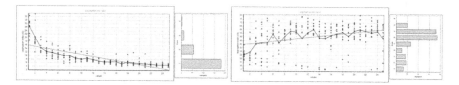

Innerhalb des ersten Bereichs $0,31 \geq \Psi \geq 0,35$ kann davon ausgegangen werden, dass sich die Entmischung der Bevölkerung bei einer Zunahme der Wohnungen verringert. Dieser Zusammenhang ist mit $r = 0,76$ an den mittleren Rändern des Bereichs am stärksten. Die Varianzaufklärung erreicht hier mit 58% einen relativ hohen Wert. Der geringe Standardschätzfehler $s_{fehler} = 3,63$ (67%) weist darauf hin, dass es lediglich zu geringen Abweichungen von der Regressionsgeraden kommt (Abbildung 70 links). Auch hier gelten die Einschränkungen, die mit der linearen Regressionsanalyse verbunden sind und im vorangegangenen Abschnitt bereits besprochen wurden.

Bei dem zweiten Bereich $0,32 < \Psi < 0,34$ zeigt sich mit $r = 0,33$ ein Zusammenhang mittlerer Stärke. Die Varianzaufklärung beträgt 11%, der Standardschätzfehler $s_{fehler} = 18,01$ (94%) (Abbildung 70 rechts). Bemerkenswert ist, dass sich in diesem kleinen Wertebereich der Zusammenhang der Bevölkerungsentmischung, der innerhalb des ersten Bereichs beschrieben wurde, umkehrt (von negativ zu positiv). Wie in den Diagrammen in Abbildung 69 rechts (b_{yx} und IS-Mittelwerte) und Abbildung 70 gut zu erkennen, ist zudem das absolute Ausmaß der Entmischung innerhalb der beiden Bereiche sehr verschieden.

Vergleichen wir die Ergebnisse aus der Untersuchung zur Erhöhung der Anzahl Häuser N_h mit den hier betrachteten Resultaten bei der Erhöhung der Anzahl Wohnungen N_f ist zu erkennen, dass sich das System bei beiden Analysen sehr ähnlich verhält. Aufgrund der Gleichung (77) können wir davon ausgehen, dass die Korrelation zwischen N_h und IS hauptsächlich darauf zurückzuführen ist, dass mit einer Erhöhung von N_h auch eine Erhöhung von N_f einhergeht.

5.10.4 Gewichtung der Straßen ω_s

In den drei vorangegangenen Abschnitten wurden hauptsächlich die Effekte der Siedlungsgröße, also von quantitativen Merkmalen des gebauten Raums, auf den Grad der Segregation der Bevölkerung untersucht. In diesem und im nächsten Abschnitt werden wir uns auf qualitative Aspekte der baulichen Struktur einer Stadt konzentrieren. Die Art und Weise, wie die Erschließung einer Wohnung, eines Gebäudes, eines Grundstücks und einer Nachbarschaft gestaltet ist, hat einen wesentlichen Einfluss darauf, wie die Stadtbewohner ihre urbane Umwelt wahrnehmen. Aus diesem Grund beeinflusst die bauliche Gestaltung auch die individuelle Wahrnehmung und Beurteilung der Nachbarschaftszusammensetzung, mit der wir uns hier befassen.

Um die verschiedenen Arten räumlicher Erschließungssysteme und deren Ausformulierung in das formale Modell der Circle City übertragen zu können, wurde die Möglichkeit eingeführt, die Raumeinheiten (Knoten) mit verschiedenen Gewichtungen zu versehen (Abbildung 58). Diese verstärken oder verringern den Einfluss der jeweiligen Nachbarn bei der Summierung der verschiedenen Bewohnergruppen. Beispielsweise haben die Bewohner einer kleinen innerstädtischen Wohnstraße ein engeres Verhältnis zueinander als die Anwohner eines Vorstadtquartiers mit großen Wohnblocks. Im Abschnitt 5.8 wurde bereits eine Möglichkeit betrachtet, wie unterschiedliche Straßentypen in ein rasterzellenbasiertes Modell integriert werden können. Dem gleichen Gedanken folgend beleuchten die Untersuchungen in diesem Abschnitt die Effekte verschiedener Gewichtungen der Straßen ω_s auf die Bevölkerungsentmischung in der Circle City.

Bei den folgenden Analysen wählen wir für beide Schwellenwerte $\Psi = 0,33$. Wie aus Abbildung 62 hervorgeht ist dies bei $N_G = 3$ der instabilste Wert. Diese Einstellungen eignen sich, um die vermutlich relativ schwachen Effekte verschiedener Gewichtungen aufzuzeigen. Bei der Auswertung konzentrieren wir uns auf die Mittelwerte des IS, die in Abbildung 71, Abbildung 73 und Abbildung 75 jeweils in den linken Diagrammen eingezeichnet sind (grün gepunkteter Graph). Die Kennzahlen fassen einzelne Regressionsanalysen zusammen, bei denen die Anzahl Straßen von 5 auf 25 (Abbildung 71), die Anzahl Häuser pro Straße von 1 auf 25 (Abbildung 73) und die Anzahl Wohnungen pro Haus von 1 auf 25 (Abbildung 75) mit Inkrement 1 erhöht wurden, wobei für jede Parameterkonstellation die Simulation 10 mal wiederholt wurde. An den Abszissen (Abbildung 71, Abbildung 73 und Abbildung 75) sind die verschiedenen Werte ω_s für die Gewichtung der Straßen angetragen. Für alle anderen Parameter gelten die Grundeinstellungen des Systems.

Wir beginnen mit der Mittelwert-Kurve in Abbildung 71 rechts, welche die Auswirkungen bei der Variation der Gewichtung der Straßen ω_s bei verschieden vielen Straßen N_s beschreibt. Der Kurvenverlauf entspricht einer rechtsschiefen Normalverteilung, deren Maximalwert für $IS_{mittel} = 64,0$ bei $\omega_s = 0,30$ liegt. Das Streudiagramm für diesen Messpunkt ist in Abbildung 72 dargestellt. Aus dem Diagramm in Abbildung 71 links lässt sich der Zusammenhang zwischen der Anzahl Straßen und der Segregation bei $\omega_s = 0,30$ ablesen ($\Delta IS = 1,15$, r = 0,58, $s_y = 13,28$). Der Standardfehler beträgt $s_{fehler} = 10,82$ (81%). Am linken und rechten Ende der Mittelwert-Kurve sinken die IS-Mittelwerte auf IS = 16,2 und IS = 7,3. Die Kurve der Schnittpunkte der Regressionsgeraden mit der x-Achse, b_{xy}, verläuft ähnlich wie die Mittelwert-Kurve.

Der Verlauf der Mittelwert-Kurven und der b_{xy}-Kurven in Abbildung 73 und Abbildung 75 ist sehr ähnlich wie bei den oben beschriebenen Kurven in Abbildung 71. Alle haben die Form einer rechtsschiefen Normalverteilung und der Maximalwert liegt jeweils bei $\omega_s = 0,30$. Bei der Variation der Anzahl Häuser pro Straße beträgt der Maximal-Mittelwert $IS_{mittel} = 61,9$ (Abbildung 73 rechts). Das Streudiagramm für diesen Messpunkt ist in Abbildung 74 dargestellt. Aus dem Diagramm in Abbildung 73 links lässt sich der Zusammenhang zwischen der Anzahl Häuser pro Straße und der Segregation bei $\omega_s = 0,30$ ablesen ($\Delta IS = 0,76$, r = 0,52, $s_y = 11,49$). Der Standardfehler beträgt $s_{fehler} = 9,84$ (86%). Am linken und rechten Ende der Mittelwert-Kurve sinken die IS-Mittelwerte auf IS = 19,9 und IS = 8,7.

Bei der Variation der Anzahl Wohnungen pro Haus beträgt der Maximal-Mittelwert IS_{mittel} = 62,6 (Abbildung 75 rechts). Das Streudiagramm für diesen Messpunkt ist in Abbildung 76 dargestellt. Aus dem Diagramm in Abbildung 75 links lässt sich der Zusammenhang zwischen der Anzahl Wohnungen pro Haus und der Segregation bei ω_s = 0,30 ablesen (ΔIS = 0,77, r² = 0,20, s_y = 13,59). Der Standardfehler beträgt s_{fehler} = 12,20 (90%). Am linken und rechten Ende der Mittelwert-Kurve sinken die IS-Mittelwerte auf IS = 17,1 und IS = 8,5.

Bei der Auswertung der Simulationsergebnisse können wir feststellen, dass der Mittelwert des IS abhängig ist von der Gewichtung der Straßen ω_s. Diese Abhängigkeit besteht unabhängig von der Anzahl der Straßen, der Anzahl Häuser pro Straße oder der Anzahl Wohnungen pro Haus. Die maximale Segregation der Bevölkerung tritt auf, wenn der Parameter für die Gewichtung der Straßen ω_s = 0,30 gewählt wird. Entsprechend der rechtsschiefen Normalverteilungskurve nimmt die Entmischung der Bevölkerung ab, wenn die Gewichtung der Straßen größer oder kleiner 0,30 ist. Bei ω_s = 0,0 und ω_s = 1,0 werden die geringsten Segregationswerte gemessen. Im Bereich höherer IS-Werte lässt sich ein starker positiver Zusammenhang zwischen der Siedlungsgröße und der Bevölkerungsentmischung feststellen, der bei den minimalen und maximalen Gewichtungen (ω_s = 0,0 und ω_s = 1,0) gegen Null geht bzw. sich teilweise ins Negative verkehrt.

Bemerkenswert ist die Tatsache, dass die Gewichtung der Straßen nicht nur bei der Variation der Anzahl Straßen, sondern auch bei gleichbleibender Anzahl Straßen und der Variation der Anzahl Häuser und Wohnungen eine sehr starke Auswirkung hat, die auch dann bestehen bleibt, wenn nur die Anzahl Wohnungen variiert wird. Dies wird besonders deutlich, wenn wir die Maximal-Mittelwerte IS_{mittel} vergleichen. Wie bereits unter Punkt 5.10.3 festgestellt, legen auch hier die Ergebnisse die Annahme nahe, dass die Anzahl der Wohnungen N_f den stärksten Effekt auf die Bevölkerungsentmischung hat.

Die durchgeführte Auswertung des Simulationsmodells könnte noch vertieft werden, indem die Interdependenzen mit den anderen Gewichtungen analysiert werden. Diese wurden bei den hier vorgenommenen Messreihen konstant bei ω_h = ω_f = 0,5 gehalten. Für den prinzipiellen Nachweis, dass die Art der Straßen einen Einfluss auf die Segregation hat, ist die durchgeführte Analyse allerdings ausreichend. Im nächsten Abschnitt werden wir uns mit der Analyse der baulichen Gestaltung der Häuser und den entsprechenden Gewichtungen befassen.

Graphen für die Variation der Anzahl Straßen bei verschiedenen Straßengewichtungen:

Abbildung 71: Variation der Anzahl Straßen. Verlauf verschiedener Kennwerte bei der Erhöhung der Anzahl Straßen N_s und verschiedenen Gewichtungen für die Straßen ω_s (Abszisse, Werte mit 100 multipliziert) , $N_G = 3$. Links: Steigungswerte der Regressionsgeraden ΔIS (durchgezogene Linie, linke Ordinate), Standardabweichung s_y (gestrichelte Linie, rechte Ordinate), das Bestimmtheitsmaß r^2 (gepunktete Linie, linke Ordinate), Standardschätzfehler s_{fehler} (strichpunktierte Linie, rechte Ordinate). Rechts: Der Wert b_{yx} gibt den Schnittpunkt der Regressionsgeraden mit der linken Ordinate an (durchgezogene Linie, linke Ordinate). Die beiden anderen Graphen zeigen den Verlauf des Korrelationsmaßes r (gestrichelte Linie, rechte Ordinate) und der IS-Mittelwerte (gepunktete Linie, linke Ordinate).

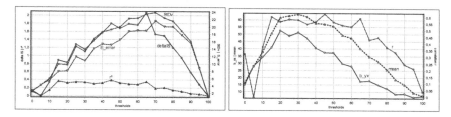

Abbildung 72: Variation der Anzahl Straßen. Verlauf des IS (Ordinate) bei Zunahme der Anzahl Straßen N_s (Abszisse), $\Psi = 0{,}33$, $N_G = 3$. Links: Gewichtung der Straßen $\omega_s = 0{,}30$ ($r = 0{,}58$; $r^2 = 0{,}34$; $s_{fehler} = 10{,}82$). Rechts: Gewichtung der Straßen $\omega_s = 1{,}00$ ($r = 0{,}04$; $r^2 = 0{,}00$; $s_{fehler} = 1{,}27$). Für beide Diagramme wurden $n = 210$ Simulationsläufe durchgeführt. Die Histogramme rechts neben den Diagrammen zeigen die Verteilung der Datenpunkte in 10er-Bereichen.

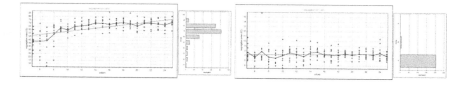

Graphen für die Variation der Anzahl Häuser bei verschiedenen Straßengewichtungen:

Abbildung 73:   Variation der Anzahl Häuser. Verlauf verschiedener Kennwerte bei der Erhöhung der Anzahl Häuser pro Straße N_h und verschiedenen Gewichtungen für die Straßen ω_s (Abszisse, Werte mit 100 multipliziert) , $N_G = 3$. Links: Steigungswerte der Regressionsgeraden ΔIS (durchgezogene Linie, linke Ordinate), Standardabweichung s_y (gestrichelte Linie, rechte Ordinate), das Bestimmtheitsmaß r^2 (gepunktete Linie, linke Ordinate), Standardschätzfehler s_{fehler} (strichpunktierte Linie, rechte Ordinate). Rechts: Der Wert b_{yx} gibt den Schnittpunkt der Regressionsgeraden mit der linken Ordinate an (durchgezogene Linie, linke Ordinate). Die beiden anderen Graphen zeigen den Verlauf des Korrelationsmaßes r (gestrichelte Linie, rechte Ordinate) und der IS-Mittelwerte (gepunktete Linie, linke Ordinate).

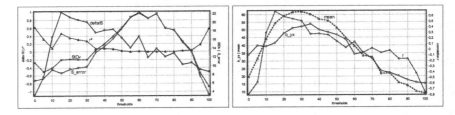

Abbildung 74:   Variation der Anzahl Häuser. Verlauf des IS (Ordinate) bei Zunahme der Anzahl Häuser pro Straße N_h (Abszisse), $\Psi = 0,33$, $N_G = 3$. Links: Gewichtung der Straßen $\omega_s = 0,30$ ($r = 0,52$; $r^2 = 0,27$; $s_{fehler} = 9,84$). Rechts: Gewichtung der Straßen $\omega_s = 1,00$ ($r = -0,76$; $r^2 = 0,58$; $s_{fehler} = 3,34$). Für beide Diagramme wurden $n = 250$ Simulationsläufe durchgeführt. Die Histogramme rechts neben den Diagrammen zeigen die Verteilung der Datenpunkte in 10er-Bereichen.

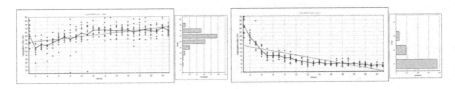

Graphen für die Variation der Anzahl Wohnungen bei verschiedenen Straßengewichtungen:

Abbildung 75:   Variation der Anzahl Wohnungen. Verlauf verschiedener
Kennwerte bei der Erhöhung der Anzahl Wohnungen pro Haus
N_f und verschiedenen Gewichtungen für die Straßen ω_s (Abszisse, Werte mit 100 multipliziert) , $N_G = 3$. Links: Steigungswerte der Regressionsgeraden ΔIS (durchgezogene Linie, linke
Ordinate), Standardabweichung s_y (gestrichelte Linie, rechte
Ordinate), das Bestimmtheitsmaß r^2 (gepunktete Linie, linke
Ordinate), Standardschätzfehler s_{fehler} (strichpunktierte Linie,
rechte Ordinate). Rechts: Der Wert b_{yx} gibt den Schnittpunkt
der Regressionsgeraden mit der linken Ordinate an (durchgezogene Linie, linke Ordinate). Die beiden anderen Graphen
zeigen den Verlauf des Korrelationsmaßes r (gestrichelte Linie,
rechte Ordinate) und der IS-Mittelwerte (gepunktete Linie, linke Ordinate).

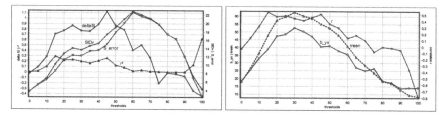

Abbildung 76:   Variation der Anzahl Wohnungen. Verlauf des IS (Ordinate)
bei Zunahme der Anzahl Wohnungen pro Haus N_f (Abszisse),
$\Psi = 0,33$, $N_G = 3$. Links: Gewichtung der Straßen $\omega_s = 0,30$
($r = 0,44$; $r^2 = 0,20$; $s_{fehler} = 12,18$). Rechts: Gewichtung der
Straßen $\omega_s = 1,00$ ($r = -0,79$; $r^2 = 0,62$; $s_{fehler} = 2,67$). Für beide
Diagramme wurden $n = 250$ Simulationsläufe durchgeführt.
Die Histogramme rechts neben den Diagrammen zeigen die
Verteilung der Datenpunkte in 10er-Bereichen.

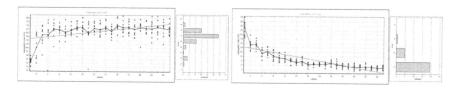

5.10.5 Gewichtung der Häuser ω_h

Im Gegensatz zum Einfluss der Straßen, die wir im letzten Abschnitt untersucht haben, widmen wir uns hier der Gewichtung der Häuser ω_h. Dieser Parameter verstärkt oder verringert den Einfluss der jeweiligen Nachbarn innerhalb eines Hauses bei der Summierung der verschiedenen Bewohnergruppen. Beispielsweise kennen sich die Bewohner eines Mietshauses mit 10 Parteien untereinander aufgrund ihrer Begegnungen im Treppenhaus oder im Hof. Dagegen herrscht in einem größeren Wohnblock mit 50 oder mehr Bewohnern eine distanziertere Atmosphäre. Derartige Unterschiede können mit dem hier untersuchten Parameter ω_h ausgedrückt werden.

Die Analysemethode ist die gleiche wie im vorangegangenen Abschnitt ($\Psi = 0{,}33$, $N_G = 3$). Bei der Auswertung konzentrieren wir uns auf die Mittelwerte des IS, die in Abbildung 77, Abbildung 79, Abbildung 81 jeweils in den linken Diagrammen eingezeichnet sind. An den Abszissen (Abbildung 77, Abbildung 79, Abbildung 81) sind die verschiedenen Werte ω_h für die Gewichtung der Häuser angetragen. Für alle anderen Parameter gelten die Grundeinstellungen des Systems.

Wir beginnen mit der Mittelwert-Kurve in Abbildung 77 rechts, welche die Auswirkungen bei der Variation der Gewichtung der Häuser ω_h bei verschieden vielen Straßen N_s beschreibt. Der Kurvenverlauf im Bereich $0 \le \omega_h \le 0{,}40$ entspricht einer Sättigungshyperbel. Im Bereich $0{,}40 < \omega_h \le 1{,}00$ ist keine Veränderung der gemessenen Mittelwerte in Abhängigkeit von ω_h zu beobachten. Die IS-Werte scheinen ca. bei $\omega_h = 0{,}40$ ($IS_{mittel} = 53{,}3$) ihren Sättigungspunkt erreicht zu haben. Die beiden Streudiagramme in Abbildung 78 zeigen je einen Messpunkt im ersten (links) und einen im zweiten Bereich (rechts). Aus dem Diagramm in Abbildung 77 links lassen sich die Kennwerte für $\omega_s = 0{,}20$ (ca. Halbsättigung) ablesen ($\Delta IS = 2{,}28$, $r = 0{,}88$, $s_y = 17{,}42$). Der Standardfehler beträgt $s_{fehler} = 8{,}41$ (48 %). Die Werte im gesättigten Bereich können z.B. bei $\omega_s = 0{,}75$ gemessen werden ($\Delta IS = 1{,}32$, $r = 0{,}50$, $s_y = 17{,}44$ und $s_{fehler} = 15{,}07$ oder 86 %).

Der Verlauf der Mittelwert-Kurven und der b_{xy}-Kurven in Abbildung 79 und Abbildung 81 ist sehr ähnlich wie bei den oben beschriebenen Kurven in Abbildung 77. Die Kurve für IS_{mittel} beschreibt in allen drei Diagrammen eine Sättigungshyperbel, die in zwei Bereich geteilt werden kann, die sich bei $\omega_h = 0{,}40$ treffen (Sättigungspunkt). Bei der Variation der Anzahl Häuser pro Straße beträgt der Mittlewert $IS_{mittel} = 52{,}7$ bei $\omega_h = 0{,}40$ (Abbildung 79 rechts). In den Streudiagrammen in Abbildung 80 ist der Zusammenhang zwischen der Anzahl Häuser pro Straße und der Segregation in je einem Bereich bei $\omega_h = 0{,}30$ ($\Delta IS = 1{,}01$, $r = 0{,}50$, $s_y = 16{,}37$ und $s_{fehler} = 14{,}22$ oder 87 %) und bei $\omega_h = 1{,}00$ ($\Delta IS = 0{,}46$, $r = 0{,}17$, $s_y = 20{,}07$ und $s_{fehler} = 19{,}57$ oder 98 %) dargestellt.

Bei der Variation der Anzahl Wohnungen pro Haus beträgt der Maximal-Mittelwert IS_{mittel} = 50,5 bei ω_h = 0,40 (Abbildung 81 rechts). In den Streudiagrammen in Abbildung 82 ist der Zusammenhang zwischen der Anzahl Wohnungen pro Haus und der Segregation jeweils bei ω_h = 0,30 (ΔIS = 1,21, r = 0,60, s_y = 15,75 und s_{fehler} = 12,60 oder 80 %) und bei ω_h = 1,00 (ΔIS = 0,75, r = 0,28, s_y = 20,62 und s_{fehler} = 19,75 oder 96 %) dargestellt.

Bei der Auswertung der Simulationsergebnisse können wir feststellen, dass der Mittelwert IS_{mittel} abhängig ist von der Gewichtung der Häuser ω_h. Die Abhängigkeit besteht unabhängig von der Anzahl der Straßen, der Anzahl Häuser pro Straße oder der Anzahl Wohnungen pro Haus. Die maximale Segregation der Bevölkerung tritt im Bereich $0,40 \leq \omega_h \leq 1,00$ auf. Die Zunahme der Entmischung der Bevölkerung mit der Erhöhung von ω_h im Bereich $0 \leq \omega_h \leq 0,40$ entspricht einer Sättigungshyperbel. Bei ω_h = 0,0 wird der geringste Segregationswert gemessen. Bei Werten $0,05 < \omega_h$ lässt sich ein positiver Zusammenhang zwischen der Siedlungsgröße und der Bevölkerungsentmischung feststellen, der bei ca. ω_h = 0,30 am stärksten ist.

Analog zur Beschreibung im vorangegangenen Abschnitt kann auch hier festgestellt werden, dass die Gewichtung der Häuser nicht nur bei der Variation der Anzahl Häuser, sondern auch bei gleichbleibender Anzahl Häuser und der Variation der Anzahl Wohnungen eine starke Auswirkung auf den IS hat. Dies wird besonders deutlich, wenn wir die Maximal-Mittelwerte IS_{mittel} vergleichen. Wie bereits unter Punkt 5.10.3 festgestellt, stützen die hier erzielten Ergebnisse die Annahme, dass die Anzahl der Wohnungen pro Haus N_f den stärksten Effekt auf die Bevölkerungsentmischung hat.

Auch an dieser Stelle könnte die durchgeführte Auswertung des Simulationsmodells noch vertieft werden, indem man die Interdependenzen mit den anderen Gewichtungen analysiert. Diese wurden bei den hier vorgenommenen Messreihen konstant bei $\omega_s = \omega_f$ = 0,5 gehalten. Für den prinzipiellen Nachweis, dass die bauliche Gestaltung der Häuser einen Einfluss auf die Segregation hat, ist die durchgeführte Analyse allerdings ausreichend.

Graphen für die Variation der Anzahl Straßen bei verschiedenen Häusergewichtungen:

Abbildung 77:   Variation der Anzahl Straßen. Verlauf verschiedener Kennwerte bei der Erhöhung der Anzahl Straßen N_s und verschiedenen Gewichtungen für die Häuser ω_h (Abszisse, Werte mit 100 multipliziert) , $N_G = 3$. Links: Steigungswerte der Regressionsgeraden ΔIS (durchgezogene Linie, linke Ordinate), Standardabweichung s_y (gestrichelte Linie, rechte Ordinate), das Bestimmtheitsmaß r^2 (Linie, linke Ordinate), Standardschätzfehler s_{fehler} (strichpunktierte Linie, rechte Ordinate). Rechts: Der Wert b_{yx} gibt den Schnittpunkt der Regressionsgeraden mit der linken Ordinate an (durchgezogene Linie, linke Ordinate). Die beiden anderen Graphen zeigen den Verlauf des Korrelationsmaßes r (gestrichelte Linie, rechte Ordinate) und der IS-Mittelwerte (gepunktete Linie, linke Ordinate).

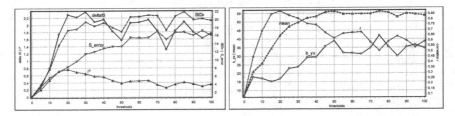

Abbildung 78:   Variation der Anzahl Straßen. Verlauf des IS (Ordinate) bei Zunahme der Anzahl Straßen N_s (Abszisse), $\Psi = 0{,}33$, $N_G = 3$. Links: Gewichtung der Häuser $\omega_h = 0{,}20$ ($r = 0{,}88$; $r^2 = 0{,}77$; $s_{fehler} = 8{,}41$). Rechts: Gewichtung der Häuser $\omega_h = 0{,}75$ ($r = 0{,}50$; $r^2 = 0{,}25$; $s_{fehler} = 15{,}01$). Für beide Diagramme wurden $n = 210$ Simulationsläufe durchgeführt. Die Histogramme rechts neben den Diagrammen zeigen die Verteilung der Datenpunkte in 10er-Bereichen.

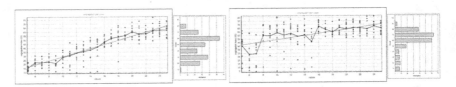

Graphen für die Variation der Anzahl Häuser bei verschiedenen Häusergewichtungen:

Abbildung 79: Variation der Anzahl Häuser. Verlauf verschiedener Kennwerte bei der Erhöhung der Anzahl Häuser pro Straße N_h und verschiedenen Gewichtungen für die Häuser ω_h (Abszisse, Werte mit 100 multipliziert), $N_G = 3$. Links: Steigungswerte der Regressionsgeraden ΔIS (rote durchgezogene Linie, linke Ordinate), Standardabweichung s_y (grüne gestrichelte Linie, rechte Ordinate), das Bestimmtheitsmaß r^2 (blaue gepunktete Linie, linke Ordinate), Standardschätzfehler s_{fehler} (hellblaue strichpunktierte Linie, rechte Ordinate). Rechts: Der Wert b_{yx} gibt den Schnittpunkt der Regressionsgeraden mit der linken Ordinate an (orange durchgezogene Linie, linke Ordinate). Die beiden anderen Graphen zeigen den Verlauf des Korrelationsmaßes r (blaue gestrichelte Linie, rechte Ordinate) und der IS-Mittelwerte (grüne gepunktete Linie, linke Ordinate).

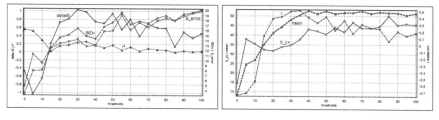

Abbildung 80: Variation der Anzahl Häuser pro Straße. Verlauf des IS (Ordinate) bei Zunahme der Anzahl Häuser pro Straße N_h (Abszisse), $\Psi = 0,33$, $N_G = 3$. Links: Gewichtung der Häuser $\omega_h = 0,30$ ($r = 0,50$; $r^2 = 0,25$; $s_{fehler} = 14,22$). Rechts: Gewichtung der Häuser $\omega_h = 1,00$ ($r = 0,18$; $r^2 = 0,03$; $s_{fehler} = 19,75$). Für beide Diagramme wurden $n = 250$ Simulationsläufe durchgeführt. Die Histogramme rechts neben den Diagrammen zeigen die Verteilung der Datenpunkte in 10er-Bereichen.

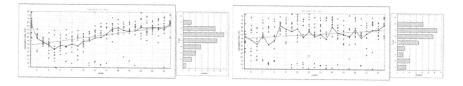

Graphen für die Variation der Anzahl Wohnungen bei verschiedenen Häusergewichtungen:

Abbildung 81:   Variation der Anzahl Wohnungen. Verlauf verschiedener
Kennwerte bei der Erhöhung der Anzahl Wohnungen pro Haus
N_f und verschiedenen Gewichtungen für die Häuser ω_h (Abszisse, Werte mit 100 multipliziert) , $N_G = 3$. Links: Steigungswerte der Regressionsgeraden ΔIS (durchgezogene Linie, linke
Ordinate), Standardabweichung s_y (gestrichelte Linie, rechte
Ordinate), das Bestimmtheitsmaß r^2 (gepunktete Linie, linke
Ordinate), Standardschätzfehler s_{fehler} (strichpunktierte Linie,
rechte Ordinate). Rechts: Der Wert b_{yx} gibt den Schnittpunkt
der Regressionsgeraden mit der linken Ordinate an (durchgezogene Linie, linke Ordinate). Die beiden anderen Graphen
zeigen den Verlauf des Korrelationsmaßes r (gestrichelte Linie,
rechte Ordinate) und der IS-Mittelwerte (gepunktete Linie, linke Ordinate).

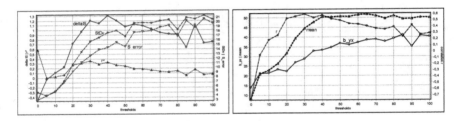

Abbildung 82:   Variation der Anzahl Wohnungen pro Haus. Verlauf des IS
(Ordinate) bei Zunahme der Anzahl Wohnungen pro Haus N_f
(Abszisse), $\Psi = 0,33$, $N_G = 3$. Links: Gewichtung der Häuser
$\omega_h = 0,30$ (r = 0,44; $r^2 = 0,20$; $s_{fehler} = 12,18$). Rechts: Gewichtung der Häuser $\omega_h = 1,00$ (r = -0,79; $r^2 = 0,62$; $s_{fehler} = 2,67$).
Für beide Diagramme wurden $n = 250$ Simulationsläufe durchgeführt. Die Histogramme rechts neben den Diagrammen zeigen die Verteilung der Datenpunkte in 10er-Bereichen.

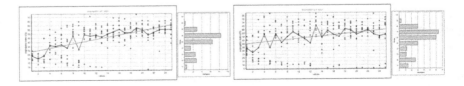

5.10.6 Analyse der Verknüpftheit des Wegenetzes

Das Modell der Circle City eröffnet schließlich noch die Möglichkeit, den Einfluss der Verknüpftheit des Wegesystems einer Stadt auf die residentielle Segregation der Bevölkerung zu untersuchen. Wir werden der Frage nachgehen, ob sich die Bewohner einer durch Straßen eng vernetzten Stadt mehr oder weniger entmischen, als jene in einer linear angeordneten Bandstadt.

Wir beginnen mit einem System, dessen Parameter-Grundeinstellungen bereits in Abschnitt 5.9.2 angegeben wurden ($N_G = 3$, $N_s = 12$, $N_h = 12$, $N_f = 12$, $N_c = 6$, $\omega_s = 0,5$, $\omega_h = 1,0$, $\Psi_{leave} = 0,33$ und $\Psi_{settle} = 0,33$). Die Anzahl der Agenten beträgt 95% der freien Wohnungen. Die Struktur des Wegenetzes entspricht einem regelmäßigen, orthogonalen Straßenraster (Abbildung 59). Die Simulation wird ausgeführt bis sich eine stabile Konfiguration eingestellt hat und kein Agent mehr seinen Standort wechselt. Dann wird der IS gemessen und eine zufällig ausgewählte Verbindung zwischen zwei Straßenabschnitten gelöscht und die Simulation erneut ausgeführt, bis sich wieder eine stabile Konfiguration der Agenten einstellt. Allerdings dürfen keine Verbindungen gelöscht werden, deren Fehlen den Straßengraphen in zwei Teilgraphen zerfallen lassen würden. Dieses Procedere wird so oft wiederholt, bis keine Verbindungen mehr gelöscht werden können und der Graph eine lineare Abfolge von Straßensegmenten repräsentiert. In Abbildung 83 sind die durchschnittlichen Ergebnisse nach 10-maliger Wiederholung dieses Versuchs dargestellt. Es zeigt sich, dass der IS bei Abnahme der Verknüpftheit (Konnektivitätsmessung, 2.8.1) des Straßengraphen zunimmt (Abbildung 83 links). Die Differenz der Bevölkerungsentmischung, die sich zwischen den beiden Extremen des orthogonalen Straßenrasters und der linearen Bandstadt ergibt, beträgt 20 Einheiten (20%) des IS, was als starker Unterschied betrachtet werden kann.

Die sozialräumliche Organisation, die hier anhand der Segregation betrachtet und gemessen wurde, hängt also nicht nur von der Bedeutung der Straßen für die Nachbarschaftsbewertung (Gewichtungen) ab, sondern auch von der Verknüpftheit des Wegenetzes. Eine besser vernetzte Stadt wirkt der Entmischung der Bevölkerung entgegen.

5.11 Diskussion

Die verschiedenen in diesem Kapitel vorgestellten Untersuchungen haben gezeigt, dass Phasenübergänge nicht nur von der Gruppengröße und den Toleranzschwellenwerten abhängen, sondern auch von der Anzahl der Gruppen in einem System.

Abbildung 83:   Segregation in Abhängigkeit von der Verknüpftheit des Wegenetzes. Oben: Die Verknüpftheit wird durch die Konnektivität
(strichpunktierte Linie, rechte Ordinate) gemessen. Der IS
(durchgezogene Linie, linke Ordinate) misst den Grad der Bevölkerungsentmischung. Die Anzahl gelöschter Verbindungen
ist an der Abszisse angetragen. Unten: Anzahl gelöschter Verbindungen (durchgezogenen Linie, linke Ordinate) und Anzahl
umziehender Agenten (gepunktete Linie, linke Ordinate) je
Zeitschritt t (Abszisse).

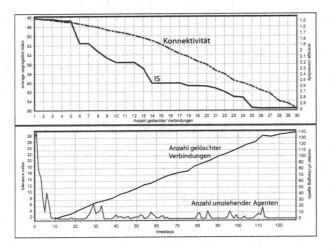

Die Abhängigkeit der Phasenübergänge von Gruppengröße und Toleranzschwellenwerten wurde bereits in Schellings Tipping-point Theorie (T. Schelling 1978)
formuliert und mittels der Simulationsmodelle von Granovetter und Soong
(1988) sowie Fossett und Waren (2005) nachgewiesen. In den Abschnitten 5.4
und 5.9.3 wurde aber darüber hinaus gezeigt, dass der kritische Bereich, in dem
ein Phasenübergang stattfindet, auch mit der Anzahl der Gruppen in einem System zusammenhängt. Natürlich spielen hierbei die Gruppengrößen nach wie vor
eine wichtige Rolle, da bei steigender Anzahl an Gruppen in einem System
gleichzeitig die Größen der einzelnen Gruppen abnehmen. Interessant wäre die
Konstruktion eines Phasendiagramms[8], welches die Übergänge in Abhängigkeit
von der Gruppengröße, Gruppenanzahl und den Toleranzschwellenwerten dar-

---

8 Eine Erläuterung zu Phasendiagrammen findet sich bei Wikipedia:
http://de.wikipedia.org/wiki/Phasendiagramm (zuletzt besucht am 15.01.2008

stellt. Granovetter und Soong (1988: 85) liefern mit Abb. 4 ein gutes Beispiel, wie ein solches Diagramm aussehen könnte.

Eine empirische Überprüfung der Tipping-point Theorie findet sich bei Kecskes und Knäble (1988). Im Gegensatz zu nordamerikanischen Studien, die sich mit der Entmischung schwarzer und weißer Bevölkerungsgruppen befassen (W. A. V. Clark 1991), betrachten Kecskes und Knäble (1988) die Segregation von Deutschen und Ausländern in Wohngebieten der Stadt Hamburg. Bezüglich der Fragestellung F2 der vorliegenden Arbeit, die nach dem Einfluss der baulichen Struktur auf die sozialräumliche Organisation fragt, liefern Lee und Wood (1991) durch den Vergleich amerikanischer Städte empirische Hinweise darauf, dass die Bevölkerungsentmischung ortsabhängig ist. Dieses Ergebnis fügt sich gut in das Bild, welches durch die Resultate des Simulationsmodells Circle City skizziert wurde, mit dessen Hilfe erstmals im Modell gezeigt wurde, welchen Einfluss die Größe einer Siedlung (5.10.1 - 5.10.3) auf den Grad der Segregation hat. Betrachtet man die Ergebnisse, welche die Analysen des Einflusses der Gewichtungen der Häusern (5.10.5) und Straßen (5.10.6) auf die Bevölkerungsentmischung hat, finden wir bei Kecskes und Knäble (1988: 306-308) einen empirischen Beleg für die Relevanz solcher Gewichtungen. Die Befragung der deutschen Bewohner eines untersuchten Wohngebiets ergab, dass die überwiegende Mehrheit unter Nachbarschaft ein sehr kleines Gebiet verstand. Während 10% der befragten deutschen Bewohner den Baublock als ihre Nachbarschaft bezeichneten, gaben 34% die Hausreihe und 42% sogar nur den Hauseingang bzw. die Etage an. Diese Wahrnehmung schein allerdings kulturabhängig zu sein, da 50% der befragten Ausländer den Baublock als ihre Nachbarschaft beurteilten und die anderen 50% die Hausreihe, den Hauseingang oder die Etage. Daten dieser Art bieten einen guten Anhaltspunkt für die Einstellung der Gewichtungsparameter für eine Validierung des in diesem Kapitel vorgestellten Modells Circle City.

Insgesamt besteht der Beitrag dieses Kapitels zum Stand der Forschung also im Nachweis der Effekte baulicher Strukturen auf die sozialräumliche Organisation der Bevölkerung. Diese Effekte zeigen sich erstens auf gesamtstädtischer Ebene bei der Variation der Siedlungsgröße, sowie zweitens auf lokaler Ebene bei der Variation der Gewichtungen der Erschließungsebenen. Die Studie von Friedrichs und Blasius (2000) weist nach, dass sich das Leben in benachteiligten Wohngebieten negativ auf die Einstellungen der Bewohner auswirkt. In unserem Kontext ist an dieser Studie interessant, wie die Wohngebiete abgegrenzt wurden, und dass vier verschiedene Gebiete der Stadt Köln (Bilderstöckchen, Kalk2, Kalk1 und Kölnberg) mit sehr verschiedenen baulichen Strukturen untersucht wurden, die außerdem in unterschiedlichem Abstand zum Stadtzentrum lagen. Es wäre aufschlussreich, die Unterschiede, welche in den vier Gebieten hinsichtlich der Sozialstruktur festgestellt wurden, in Zusammenhang zu bringen mit etwaigen Unterschieden in der Art der Gebäude, der Anbindung der Häuser an die Straßen und der Vernetzung der Straßen mit der umliegenden Stadt.

5.12 Zusammenfassung

Im ersten Teil dieses Kapitels wurde ein Modell zur Beschreibung der Bevölkerungssegregation vorgestellt und dessen Kontrollparameter eingehend analysiert. Die wichtigste Erkenntnis war dabei das Auftreten von Phasenübergängen innerhalb kritischer Bereiche des Toleranzschwellenwerts. Außerdem wurde gezeigt, wie das Segregationsmodell mit Modellen zur Mietpreisdynamik und Skalenerträgen kombiniert werden kann und wie sich für die Nachbarschaftsbewertung unterschiedlich bedeutsame Straßen auf die Segregation auswirken.

Im zweiten Teil des Kapitels wurde die Repräsentation der baulichen Struktur einer Siedlung weiter ausgearbeitet. Das Modell der residentiellen Segregation basiert nicht länger auf einem regelmäßigen Zellenraster. Die gebaute Struktur wird nun anhand eines Erschließungsgraphen abgebildet, welcher eine detaillierte Untersuchung der Gestaltung von Wohnungen, Häusern und Straßen sowie deren Verbindungen untereinander erlaubt. Unter Verwendung eines solchen Graphen können die Auswirkungen von Siedlungsgröße und -gestaltung auf die Bevölkerungsentmischung beleuchtet werden. Insgesamt zeigen die Ergebnisse der Analysen zu den Einflüssen der baulichen Struktur einer Siedlung auf die sozialräumliche Organisation der Bewohner, dass eine Veränderung der gebauten Struktur einer Stadt dann einen Phasenübergang auslösen kann, wenn die Toleranzschwellenwerte der Bevölkerung bereits im kritischen Bereich liegen.

6 Wachstumsmodell urbaner Strukturen

"Perhaps one day people will interpret the question ‚Can you explain it?' as asking ‚Can you grow it?'".

(J. M. Epstein und R. Axtell 1996: 20)

Für die Beschreibung der Entwicklung von Siedlungsflächen existieren bereits gut ausgearbeitete Modelle (vgl. 6.1). Allerdings wurde den Wechselwirkungen zwischen Siedlungsausbreitung und Erschließungssystem sowie der Integration feingliedriger innerstädtischer Strukturen bisher wenig Aufmerksamkeit gewidmet. Im Folgenden stellen wir eine Methode vor, die auf einem Dielectric Breakdown Modell in Verbindung mit einem Zellulären Automaten beruht und zur Generierung detaillierter städtischer Strukturen herangezogen werden kann. Durch die Verwendung eines Potentialfelds (2.7.1), welches die Besiedlungsdichte in der Nachbarschaft angibt, kann die Standortwahl unter Berücksichtigung individueller Zentralitätspräferenzen simuliert werden (Abbildung 84). Nach der Darstellung des Stands der Forschung (6.1) und der Stadtentwicklungstheorie (6.2) steht eine Auseinandersetzung mit der wechselseitigen Abhängigkeit vom Wegesystem und Flächenentwicklung (6.4). Die Verwendung des Modells zur Generierung eines Erschließungsgraphen (3.4.1) erlaubt die präzise Steuerung der Vernetzung des Erschließungssystems, dessen Erweiterung von der Siedlungsstruktur abhängt. Ausgehend von den generierten Siedlungsflächen wird eine weitere Differenzierung vorgenommen, welche mittels der spezifischen Regeln eines Zellulären Automaten die kleinmaßstäbliche Bebauungsstruktur definiert (6.5). Auf Grundlage der theoretischen Modelle finden sich in Abschnitt 6.6 Beispiele für generierte Strukturen, die in Abschnitt 6.7 anhand verschiedener Kennwerte analysiert und miteinander verglichen werden. Abschließend wird reflektiert, welche theoretischen Einsichten zur Dynamik von Stadtentwicklungsprozessen durch das Modell gefördert werden können (6.8).

Die meisten Modelle, welche sich mit urbanen Strukturen befassen, gehen auf Theorien der Wirtschaftsgeographie zurück (M. Fujita und J.-F. Thiesse 2002) und beruhen auf einem Maßstab, der nicht bis zum gebauten architektonischen Raum herabreicht. Die Stadtökonomie, welche die stadtgeographische Theoriebildung in weiten Teilen dominiert, betrachtet die Stadt aus wirtschaftswissenschaftlicher Perspektive. Aus wirtschaftsgeographischer Sicht wer-

den Siedlungsstrukturen auf der regionalen Ebene als Resultat komplexer Interaktionen individueller, ökonomischer und ökologischer Faktoren erklärt. Bisher
publizierte generative Modelle suchen also in erster Linie nach Erklärungen für
Prozesse auf gesamtstädtischer oder regionaler Ebene und behandeln daher Entwicklungsprozesse auf einem relativ hoch aggregierten Maßstab (M. Batty und
Y. Xie 1994; L. Benguigui 1995; F. Schweitzer und J. Steinbrink 2002; R. White
und G. Engelen 1993).

Abbildung 84:   Wirkungszusammenhänge des Wachstumsmodells.

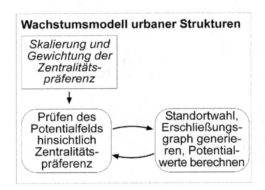

Wir richten hier den Fokus auf die Frage, wie die zugrundeliegenden Prinzipien
der Entwicklung menschlicher Agglomerationen in mathematische Modelle und
Algorithmen transferiert werden können, mit dem Ziel, die Entwicklungsprozesse besser zu verstehen. Dabei sollen nicht einzelne Zustände erklärt werden,
sondern die zeitliche Entwicklung, die Übergänge von einem Zustand zum anderen und letztlich der Einfluss politischer, sozialer ökonomischer und ökologischer Rahmenbedingungen, die sich in den Kontrollparametern widerspiegeln.
Epstein und Axtell (1996) betrachten das Generieren oder Wachsen-Lassen eines
beobachteten Phänomens in silicio als neue Methode der wissenschaftlichen
Auseinandersetzung, als generative Erklärung. Das agentenbasierte Modell von
Dean et al. (2000) zur Entwicklung der prähistorischen Anasazi Kultur in einem
begrenzten Gebiet im Nordwesten Arizonas ist ein gutes Beispiel für diese
Grundhaltung. Das Modell verknüpft ökologische, ökonomische, soziale und
religiöse Bedingungen mit den Veränderungen des entsprechenden Siedlungs-
musters. Auf den Zusammenhang der unterschiedlichen Bedingungen werden
wir am Ende des Kapitels zurückkommen.

6.1 Stand der Forschung

Die vorliegende Arbeit versteht sich als Beitrag zur Suche nach einer allgemeingültigen generativen Erklärung, wie sich bestimmte Stadtstrukturen entwickeln. Das Modell wurde im Abgleich mit bestehenden Ansätzen konzipiert und legt besonderen Augenmerk auf die Kontrollparameter, welche es erlauben die künstlichen Wachstumsprozesse zu manipulieren. Das Prinzip der Sparsamkeit verlangt, ein Modell so zu gestalten, dass die Anzahl der Kontrollparameter möglichst gering ist. Allerdings ist ein solches Vorgehen oft mit der Schwierigkeit verbunden, die Kontrollparameter eines Erklärungsmodells urbaner Entwicklung am Ende wieder mit den sozialen, ökonomischen, ökologischen und politischen Bedingungen der Wirklichkeit zu verbinden. Betrachten wir beispielsweise die Aggregationsmodelle von Benguigui (1995) oder von Andersson, Lindgren, Rasmussen und White (2002), bei welchen das Wachstum einer Stadt im wesentlichen von einem Zufallsparameter abhängt. Das Prinzip der Sparsamkeit ist hier zwar aufs Vorbildlichste erfüllt, wie dieser hoch aggregierte Parameter allerdings interpretiert werden könnte, bleibt ungewiss. Andersson, Lindgren, Rasmussen und White (2002) deuten diesen Parameter in pragmatischer aber unbefriedigender Weise als Teil eines Systems, von dem bisher noch kein Modell existiert. Batty (2005a: 157) betrachtet derartige Zufallsgrößen als Entsprechung zu plötzlich auftretenden Innovationen.

An dieser Stelle erscheint es den obigen Ausführungen entsprechend sinnvoll, sich ein Stück weit dem Prinzip der Vielfalt anzunähern, welches sich gegen ein voreiliges Vermindern der Komplexität der Dinge wendet. Dementsprechend wird bei der Ausarbeitung des folgenden Modells immer wieder die Frage nach einer sinnvollen Verbindung der Kontrollparameter mit den Bedingungen der Wirklichkeit aufgeworfen.

Als fundamentaler Beitrag zu einer generativen Theorie des architektonischen Raums kann das „alpha syntax" Modell (B. Hillier et al. 1976) betrachtet werden. Das Modell beruht auf einem sukzessiven Anlagerungsprozesses mit einfachen Regeln (syntaxes) zur Untersuchung elementarer Formengrammatiken von Gebäudeagglomerationen, sogenannten „beady rings". In einer weiteren Ausarbeitung demonstrieren Hillier and Hanson (B. Hillier und J. Hanson 1984: 52-81) anhand einer kleinen informellen Siedlung, wie anhand festgelegter Beziehungen zwischen Straßenraum und Gebäuden ein charakteristisches Siedlungsmuster generiert werden kann. Das Problem des „alpha syntax"-Modells liegt in erster Linie in den resultierenden dendritischen Strukturen, also solchen mit mangelhafter Vernetzung (B. Erickson und T. Lloyd-Jones 1997). Für die Lösung dieses Problems schlagen Erickson und Lloyd-Jones (1997) vor, die unbesetzten Zwischenräume zum Straßennetz hinzuzufügen. Dies jedoch ist eine post hoc Ergänzung und steht im Widerspruch zur ursprünglichen Modelllogik. Die Schwierigkeit des dendritischen Wachstums ohne Vernetzung ist generell eine Eigenschaft von Modellen, die auf dem Prinzip des Diffusion-Limited-Aggregation-Prozess (DLA) beruhen. Ein anderes DLA-Modell finden wir bei Batty, Xie und Sun (1999). Dieses bildet das Wachstum mehrerer Cluster ab, deren jeweilige Straßennetze sich aber weder clusterintern noch clusterübergreifend vernetzen, sondern dendritisch verästelte Strukturen bilden.

Um eine Vernetzung der Dendriten bei Anlagerungsmodellen zu erreichen, können weitere Regeln ergänzt werden. Beispielsweise findet sich bei Batty und Xie (1997) die Variante eines ZA, bei dem sich das Straßennetz bei jedem Kreuzungspunkt in je eine von vier Richtungen erweitern kann, wodurch in einem rechtwinkligen System bei gleich langen Straßensegmenten automatisch eine vernetze Struktur entsteht. Werden die Längen der Segmente variiert und die möglichen Richtungen nicht auf ein orthogonales Raster beschränkt, entstehen allerdings unverhältnismäßig viele Sackgassen und die Vernetzung des Wegesystems ergibt sich durch zufällige Überlagerungen einzelner Straßensegmente. Ein anderes Beispiel zeigen Erickson und Lloyd-Jones (1997), die bei ihrem Modell „Path Node Generator" einen Testmechanismus einführen, der bei jedem angelagerten Straßenelement prüft, ob sich andere Straßenelemente in der Nähe befinden und diese gegebenenfalls miteinander verbindet. Die Vernetzung des Wegesystems wird im Wesentlichen durch die Rate an Hauselementen gesteuert, welche entlang den Straßen platziert werden. Bei diesem Modell wird die Entwicklung der Siedlung von der sukzessiven Anlagerung der Straßenelemente bestimmt, die einer definierten Gewichtung folgend entweder vorne, links oder rechts angefügt werden. Die Größe der von einer Straße umschlossenen Fläche sowie die Dichte der Besiedlung kann hier kaum variiert werden, weshalb sich die resultierenden Siedlungsmuster stets ähneln und an die informellen Strukturen ungeplanter Siedlungen erinnern.

Die bisher angeführten Modelle beruhen alle auf einem regulären rechtwinkligen Raster, bei welchem eine Zelle verschiedene Zustände annehmen kann, die im Wesentlichen den drei Nutzungen Freifläche, Bebauung und Straße entsprechen. Sembolini (2000) stellt ein Modell mit unregelmäßigem Zellenmuster vor, bei welchem die Zellenränder und -flächen sowie die Nachbarschaftsverhältnisse mittels Delaunay-Triangulation bzw. Voronoi-Diagramm definiert werden. Die Mittelpunkte der Zellen (Knoten) bilden das Grundgerüst des Wegesystems, welches hier als eigenständige Struktur entlang der Delaunay-Triangulation generiert wird. Die Erweiterung des Wegenetzes unterliegt zwei Bedingungen. Der bestehende Weg wird erstens möglichst geradlinig fortgeführt, wenn am Ende einer Straße mindestens eine bebaute Zelle in der Nachbarschaft liegt. Zweitens werden zwei neue Straßenabschnitte möglichst in orthogonaler Ausrichtung links und rechts zum bestehenden Weg angefügt, wenn ein Knoten bereits zu einer Straße gehört und in der weiteren Umgebung die Anzahl an Straßenknoten einen bestimmten Schwellenwert unterschreitet sowie zudem diese Nachbarschaft mindestens drei Servicezellen aufweist. Diese Regeln ergeben ein Wegesystem mit ausschließlich vierarmigen Kreuzungen, dessen Geometrie durch die Anordnung der Zellen vorgegeben ist. Die Entwicklung des Wegenetzes wird hier durch die Flächennutzung bestimmt, da bei beiden Bedingungen mindestens eine bebaute Zelle in der Umgebung konstitutiv ist. Eine weitere Besonderheit dieses Modells ist die dynamische Veränderung der Zellenstruktur. Unter bestimmten Bedingungen werden weitere Zellen in das System eingefügt, wodurch sich die Geometrie der umgebenden Zellen anpasst. Dies soll in Annäherung die Teilung einer Parzelle abbilden. Dies ist allerdings nicht ganz zutreffend, da hier nicht eine ursprüngliche Zelle geteilt, sondern eine neue zwischen zwei bestehende Zellen eingefügt wird. Zwar lassen sich mittels des unregelmäßigen Voronoi-Diagramms die topologischen Nachbarschaftsverhältnisse einer Siedlung besser ausdrücken, allerdings fehlt eine sinnvolle Verknüpfung zum Straßenraum. Trotz des relativ aufwendigen Verfahrens der Delaunay-Triangulation ist die geometrische Repräsentation der Raumaufteilung bei diesem Modell ebenso unzureichend wie bei den herkömmlichen regelmäßigen Rasterstrukturen.

Ein weiterer relevanter Ansatz für eine generative Theorie basiert auf dem Prinzip „shape grammar" (G. Stiny und J. Gips 1971). Verglichen mit der additiven Logik der Anlagerungsmodelle eröffnet die „shape grammer"-Methode die Möglichkeit, einen definierten urbanen Bereich in Teilflächen zu dividieren und die entstehenden Kanten als Straßen zu deklarieren. Duarte, Rocha, & Soares (2007) haben die „shape grammar"-Technik zu einer „urban grammar" erweitert und die Generierung einer Stadtstruktur am Beispiel eines Viertels in Marrakesch demonstriert. Dem klassischen Top-Down-Verfahren, bei dem die vorgegebenen geometrischen Regeln der Flächenaufteilung den generativen Prozess einschränken, da diese Regeln nur schwer an lokale Gegebenheiten während der Entwicklung einer Siedlung anzupassen sind, wird hier ein Bottom-Up-Verfahren gegenübergestellt, welches schrittweise und additiv eine Fläche füllt. Dieses Verfahren ermöglicht es, globale Siedlungsmuster zu generieren, die auf lokalen Regeln basieren. Die sehr realistischen Ergebnisse, die in ihrer Geometrie an kein Grundraster gebunden sind, erfordern allerdings die Implementierung einer Vielzahl von Mikroregeln für alle auftretenden Kombinationsmöglichkeiten von Straßen und Grundstücken. Der Artikel von Duarte, Rocha, & Soares (2007) zählt 65 solcher Regeln, welche die Definition entsprechend vieler Kontrollparameter erfordern. Um das komplizierte Zusammenspiel der Mikroregeln handhaben zu können, schlagen Duarte und Kollegen den Einsatz eines Genetischen Algorithmus für die Suche nach optimalen nachhaltigen Strukturen hinsichtlich Energieverbrauch, Belichtung, Belüftung etc vor. Im Diskussionsteil werden wir auf die Schwierigkeiten beim Festlegen der Entwicklungsregeln zurückkommen. Eine weitere Eigenheit bei der vorgestellten „urban grammar"-Methodik ist, dass die Entwicklung einer Stadtstruktur immer in einem anfangs definierten Gebiet stattfindet, welches vor allem bei der Top-Down-Methode notwendig ist. Bei der Bottom-Up-Methode scheint diese Einschränkung an sich nicht unbedingt erforderlich, beruht bei Duarte, Rocha, & Soares (2007) aber vermutlich auf der spezifischen Aufgabenstellung. Schließlich ist hier noch festzustellen, dass bei der „urban grammar" die Entwicklung der Siedlungsstruktur durch das Wegesystem bestimmt wird.

6.2 Stadtentwicklungstheorie

An dieser Stelle sollen einige grundlegende Annahmen darüber reflektiert werden, wie die Struktur einer Stadt im Allgemeinen zustande kommt. Die Tatsache, dass sich europäische Stadtgrundrisse in ihrer heutigen Gestalt in Teilen bis auf ihre Ursprünge im Mittelalter oder der Römerzeit zurückverfolgen lassen (A. Rossi 1982), wirft zwei wichtige Fragen auf: Wie sind diese ursprünglichen Strukturen entstanden und welche Veränderungskräfte stehen hinter den Metamorphosen, welche die Städte zwar ständig erneuern und umgestalten, ihre grundlegende Struktur aber nicht unbedingt zerstören. John Holland (1996) führt aufgrund der Permanenz von Städten im Verlauf der Zeit, diese als Musterbeispiel für komplexe adaptive Systeme an. Trotz ständiger Erneuerungen und Umbauten, aufgrund der Umstellung wirtschaftlicher und politischer Systeme oder auch Kriegen, bleibt die wesentliche Struktur einer Stadt über lange Zeiträume erhalten.

Die Frage nach der ursprünglichen Entstehung von städtischen Strukturen lässt sich zum einen durch den Hinweis auf konkrete Planungen beantworten, wie sie beispielsweise bei römischen Feldlagern oder den geometrischen Konzepten mittelalterlicher Stadtgründungen (K. Humpert und M. Schenk 2001) vorlagen. Zum anderen orientieren sich die Parzellen an den präexistierenden landwirtschaftlich genutzten Feldstrukturen und deren Erschließung. Auch neuzeitliche Stadterweiterungen spiegeln meist die Struktur der Besitzverhältnisse der zugrundeliegenden Landwirtschaftsflächen wieder. Zusätzlich spielen vermutlich informelle Agglomerationsprozesse eine wichtige Rolle, wie wir sie bei ungeplanten Siedlungen finden (E. Schaur 1992). Einen übergeordneten Einfluss, der von der regionalen Ebene auf die Struktur einer Stadt wirkt, haben die ursprünglichen Bewegungsmuster, zwischen Ressourcenquellen und günstig gelegenen Siedlungsorten sowie zwischen diesen Siedlungsorten. Diese bedingen die Entwicklung der Hauptverkehrswege innerhalb und außerhalb einer Stadt sowie weitere Ansiedlungen entlang der bestehenden Verkehrswege.

Für die Beantwortung der Frage nach den hinter den Metamorphosen stehenden Veränderungskräften bietet Conzen (1960, 1981) eine gute Orientierung, indem er drei Typen von Veränderungsprozessen propagiert. Diese sind erstens die Transformation der Parzellen, welche entweder die Bebauung eines Grundstücks betrifft, die sich durch Nachverdichtung, Abriss oder Neubebauung verändern kann, oder die Veränderung der Parzellierungsstruktur durch Teilung oder Zusammenfügung einzelner Parzellen. Als zweiten Veränderungstyp nennt er die kommerzielle Sanierung, welche radikalere Veränderungen als die Transformation der Parzellen mit sich bringt, indem sich Veränderungen ohne Rücksicht auf den bestehenden Stadtplan vollziehen. Conzen (1960, 1981) identifiziert zwei Arten der kommerziellen Sanierung, die adaptive und die intensivierende. Adaptive Sanierung findet innerhalb der bestehenden Wegestruktur statt, wohingegen die intensivierende Sanierung ein neues Straßensystem erzeugt. Unter derart radikale Veränderungen fallen beispielsweise der Abriss von Slums, die Bereitstellung und Verbesserung der Transportinfrastruktur oder der Bau großmaßstäblicher Einkaufszentren. Der dritte und letzte Veränderungstypus betrifft die Entwicklung des Stadtrands, welche sich an der Peripherie des historischen Stadtzentrums abspielt und beispielsweise die gründerzeitlichen Stadterweiterungen nach dem Abriss der Stadtmauern sowie die stetig fortschreitende Ausbreitung der Stadt umfasst. Die Erweiterungspläne orientieren sich meist an dem Muster der vorausgehenden Feldstruktur, was sich in größeren Grundstücken und damit einer gröberen Körnung widerspiegelt.

Die Theorie der Feldtypen (K. Humpert 1997, 1992) fasst die wesentlichen der oben beschriebenen Prinzipien zusammen und bietet eine geeignete Systematisierung für das im Folgenden zu entwickelnde Modell. Nach dieser Theorie beschreibt der Typ des Nukleus den Beginn einer Siedlung und kann als eine Art Samen verstanden werden. Der Typ Cluster entspricht den informellen Agglomerationsprozessen ungeplanter Siedlungen, beinhaltet aber auch die Teilung einer Parzelle durch die Einlagerung weiterer Gebäude oder Nutzungen. Als Wegelagerer wird die passive Besiedlung entlang bestehender Verkehrswege bezeichnet, und der Ausleger erweitert den Wegelagerer-Typ um die aktive Erschließung des Hinterlandes durch neu angelegte Wege. Den Prozess des Übergangs vom ursprünglichen Muster der Felder und Landwirtschaftswege zur urbanen Struktur beschreibt der Vernetzer. Schließlich umfasst der Typ des Plans die bewusste Gestaltung der Umwelt durch den Menschen (Abbildung 85).

Abbildung 85:   Die Feldtypen. Von links nach rechts: Nukleus, Cluster, Wegelagerer, Ausleger, Vernetzer, Plan. Abbildung aus Humpert
(1992).

6.3 Bausteine der Simulation

Auf Basis der bisherigen Überlegungen sollen an dieser Stelle die Elemente mit
den zugehörigen Formalisierungen eingeführt werden, welche für die Modellbildung herangezogen werden. Das folgende Modell besteht aus zwei Hauptkom-
ponenten, dem Wegesystem und der Flächennutzung, die miteinander in komplexer Wechselwirkung stehen. Das räumliche Erschließungssystem kann wiederum als Straßengraph repräsentiert werden und ist somit auf zwei Elemente reduziert, die Straßensegmente und die Kreuzungen oder Gelenke, die die Segmente
verbinden (vgl. 2.6). Man bezeichnet die Straßensegmente als Kanten E und die
Kreuzungen als Knoten N. Für die Beschreibung der Flächenentwicklung wird
ein regelmäßiges Raster an Zellen H eingeführt, die mit verschiedenen Nutzungen S belegt sein können. Wie diese drei Grundelemente nun sinnvoll zusammengefügt und kombiniert werden können, beschreiben Regeln, deren formale
Darstellung in den folgenden Abschnitten erfolgt.

6.4 Flächenentwicklung

Als Grundlage für das im Folgenden vorzustellende Modell dient die Methode
zur Generieren eines Wegesystems, die bereits im Abschnitt (3.4.1) erläutert
wurde. Darauf aufbauend werden wir uns nun mit weiteren Bedingungen auseinandersetzen, die bei der Entwicklung einer Erschließungsstruktur von Bedeutung sind. Infrastruktureinrichtungen wie Straßen erfordern für ihre Anlage allein
wegen der damit verbundenen Kosten eine gewisse Notwendigkeit. Daher entsteht ein Wegesystem nur in Verbindung mit Flächennutzungen, welche miteinander in Beziehung stehen. Demzufolge werden wir den Vorgang der Flächenbesiedlung im Rahmen unseres Modells näher untersuchen. Anschließend werden die erschlossenen Flächen weiter in bebaubare und freizuhaltende Flächen
differenziert.

Die traditionelle Theorie der Stadtökonomie geht bei der Beschreibung der Flächenentwicklung von einem exogen vorgegebenen Wegesystem aus, entlang dessen sich die Siedlungsmuster entwickeln, da dadurch Fahrtkosten und Kosten zum Bereitstellen der Erschließungsinfrastruktur eingespart werden können. Diese Annahme wird von den meisten klassischen Flächennutzungsmodellen übernommen: Beispielsweise verwenden Clarke et al (1997) dieses Prinzip in ihrem ZA-Modell, indem sie die Bereiche entlang gegebener Straßen sowie solche in der Umgebung von Agglomerationen als Gravitationsbereiche für weitere Ansiedlungen definieren.

Im Abschnitt 6.2 zur Stadtentwicklungstheorie haben wir bereits dargelegt, weshalb es trotz des institutionalisierten Planungsprozesses auch heute nicht immer klar ist, was als treibende Kraft einer urbanen Entwicklung wirkt: Ein attraktiver Ort, der besiedelt werden kann, oder eine bestehende Erschließungsstruktur? Noch weniger ist geklärt, ob sich zu Beginn der Urbanisierung die Besiedlung des Raums an vorhandenen Wegestrukturen orientiert hat oder ob sich die Wege als Verbindungen zwischen besiedelten Flächen ergeben haben. Ist also eine Straße die treibende Kraft für die Besiedlung der angrenzenden Flächen oder determinieren die im Raum verteilten Siedlungen die Entstehung der Verbindungswege? Sicherlich könnten für beide Standpunkte Beispiele angeführt werden. Es liegt nahe, anzunehmen, dass beide Szenarien mit verschiedenen Gewichtungen zutreffen, die sich im Lauf der Zeit verschieben können. Diese Verschiebungen können durch technologische Entwicklungen sowie kulturelle und gesellschaftliche Veränderungen bedingt sein.

Im Folgenden wollen wir den beiden möglichen Entwicklungslogiken gerecht werden. In Anlehnung an Humpert's Feldtypen wird in den folgenden Abschnitten die erste Konfiguration, bei der die Flächenentwicklung als primäre Triebkraft betrachtet wird, als Cluster-Modell bezeichnet. Die zweite Konfiguration, bei welcher in erster Linie die Straßen die Siedlungsentwicklung dominieren, wird als Vernetzer-Modell bezeichnet. Dieses Prinzip lässt sich mit dem Konzept der anziehenden Wirkung einer Straße vergleichen (K. C. Clarke et al. 1997). Auf einem vergleichbaren Konzept beruht die Methode, bei der die Besiedlung einer Fläche davon abhängt, ob in der Umgebung eine Straße vorhanden ist (M. Batty und Y. Xie 1997).

Um eine Wechselwirkung des Wegesystems mit dem Siedlungsvorgang zu ermöglichen, führen wir ein weiteres Zellenraster mit einer höheren Auflösung ein, welches den Maßstab des Systems bestimmt. Für das vorliegende Modell werden je Zelle H 3x3 kleinere Zellen M platziert, sodass sich auf einer Zelle H neun kleinere Zellen M befinden, welche mit $V(H)$ bezeichnet werden. $H(M)$ gibt die übergeordnete Zelle an, auf welcher sich eine betrachtete Zelle M befindet. Diese Unterteilung folgt der Idee eines Multiebenengitters (C. Andersson et al.

2002; X. H. Liu und C. Andersson 2004). Auf dem gröberen Gitter findet ein Diffusionsprozess statt, welcher das im Folgenden genauer zu erläuternde Potentialfeld bestimmt. Als Grundmodell verwenden wird das von Batty auf den urbanen Kontext übertragene DLA-Modell (M. Batty 1991, 2005a: 122-131; M. Batty und P. Longley 1994), welches auch als Dielectrical Breakdown Modell (DBM) bezeichnet wird (F. Schweitzer 2003: 318-322) (vgl. 3.4.1).

Als mögliche Zustände der Zellen M definieren wir $S^M = 0$ für leere Zellen, $S^M = 1$ für Straßen, $S^M = 2$ für bebaute Zellen und $S^M = 3$ für Grünflächen. Das Diffusionsfeld definiert das Potential einer Zelle P^H, bebaut zu werden.

6.4.1 Cluster-Modell

Wir beginnen mit der Entwicklung, welche von der Flächenbesiedlung angetrieben wird. Dabei werden die Zellen in Abhängigkeit von den Werten des Potentialfeldes besiedelt und jede besiedelte Fläche wird an das bestehende Erschließungssystem angeschlossen. Die Initialisierung des Modells erfolgt mit:

$$N^{Hc}(0)=1, \quad N^{Hi}(0)=0, \quad \forall i \neq c, \quad S^H(0)=0, \quad P^H(0)=0, \quad S^M(0)=0. \qquad (78)$$

Die Wachstumsrate wird vorgegeben und entspricht der Anzahl Zellen M, die pro Zeitschritt am Ort des jeweils höchsten Potentials besiedelt werden:

$$\left. \begin{array}{l} if\ S^M(t)=0\ and\ P^M(t) + \varepsilon^M(t) = max \\ then\ S^M(t+1) = 2 \end{array} \right\}, \qquad (79)$$

wobei der Faktor ε^H für eine zufällige Auswahl bei mehreren Zellen mit gleichem Potential sorgt. Wenn die übergeordnete Zelle $H(M)$ noch nicht erschlossen ist, wird in deren Mitte ein neuer Knoten platziert:

$$if\ N^{H(M)}(t)=0,\ then\ N^{H(M)}(t) = 1. \qquad (80)$$

Der neue Knoten wird anschließend mit dem nächstliegenden bestehenden Knoten verbunden:

$$if\ d_{(Hi,\ Hj)} = min,\ then\ E_{(Ni,\ Nj)}. \qquad (81)$$

Kommen mehrere bestehende Knoten für die erste Verbindung in Frage, wird einer davon zufällig gewählt. Anschließend wird die Vernetzungsregel (28) ausgeführt.

Das Wegesystem wird einerseits als Graph repräsentiert und andererseits in das Zellenraster eingeschrieben, um ein Zusammenspiel mit der Siedlungsdynamik zu ermöglichen. Dafür werden die Vektorlinien des Graphen mittels Bresnham's Linienalgorithmus (D. Hearn und P. Baker 1996: 88-92) auf die

Zellen M übertragen und die Zellen zwischen den jeweiligen Anfangs- und Endknoten erhalten den Status einer Straße:

$$E_{(Ni,\,Nj)} \rightarrow S^M = 1. \tag{82}$$

In einem weiteren Schritt wird das Potential in Abhängigkeit von den entwickelten Zellen ermittelt:

$$\left. \begin{array}{l} if\ C^{V(H)}(t) > 0 \\[2mm] then\ P^H(t+1) = \left(C^{V(H)}(t)\big/9\right)^{1-P^H(t)} \end{array} \right\}, \tag{83}$$

wobei

$$C^{V(H)}(t) = \sum_G \left\{1 \mid G \in V(H),\ S^G = 2\right\}. \tag{84}$$

$C^{V(H)}/9$ gibt die Anzahl der besetzten Zellen M pro Zelle H an. Damit eine Zelle mit $C^{V(H)}=1$ nicht automatisch ein niedriges Potential erhält, sondern die Dichte der Nachbarzellen mitberücksichtigt werden kann (Diffusion), wird der Wert mit dem Potentialwert der Zelle H potenziert. Nun kann das Potentialfeld berechnet werden, indem die Potentialwerte der von Neuman-Nachbarschaft $U(H)$ inklusive der betrachteten Zelle gemittelt werden:

$$P^H(t+1) = \sum_{G \in U(H)} P^G(t) \bigg/ 5 \tag{85}$$

Um das Feld einem ausgeglichenen Zustand anzunähern, wird Gleichung (12) mehrmals wiederholt (bei den folgenden Beispielen fünfmal). In Abbildung 92 A ist ein beispielhaftes Potentialfeld dargestellt. Abschließend werden die Potentialwerte P^H des groben Rasters auf die untergeordneten Zellen $V(H)$ übertragen:

$$P^M(t+1) = P^{H(M)}(t+1). \tag{86}$$

Die Anweisungen (79) bis (86) stellen alle Prozeduren eines Zeitschritts t dar. Der Prozess beginnt mit dem nächsten Zeitschritt $t+1$ wieder bei (79).

6.4.2 Vernetzer-Modell

Der obige Algorithmus, welcher im Wesentlichen einem angepassten DBM entspricht, kann nun so modifiziert werden, dass Flächen nur dort besiedelt werden können, wo bereits eine Erschließung vorhanden ist. Die möglichen Erweiterungen des Erschließungssystems werden durch ein Potentialfeld definiert, welches durch die Flächenbesiedlung erzeugt wird. Zur Initialisierung des Modells werden zwei Knoten bei H_{c1} und H_{c2} erstellt und mit einer Kante verbunden:

$$N^{Hc1}(0)=1,\ N^{Hc2}(0)=1,\ N^{Hi}(0)=0,\ \forall i \neq \{c1,\ c2\},$$

$$S^H(0)=0,\ P^H(0)=0,\ S^M(0)=0. \tag{87}$$

Anschließend werden die Anweisungen (81) und (82) ausgeführt.

Die Besiedlung der leeren Zelle M erfolgt wie oben am Ort des höchsten Potentials. Es kommen allerdings nur Zellen in Frage, die entweder eine Straßen-Zelle als Nachbar haben oder eine bebaute Zelle in der Nachbarschaft aufweisen und deren Potential einen bestimmten Schwellenwert Ψ_{dev} überschritten hat. Dieses Vorgehen ermöglicht einen Ausbau in das Hinterland. Die Gleichung (79) wird daher folgendermaßen erweitert:

$$\left. \begin{array}{c} if \left(S^M(t)=0 \right)\ and\ \left(C^{U(M)} \geq 1\ or\ \left(P^M(t) > \Psi_{dev} \right) and \left(B^{U(M)} \geq 1 \right) \right) \\[2mm] and\ \left(P^M(t) + \varepsilon^M(t) = max \right) \\[2mm] then\ S^M(t+1) = 2 \end{array} \right\} , (88)$$

wobei

$$\begin{array}{l} C^{U(M)}(t) = \displaystyle\sum_G \left\{ 1 \mid G \in U(M),\ S^G = 1 \right\} \\[3mm] B^{U(M)}(t) = \displaystyle\sum_G \left\{ 1 \mid G \in U(M),\ S^G = 2 \right\}. \end{array} \tag{89}$$

Anschließend werden bei den entwickelten Zellen die Potentialwerte mittels der Anweisungen (83) und (84) aktualisiert und das Potentialfeld durch die Gleichungen (85) und (86) berechnet und übertragen.

Das Wegesystem wird erweitert, indem ein neuer Knoten auf der Zelle mit dem höchsten Potential platziert wird, allerdings nur wenn dieses den Schwellenwert Ψ_{node} überschreitet:

$$\left. \begin{array}{c} if \left(N^H(t)=0 \right)\ and\ \left(P^H(t) > \Psi_{node} \right)\ and\ \left(P^H(t) + \varepsilon^H(t) = max \right) \\[2mm] then\ N^H(t+1) = 1 \end{array} \right\} . (90)$$

Der neu eingefügte Knoten wird durch die Vernetzungsregel (28) mit den bestehenden Knoten verbunden. Hiermit wurde alle Prozeduren eines Zeitschritts t ausgeführt und der Prozess beginnt mit dem nächsten Zeitschritt $t+1$ wieder bei Anweisung (88).

6.4.3 Zufallswert ε

Die Dichte der Siedlungsflächen wird sowohl beim Cluster- als auch beim Vernetzer-Verfahren hauptsächlich durch die Größe des Zufallswertes $\varepsilon^M(t)$ bei (79) und (88) bestimmt. Je größer der Zufallsfaktor, desto geringer wird die Wahrscheinlichkeit, dass sich eine oder mehrere Agglomerationen bilden. Im Extremfall verteilen sich die Siedlungsflächen rein zufällig. Die Dichte der Besiedlung lässt sich entsprechend mit einem Skalierungsfaktor $\tau * \varepsilon^M(t)$ steuern. In Abbildung 86 sind fünf beispielhafte Strukturen des Cluster-Typs für das Spektrum von τ abgebildet. Es ist gut zu erkennen, wie bei abnehmendem Skalierungsfaktor die Agglomerationen (Cluster bestehend aus blauen Zellen) größer und ihre Grenzen deutlicher werden. Bei den Clustern ist die Dichte, d.h. besiedelte Flächen (blaue Zellen) ohne Freiräume (weiße Zellen) in den Zentren in der Regel am höchsten und nimmt erst zum Rand hin ab. Da die Anzahl der besiedelten Flächen bei allen im Folgenden verglichenen Simulationsdurchläufen gleich ist, nimmt die Anzahl der Cluster ab, wenn einzelne Cluster größer werden. Größere Cluster bedeutet, dass es zu einer verstärkten Konzentration der besiedelten Flächen kommt und dadurch die Dichte in den Agglomerationsgebieten steigt.

Abbildung 86: Cluster-Strukturen. Die Strukturen wurden mit unterschiedlicher Skalierung des Zufallsfaktors τ generiert, wobei die Felder jeweils $n_H = 50 \times 60$ Zellen und $n_M = 150 \times 180$ Zellen haben. Von links nach rechts: $\tau = 400$, $\tau = 200$, $\tau = 100$, $\tau = 50$, $\tau = 25$.

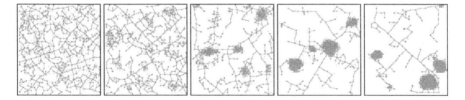

6.4.4 Zentripetale und zentrifugale Kräfte

Für eine präzisere Steuerung der Siedlungsausbreitung, als es mittels der Gewichtung eines Zufallsfaktors möglich ist, greifen wir auf ein Konzept von Paul Krugman (1996) zurück, das von zwei entgegen gesetzten Kräften ausgeht. F_{petal} hat zentripetale beziehungsweise zentrierende Wirkung und steht für das Bedürfnis der Bevölkerung, nah beieinander zu siedeln, sowie für die sich daraus ergebenden ökonomischen Vorteile (positiver Skalenerträge). F_{fugal} hat dagegen zentrifugale beziehungsweise dezentralisierende Wirkung, die den Wunsch der Menschen abbildet, so viel freien Raum wie möglich für sich zu besetzen und den Wettbewerb mit anderen zu vermeiden. Dieses Prinzip kann auf das oben dargestellte Modell übertragen werden. Betrachten wir zuerst die beiden Kräfte:

$$\left. \begin{array}{l} F_{petal}^{M}(t) = A \cdot \left(1 - \exp(\omega_p \cdot P^{M}(t))\right) + \varepsilon^{M}(t) \\ F_{fugal}^{M}(t) = B \cdot \left(1 - \exp(\omega_f \cdot P^{M}(t))\right) + \varepsilon^{M}(t) \end{array} \right\} . \tag{91}$$

Die Faktoren A und B sind Skalierungsparameter und die Faktoren ω_p und ω_f gewichten den Einfluss des Potentials einer Zelle. Die Stärke der zentripetalen bzw. der zentrifugalen Kraft ergibt sich aus den Einstellungen der Skalierungs- und Gewichtungsparameter. Die resultierende Kraft F_{res} kann als Trade-off zwischen den beiden Kräften betrachtet werden:

$$F_{res}^{M}(t) = F_{petal}^{M}(t) - F_{fugal}^{M}(t). \tag{92}$$

Die Ausgangsgleichung (79) für die Entscheidung, wo eine Ansiedlung stattfindet, lässt sich nun folgendermaßen modifizieren:

$$\left. \begin{array}{l} if\, S^{M}(t)=0 \; and\, F_{res}^{M}(t) + \varepsilon^{M}(t) = max \\ then\, S^{M}(t+1) = 2 \end{array} \right\} . \tag{93}$$

Der Skalierungsfaktor τ taucht aus Gründen der Einfachheit in dieser Gleichung nicht auf, da wir im Folgenden für $\tau=1$ wählen und den Einfluss des Zufallsfaktors $\varepsilon^{M}(t)$ mittels der Faktoren A und B kontrollieren.

Es erscheint berechtigt anzunehmen, dass Agglomerationen erst auftreten, wenn A in Relation zu B ausreichend groß ist, dass aber mehrere Subzentren nur möglich sind, wenn wiederum B in Relation zu A ausreichend groß ist. Nach Krugman (1996) liegen die interessanten Werte für die Parameter A, B und ω_p, ω_f in den Bereichen, für die folgendes Verhältnis gilt:

$$\frac{\omega_p}{\omega_f} > \frac{A}{B} > \frac{\omega_f}{\omega_p}. \tag{94}$$

Übertragen auf das vorliegende Modell bewirkt das Verhältnis der vier Parameter, dass sich umso weniger Cluster bilden, je weiter sich die Quotienten A/B und ω_f/ω_p einander annähern. Nähern sich dagegen die Quotienten ω_p/ω_f und A/B, kommt es zu immer größeren Agglomerationen und die Anzahl der Cluster nimmt ab, bis schließlich alle besiedelten Flächen einem großen Cluster angehören. Dieser Zusammenhang beruht darauf, dass die resultierende Kraft F_{res} eine

Bevorzugung bestimmter Bereiche des Potential-Gradienten bei der Flächenbesiedlung bewirkt (Abbildung 88 und Abbildung 89). Befindet sich der Hochpunkt von F_{res} im unteren Bereich der möglichen Potentialwerte, welche zwischen 0 und 1 liegen, nimmt die Dichte der entstehenden Agglomerationen ab,
wobei die Cluster trotzdem erhalten bleiben. Diese Eigenschaft ist der wesentliche Vorteil der Einführung der zentripetalen und zentrifugalen Kräfte gegenüber
der Steuerung über die Skalierung eines Zufallsfaktors.

6.5 Bebauungsstruktur

Die Modellebene der Bebauungsstruktur dient der weiteren Differenzierung der
als besiedelt deklarierten Flächen. Diese Ebene kann als eine weitere Maßstabs-
verkleinerung betrachtet werden, die für eine detaillierte Betrachtung der generierten Strukturen notwendig ist. Das Ziel dieser Detaillierung ist, auf der Grundlage der Siedlungsdichte, welche im Abschnitt zur Flächenentwicklung abgehan-
delt wurde, die Dichte der Bebauung festzulegen, welche auf den entwickelten
Flächen möglich ist. Zu diesem Zweck wird für die Zellen M erstens der Status
$S^M = 3$ für freizuhaltende Grünflächen und zweitens der Status $S^M = 4$ für bebaubare Flächen eingeführt.

Die Basis für die Generierung der Bebauungsstruktur bildet ein binärer
zweidimensionaler Zellulärer Automat (ZA). Im Gegensatz zu Clarke et al.
(1997), die ebenfalls ein Anlagerungsmodell mit einem ZA kombiniert haben,
entscheiden hier die Regeln des ZA nicht darüber, ob eine Zelle besiedelt wird
oder nicht, sondern geben an, welche der bereits als besiedelt deklarierten Flächen bebaut werden dürfen und welche frei gehalten werden müssen. Die formale Beschreibung des ZA beinhaltet die Zählregel, welche die Art der Nachbarschaft $U(M)$ angibt, deren Zustände für die Abstimmregel betrachtet werden (T.
Toffoli und N. Margolus 1987). Im Folgenden wird für die Zählregel die acht
Zellen umfassende Moore-Nachbarschaft[9] $U(M)$ verwendet (Abbildung 18).

Ein binärer Automat arbeitet mit zwei Zellenzuständen, welche üblicherweise mit 0 und 1 bezeichnet werden. In unserem Fall ist es sinnvoll, gleich mit
den Zuständen für bebaubare ($S^M = 4$) und freizuhaltende ($S^M = 3$) Zellen zu ar-

---

9 Es erscheint naheliegend, die Von-Neumann-Nachbarschaft für den ZA zu verwenden, um die
gewünschten Zustände der direkt benachbarten Zellen zu definieren. Allerdings führt die Angabe der
Regel, dass z.B. mindestens ein freier Nachbar innerhalb der Von-Neumann-Nachbarschaft vorhanden sein muss, nicht zu stabilen Konfigurationen des ZA. Dennoch sind auch bei einer Von-
Neumann-Nachbarschaft sinnvolle Einstellungen möglich, welche zu interessanten Ergebnissen
führen.

beiten. Die Abstimmregel definiert nun, wann sich der Zustand einer Zelle ändert und kann wie folgt geschrieben werden:

$$If \ S^M(t) = 3 \ then \ S^M(t+1) = \begin{cases} 4 & if \ (C^{U(M)}(t) \geq B_1 \ or \ C^{U(M)}(t) \leq B_2 \\ 3 & otherwise \end{cases}$$

$$If \ S^M(t) = 4 \ then \ S^M(t+1) = \begin{cases} 3 & if \ (C^{U(M)}(t) \geq B_3 \ and \ C^{U(M)}(t) \leq B_4 \\ 4 & otherwise \end{cases} \quad , (95)$$

wobei

$$C^{U(M)}(t) = \sum_G \left\{ 1 \mid G \in U(M), \ S^G = 4 \right\}. \quad (96)$$

Die Kontrollparameter $B_n = \{ B_1, B_2, B_3, B_4 \}$ bestimmen die Schwellenwerte einer Zelle, ab wann entweder die Umgebung als zu dicht besiedelt erachtet wird und die Zelle ihren Zustand von bebaubar nach freizuhalten ändert, oder ob es ausreichend Nachfrage und die Möglichkeit in der Nachbarschaft gibt, die bebaubaren Flächen zu erweitern, so dass sich der Status einer Zelle von freizuhalten nach bebaubar ändert. Um die Schreibweise der globalen Abstimmregel R eines ZA abzukürzen, werden die Schwellenwerte B_n zusammengefasst zu $R = B_1 B_2 B_3 B_4$ (demnach bedeutet beispielsweise die Regel R=8114, dass B_1=8, B_2=1, B_3=1, B_4=4).

Mit der beschriebenen formalen Methode ausgerüstet, lassen sich nun Automatenregeln suchen, die dafür Sorge tragen, dass bestimmte quantitative Anforderungen an eine bebaubare Fläche hinsichtlich Belichtung und Belüftung stets erfüllt sind. Im Folgenden werden sechs Regeln vorgestellt, die stabile Strukturen mit spezifischen lokalen und globalen Charakteristiken erzeugen. Für eine erste einfache Exemplifikation dieser Regeln wird ein Feld verwendet, welches nur mit Zellen M besetzt ist, die sich anfangs mit einer Wahrscheinlichkeit $\rho^M(0) = 0,5$ bzw. zu 50% im Zustand $S^M = 3$ oder $S^M = 4$ befinden:

$$S^M(0) = random\{3, 4\}. \quad (97)$$

Als erstes betrachten wir einen Automaten mit der Regel $R_1=8114$, welcher Strukturen mit einer sehr hohen Dichte ($D \approx 0,72$) produziert. Das Dichtemaß D gibt das Verhältnis von bebaubaren Zellen zu allen vorhandenen Zellen an. Die Schwierigkeit der Strukturen, welche aus Regel R_1 resultieren, ist, dass es viele bebaubare Zellen ohne eine direkt angrenzende freizuhaltende Nachbarzelle gibt (Abbildung 87, a). Es kann also nicht für alle Zellen eine Belichtung und Belüftung über eine freigehaltene Zelle in der Von-Neumann-Nachbarschaft garantiert werden. Regel R_1 eignet sich demnach für die Generierung von Strukturen mit sehr hohen Dichten, bei denen einzelne Flächen auch ohne natürliche Belichtung auskommen, wie es z.B. bei Gewerbenutzungen der Fall wäre.

Die Bedingung, dass mindestens eine der vier direkt angrenzenden Zellen freizuhalten ist, wird durch Regel $R_2 = 7013$ annähernd erfüllt. Die Dichte reduziert sich dadurch auf einen Wert von $D \approx 0{,}61$. Diese Regel scheint sinnvoll für eine adäquate Nachbildung dichter innerstädtischer Gebiete (Abbildung 87, b).

Als nächstes untersuchen wir zwei Regeln, welche die Restriktion von zwei freien, direkt angrenzenden Zellen erfüllen können. Die resultierende Struktur von $R_3 = 5012$ wird dieser Anforderung beinahe an allen Stellen gerecht und weist eine Dichte von $D \approx 0{,}46$ auf (Abbildung 87, c). Wird eine weitere Verringerung der Dichte akzeptiert oder gewünscht, ist die Regel $R_4 = 3011$ geeignet, aus welcher Strukturen mit einer Dichte von $D \approx 0.37$ resultieren und der Vorgabe ausnahmslos gerecht werden. Die beiden letztgenannten Regeln können als geeignet erachtet werden, wenn Strukturen mit geringeren Dichten, wie sie etwa in Vorstädten üblich sind, erzeugt werden sollen.

Für ländlichere Strukturen bieten sich die Regeln $R_5 = 4010$ und $R_6 = 3010$ an, mittels derer Strukturen mit Dichten zwischen $D \approx 0{,}21$ and $D \approx 0{,}10$ erreicht werden. Allerdings sollte für brauchbare Resultate die Anfangswahrscheinlichkeit auf $\rho^H(0) = 0.3$ reduziert werden.

Abbildung 87: Bebauungsstrukturen. Vier verschiedene Möglichkeiten ein Gebiet zu bebauen. Die schwarzen Zellen stehen für Gebäude ($S^M = 4$) und die weißen für freie Zellen ($S^M = 3$). Die generativen Regeln R und die Dichten D für die einzelnen Strukturen sind: a) $R_1 = 8114$, $D = 0{,}72$; b) $R_2 = 7013$, $D = 0{,}61$; c) $R_3 = 5012$, $D = 0{,}46$; d) $R_4 = 3011$, $D = 0{,}37$.

6.6 Beispiele

„A picture may be worth a thousand words, but in this case a pattern is worth a million numbers". (H. Couclelis 1997)

In diesem Kapitel werden einige ausgewählte generierte Strukturen anhand qualitativer Abbildungen vorgestellt, für die sich im nächsten Kapitel die quantitativen statistischen Auswertungen finden. Für die hier beschriebenen Beispiele wurden einige Grundeinstellungen festgelegt: Die Wachstumsrate $\lambda_{dev} = 5$, was bedeutet, dass pro Zeitschritt 5 Zellen entwickelt bzw. besiedelt werden, indem die Anweisung (79) für den Cluster-Typ und (88) für den Vernetzer-Typ fünfmal wiederholt werden; der Skalierungsfaktor für den Zufallswert $\tau = 1$ und der Mindestabstand an Knoten $K = 3$. Speziell für den Vernetzer-Typ werden noch die Parameter für den Schwellenwert bei der Entwicklung einer Zelle $\Psi_{dev} = 0,1$ und für den Schellenwert bei der Besetzung einer Zelle mit einem Knoten $\Psi_{node} = 0,1$ bestimmt. Die Parameter für die zentripetale und die zentrifugale Kraft werden bei den einzelnen Beispielen gesondert angeführt. Die Anfangskonfiguration ist bei allen Beispielen wie unter (78) angegeben, d.h. eine Simulation beginnt immer mit einem leeren Feld und mit lediglich einem Knotenpunkt und einer Straßenzelle als Nukleus in Feldmitte. Die Simulationen zum Cluster-Typ und zum Vernetzer-Typ basieren auf einer Auflösung von $n_H = 50 \times 60$ Zellen und $n_M = 150 \times 180$ Zellen und wurden bis Zeitschritt $t = 500$ ausgeführt.

6.6.1 Cluster-Typ

Beim Cluster-Typ werden die Siedlungsflächen in Abhängigkeit vom Potentialfeld generiert und die neuen Flächen anschließend an ein bestehendes Wegesystem angeschlossen. Es wurde bereits dargelegt, dass die Dichte der Agglomerationen davon abhängt, welcher Bereich des Potential-Gradienten für eine Besiedlung bevorzugt wird und dass der Hochpunkt von F_{res} durch das Verhältnis der Kontrollparameter für die zentrifugale und zentripetale Kraft bestimmt wird. In diesem Abschnitt werden aus dem Spektrum der Strukturen, welche mittels der Variation von F_{res} erzeugt werden können, einige Beispiele herausgegriffen. Diese sollen in erster Linie die Kontrolle der Anzahl sowie der Dichte der entstehenden Agglomerationscluster exemplifizieren.

Reihe A in Abbildung 88 zeigt resultierende Strukturen bei Dominanz der zentrifugalen Kraft, was durch die Graphen unterhalb der Strukturabbildungen dargestellt ist. Die Gewichtung des Potentialfeldes liegt für die zentripetale Kraft bei $\omega_p = 10,0$ und für die zentrifugale Kraft bei $\omega_f = 8,0$. Bei allen fünf Varianten liegt der Hochpunkt im Bereich $0 < F_{max} < 0{,}2$. Es bleibt trotz der Erhöhung der Stärke der zentripetalen Kraft über den Parameter A von 1,8 bis 2,2, wobei der Maximalwert von F_{res} von ca. 0,05 auf ca. 0,31 ansteigt, bei einer relativ lockeren Agglomeration, welche sich allerdings auf immer weniger Cluster beschränkt. Die Proportionen der Quotienten ω_p / ω_f zu A/B zu ω_f / ω_p sind für alle Reihen der Abbildung **88** in Tabelle 2 zusammengefasst.

In Reihe B in Abbildung **88** halten sich die beiden Kräfte ungefähr die Waage. Die Gewichtung des Potentialfeldes wurde für die zentripetale Kraft auf $\omega_p = 2{,}0$ und für die zentrifugale Kraft auf $\omega_f = 1{,}0$ reduziert. Der Hochpunkt und die Stärke von F_{res} werden hier über einen anderen Bereich $0{,}2 < F_{max} < 0{,}5$ variiert, wobei A schrittweise von 1,2 auf 1,6 erhöht und für $B = 2{,}0$ gewählt wurde. Die Abbildungen zeigen von links nach rechts betrachtet deutlich, wie die Anzahl der Cluster abnimmt und die Dichte der Agglomerationen ansteigt.

Schließlich sind in Abbildung **88**, Reihe C Strukturen abgebildet, bei welchen die zentripetale Kraft dominiert. Die Stärke der beiden Kräfte wurde mit den Parametern $A = B = 2{,}0$ gleich hoch eingestellt. Die Dominanz der zentripetalen Kraft resultiert aus der Gewichtung des Potentialfeldes, welches für die zentripetale Kraft ω_p schrittweise von 1,2 bis 1,6 erhöht und für die zentrifugale Kraft auf $\omega_f = 1{,}0$ gesetzt wurde. An den Graphen unterhalb der Strukturabbildungen ist zu erkennen, dass der Maximalwert von F_{res} von ca. 0,14 auf ca. 0,40 ansteigt, wodurch sich hauptsächlich die Anzahl der entstehenden Cluster reduziert und ihre Größe zunimmt.

Die Anzahl der resultierenden Cluster hängt bei allen Varianten primär von der Höhe des Maximalwerts, also von der Stärke der resultierenden Kraft F_{res} ab. Die Dichte der Agglomerationen hängt dagegen von der Lage des Maximalwertes von F_{res} ab, also davon, welcher Bereich des Potentialgradienten bei der Besiedlung bevorzugt wird, was wiederum durch die jeweilige Gewichtung der Kräfte bedingt ist. Mittels der vorgestellten vier Parameter A, B, ω_p und ω_f zur Kontrolle der beiden Kräfte, lassen sich demnach alle wesentlichen Struktureigenschaften bei der Generierung von Siedlungslandschaften steuern.

Tabelle 2:   Proportionen der Quotienten für Abbildung 88 und Abbildung 89

	ω_p / ω_f	A / B	ω_f / ω_p
Reihe A	1,25	0,90 - 1,10	0,80
Reihe B	2,00	0,60 - 0,80	0,50
Reihe C	1,20 - 1,60	1,00	0,83 - 0,62

Abbildung 88:   Generierte Sieldungslandschaften unter Verwendung des Cluster-Typs. Einstellungen für verschieden dichte Agglomerationen jeweils bei $t = 500$. Die Wachstumssimulation lief jeweils bis $t = 500$. Reihe A: $A = 1,8$, $1,9$ $2,0$, $2,1$, $2,2$, $B = 2,0$, $\omega_p = 10,0$, $\omega_f = 8,0$. Reihe B: $A = 1,2$, $1,3$ $1,4$, $1,5$, $1,6$, $B = 2,0$, $\omega_p = 2,0$, $\omega_f = 1,0$. Reihe C: $A = 2,0$, $B = 2,0$, $\omega_p = 1,2$, $1,3$ $1,4$, $1,5$, $1,6$, $\omega_f = 1,0$. Die Graphen unterhalb der Bilder zeigen F_{res} und damit die bevorzugten Potentialbereiche an.

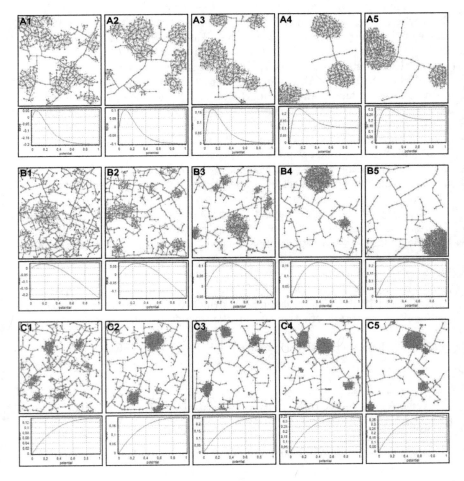

6.6.2 Vernetzer-Typ

Für die Beispielsimulationen des Vernetzer-Typs werden die gleichen Parametereinstellungen und -variationen verwendet wie für die des Cluster-Typs. Dadurch können die beiden Prinzipien gut miteinander verglichen werden. Da es sich um die gleichen Einstellungen handelt, sollen diese hier nicht wiederholt, sondern lediglich die wesentlichen Unterschiede der Ergebnisse besprochen werden.

Vor den Prozeduren des Vernetzer-Typs werden drei Wiederholungen des Cluster-Typs ausgeführt, um eine Grundstruktur an Wegen zu erhalten, welche für den Vernetzer-Typ erforderlich ist. Diese Grundstruktur bildet bei den Agglomerationen in Abbildung 89 das Gerüst, an welchem sich die Siedlungsstrukturen anlagern. Bezugnehmend auf die oben erläuterte Entwicklungssystematik urbaner Strukturen könnte ein solches Grundgerüst auch von einer vorgegebenen Feldwegestruktur stammen. Aufgrund der gleichen Parametereinstellungen wie beim Cluster-Typ haben auch die Graphen für die resultierende Kraft F_{res} des Vernetzer-Typs in Abbildung 89 den gleichen Verlauf und die Proportionen der Quotienten ω_p/ω_f zu A/B zu ω_f/ω_p entsprechen jenen in Tabelle 2.

Die offensichtlichen Unterschiede der Agglomerationen im Vergleich zu jenen in Abbildung 88 kommen dadurch zustande, dass hier Siedlungsflächen nur entlang der Straßen oder an Orten mit ausreichend hohem Potential neben bereits besiedelten Flächen entstehen können. Dennoch lässt sich auch hier erkennen, dass die Dichte der Cluster von der Lage des Maximalwertes von F_{res} abhängt und die Anzahl der Cluster durch die Stärke von F_{res} bedingt ist (Abbildung 89). Der wesentliche Unterschied zum Cluster-Typ ist, dass beim Vernetzer-Typ die Entstehung der Agglomerationen nur entlang der vorgegebenen Wegestruktur möglich ist. Aufgrund dieser Einschränkung der Besiedlungsmöglichkeiten sind die Agglomerationen mit geringer Dichte in Abbildung 89 dichter besiedelt als die Vergleichsstrukturen in Abbildung 88. Bei höheren Dichten ist dagegen keine nennenswerte Differenz zu erkennen. Diese Unterschiede werden in Abschnitt 6.7 mit Hilfe quantitativer Messungen näher analysiert.

Zusammenfassend lässt sich feststellen, dass mittels der vier Parameter A, B, ω_p und ω_f zur Kontrolle der beiden Kräfte auch beim Vernetzer-Typ alle wesentlichen Struktureigenschaften bei der Generierung von Siedlungslandschaften kontrolliert werden können.

Die bisher nicht besprochenen Feld-Typen Wegelagerer und Ausleger sind dem Vernetzer-Modell inhärent und lassen sich mittels der drei Parameter K, Ψ_{dev} und Ψ_{node} erzeugen. Durch Erhöhen von $\Psi_{node} \geq 1$ wird der Struktur keine Straße mehr hinzugefügt und das Hinterland nicht weiter erschlossen. Erhöht man zusätzlich $\Psi_{dev} \geq 1$ bedeutet dies, dass keine Zellen besiedelt werden, die nicht direkt neben einer Straße liegen, was dem Wegelagerer-Typ entspricht. Der Ausleger-Typ ergibt sich aus verhältnismäßig niedrigen Werten für Ψ_{node} und einem hohen Wert für K, wodurch keine Vernetzung der ins Hinterland führenden Straßen stattfindet.

Abbildung 89:　　Generierte Sieldungslandschaften unter Verwendung des Vernetzer-Typs. Einstellungen für verschieden dichte Agglomerationen jeweils bei $t = 500$. Reihe A: $A = 1{,}8,\ 1{,}9\ 2{,}0,\ 2{,}1,\ 2{,}2$, B $= 2{,}0$, $\omega_p = 10{,}0$, $\omega_f = 8{,}0$. Reihe B: $A = 1{,}2,\ 1{,}3\ 1{,}4,\ 1{,}5,\ 1{,}6$, $B = 2{,}0$, $\omega_p = 2{,}0$, $\omega_f = 1{,}0$. Reihe C: $A = 2{,}0$, $B = 2{,}0$, $\omega_p = 1{,}2,\ 1{,}3\ 1{,}4,\ 1{,}5,\ 1{,}6$, $\omega_f = 1{,}0$. Die Graphen unterhalb der Bilder zeigen F_{res} und damit die bevorzugten Potentialbereiche an.

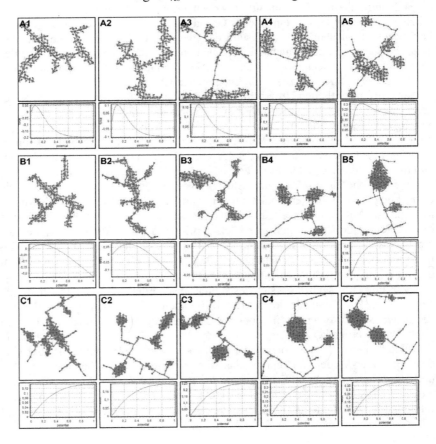

6.6.3 Bebauungsstrukturen

Für die Betrachtung der Bebauungsmuster verändern wir die Auflösung des Zellenrasters. Für die folgenden Simulationen wurde eine Auflösung von $n_H = 25 \times 30$ Zellen und $n_M = 75 \times 90$ Zellen verwendet. Die Anfangskonfiguration bleibt bei allen Beispielen wie unter (78) angegeben, d.h. eine Simulation beginnt immer mit einem Knotenpunkt und einer Straßenzelle als Nukleus in der Feldmitte in einem ansonsten leeren Zellenfeld.

Abbildung 90:   Bebauungsstruktur mit Cluster-Typ. Reihe A: $A = 2,1$, $B = 2,0$, $\omega_p = 10,0$, $\omega_f = 8,0$, bei $t = 200$. Reihe B: $A = 1,5$, $B = 2,0$, $\omega_p = 2,0$, $\omega_f = 1,0$, bei $t = 500$. Reihe C: $A = 2,0$, $B = 2,0$, $\omega_p = 1,5$, $\omega_f = 1,0$, bei $t = 500$. Die Regeln für die Bebauungsstrukturen sind in der 2. Spalte: $R_4 = 3011$, in der 3. Spalte: $R_3 = 5012$, in der 4. Spalte: $R_2 = 7013$ und in der 5. Spalte: $R_1 = 8114$.

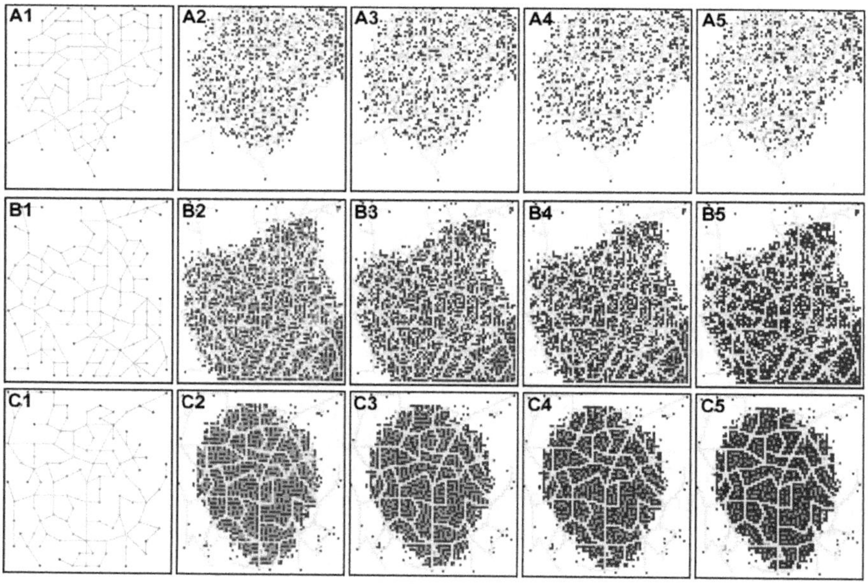

Der Zelluläre Automat wird jeweils im Anschluss an die Cluster bzw. die Vernetzer-Prozeduren ausgeführt. Für die Entscheidung, ob eine Zelle bebaut oder freigehalten wird kommen lediglich Zellen in Betracht, deren Status auf entwickelt ($S^M = 2$) gesetzt wurde. Bei der Betrachtung der Nachbarschaft einer solchen Zelle zählen als freie Zellen die leeren Zellen ($S^M = 0$), die Straßenzellen ($S^M = 1$) und die freizuhaltenden (grünen) Zellen ($S^M = 3$). Allerdings können nur letztere ihren Status verändern.

In Abbildung 90 und Abbildung 91 werden Strukturen mit verschiedenen Dichten, die mittels der resultierenden Kraft F_{res} generiert wurden mit Bebauungsregeln kombiniert, welche ebenfalls verschieden dichten Bebauungen zulassen. Die Strukturen, welche mittels der resultierenden Kraft F_{res} generiert wurden, werden von Reihe A bis Reihe B dichter, wobei die resultierende Dichte der Bebauungsregeln von Spalte 2 bis Spalte 5 zunimmt. In der ersten Spalte ist jeweils das Wegenetz dargestellt, welches bei den Strukturen in einer Reihe immer dasselbe ist. Bei der verschiedenen Strukturen in Abbildung 90 und Abbildung 91 interessieren wir uns insbesondere für die Anteile der freizuhaltenden Zellen, die auch als Differenz zwischen den Strukturen, welche mittels der resultierenden Kraft F_{res} generiert wurden, und den Anforderungen an die Bebauungsstruktur gelesen werden können (Abbildung 95).

Die Strukturen in Abbildung 90 basieren auf den Einstellungen der Cluster-Typ-Strukturen aus der 4. Spalte in Abbildung 88, Für die erste Reihe in Abbildung 90 wurden die entsprechenden Werte gewählt: $A = 2,1$, $B = 2,0$, $\omega_p = 10,0$, $\omega_f = 8,0$, für die zweite Reihe: $A = 1,5$, $B = 2,0$, $\omega_p = 2,0$, $\omega_f = 1,0$ und für die dritte Reihe: $A = 2,0$, $B = 2,0$, $\omega_p = 1,5$, $\omega_f = 1,0$. Die Bebauungsstrukturen in Abbildung 90 wurden für die 2. Spalte mit der Regel $R_4 = 3011$ (für Strukturen mit geringer Dichte), für die 3. Spalte mit der Regel $R_3 = 5012$, für die 4. Spalte mit der Regel $R_2 = 7013$ und für die 5. Spalte mit der Regel $R_1 = 8114$ (für sehr dichte Strukturen) erzeugt.

Die Strukturen in Abbildung 91 wurden mittels Vernetzer-Typen erstellt, wobei die gleichen Einstellungen verwendet wurden, wie für die Strukturen in Abbildung 90. Im Gegensatz zu den deutlichen Unterschieden, welche auf dem regionalen Maßstab zu erkennen waren (Abbildung 88 und Abbildung 89) lassen sich bei dem hier gewählten städtischen Maßstab nach 200 bzw. 500 Zeitschritten keine wesentlichen Differenzen zwischen dem Cluster-Typ und dem Vernetzer-Typ bei den Ergebnissen erkennen. Eine eingehende Betrachtung hierzu erfolgt mittels der quantitativen Analysen im nächsten Abschnitt.

Abbildung 91:   Bebauungsstruktur mit Vernetzer-Typ. Reihe A: $A = 2,1$, $B = 2,0$, $\omega_p = 10,0$, $\omega_f = 8,0$, bei $t = 200$. Reihe B: $A = 1,5$, $B = 2,0$, $\omega_p = 2,0$, $\omega_f = 1,0$, bei $t = 500$. Reihe C: $A = 2,0$, $B = 2,0$, $\omega_p = 1,5$, $\omega_f = 1,0$, bei $t = 500$. Die Regeln für die Bebauungsstrukturen sind in der 2. Spalte: $R_4 = 3011$, in der 3. Spalte: $R_3 = 5012$, in der 4. Spalte: $R_2 = 7013$ und in der 5. Spalte: $R_1 = 8114$.

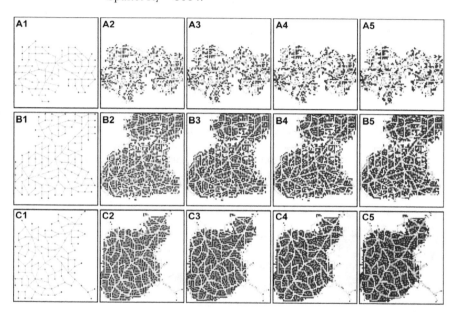

6.7 Analysen

Die visuelle Auswertung ist für das Verständnis der morphologischen Charakteristiken unerlässlich und ermöglicht zudem einen schnellen Überblick über die verschiedenen generierten Strukturen und ihre wesentlichen Eigenschaften. Dennoch ist es erforderlich, die Auswirkungen der Parametervariationen genauer zu untersuchen, wofür sich verschiedene quantitative Messverfahren eignen. Die fraktale Dimension (2.8.2), die Rang-Größen-Analyse (2.8.3), der Segregationsindex (2.8.4) und die Konnektivität (2.8.1) wurden bereits im 2. Kapitel vorgestellt. Für die Analysen in diesem Kapitel verwenden wir ferner die Effektstärke r^2. Dieser Kennwert macht eine Aussage über die praktische Bedeutsamkeit der linearen Korrelation r. Von Interesse sind erstens die Korrelation zwischen Potentialwerten P^H und lokaler Dichte sowie zweitens zwischen Potentialwerten P^H und relativer Konnektivität (2.8.1) bzw. mittlerer Länge (ML) der Knoten N^H des Erschließungsgraphen. Zur Berechnung der lokalen Dichte Z werden die Zellen betrachtet, auf denen sich ein Knoten befindet ($S^H = 1$). Für jede dieser Zellen H wird die Dichte der besiedelten Zellen $S^{M(U(H))}$ in der Moorschen Nachbarschaft ermittelt und durch die Gesamtzahl an Zellen M geteilt:

$$Z^H = \sum_G \left\{ 1 \mid G \in U(H), S^{M(H)} = 2 \right\} \bigg/ 81 . \tag{98}$$

Abbildung 92: Komponenten des Simulationsmodells. A: Potentialfeld P^H. Die hellen Zellen stellen die Maximalwerte und die dunklen die Minimalwerte dar. B: Die verschiedenen Zustände P^M. Blau steht für besiedelte Zelle und gelb für Straßenzelle. C: Die schwarzen Zellen werden als entwickelt betrachtet und bilden die Grundlage für die Definition der Cluster. D: Das Erschließungsnetz. Die Färbung der Knoten gibt die ML an, wobei die warmen Farbtöne niedrige Werte und damit eine gute Integration und die kühlen Farbtöne hohe Werte und damit eine schlechte Integration darstellen.

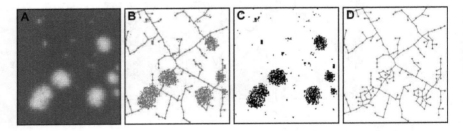

Zur Veranschaulichung sind in Abbildung 92 das Potentialfeld, die besiedelten Flächen mit den Straßen, die entsprechende Clusterstruktur sowie der Straßengraph einer beispielhaften Struktur abgebildet. Abbildung 93 zeigt bespielhaft ein Bildschirmfoto der vorliegenden Simulationen. In Abbildung 93 sind neben dem Fenster für die grafische Darstellung des Simulationsverlaufs (Abbildung 93 A) und dem Parametereingabebereich (Abbildung 93 B) folgende Kennwerte dargestellt. Abbildung 93 C zeigt ein Histogramm für die Anzahl an Kanten pro Knoten, Abbildung 93 D stellt die einzelnen Clustergrößen in einem Histogramm dar, welches in Abbildung 93 H in eine log-log Darstellung übertragen wird. In Abbildung 93 E und F sind die Korrelationen zwischen dem Potential und der

Dichte, sowie dem Potential und der Konnektivität dargestellt. Die Verteilung der Dichte wird in Abbildung 93 I als Verhältnis von Straßenzellen zu besiedelten Zellen und in Abbildung 93 J in Form der als entwickelt definierten Zellen dargestellt. Die Entwicklung der Kennwerte ID sowie -α sind in Abbildung 93 K aufgezeichnet. Abbildung 93 L zeigt die Messung der Fraktalen Dimension D_b an und in Abbildung 93 M sind noch weitere fraktale Messungen des Erschließungsgraphen sowie die radiale Fraktal-Dimension D_r abgebildet.

Anhand der verschiedenen Kennwerte lassen sich die Strukturen gut miteinander vergleichen und Besonderheiten in Abhängigkeit von der Variation der Parameter erkennen.

Abbildung 93:   Die verschiedenen Bereiche des Simulationsprogramms. A: Grafische Ausgabe der generierten Struktur. B: Feld zur Eingabe der Kontrollparameter. C: Histogramm für die Anzahl Kanten pro Knoten. D: Clustergrößen. E: Korrelation zwischen Potential und Dichte. F: Korrelation zwischen Potential und Konnektivität. G: Resultierende Kraft F_{res} H: Rang-Größen-Verteilung. I: Dichte als Verhältnis von Straßen zu besiedelten Zellen. J: Dichte entwickelter Zellen. K: Entwicklung des *IS* und −α. L: Fraktale Dimension mittels Box-Counting. M: Messungen der Fraktalität des Erschließungsgraphen.

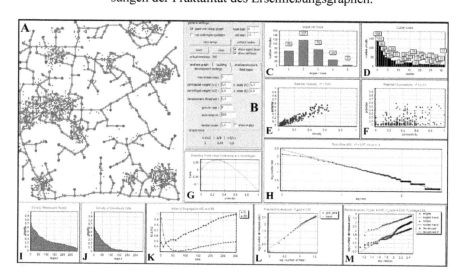

6.7.1 Analyse der Flächenentwicklung

Für jede Parameterkonstellation sollen nun die entsprechenden Kennwerte ermittelt werden. Um zufällige Ausreißerwerte auszugleichen, werden die Simulationen jeweils fünfmal mit den gleichen Einstellungen ausgeführt und die Mittelwerte der erhaltenen Kennwerte gebildet. Diese sind in Abbildung 94 für die verschiedenen Parametereinstellungen abgebildet. Eine Messung der erzeugten Struktur wird durchgeführt, nachdem jeweils $t = 300$ Zeitschritte der Simulation durchlaufen wurden.

Wie sich die quantitativen Kennwerte der durch die Zufallsskalierung (Abbildung 86) und der durch den gewichteten Einfluss einer zentripetalen und zentrifugalen Kraft gesteuerten Variante (Abbildung 88) unterscheiden, ist in der oberen Reihe von Abbildung 94 dargestellt. Der Verlauf der jeweiligen Messwerte ist bei den Diagrammen A und B relativ ähnlich. Die Unterschiede liegen vor allem in der Dichte der sich bildenden Agglomerationen, für deren Erfassung sich in erster Linie die Kennwerte fraktale Dimension D_b und Dissimilaritätsindex ID eignen. Da sich das Maß der fraktalen Dimension als gängige Größe bei der Quantifizierung und dem Vergleich von Siedlungsstrukturen etabliert hat (M. Batty und P. Longley 1994; C. Bovill 1996; P. Frankhauser 2002), konzentrieren wir uns hier auf diesen Kennwert. Um die verschiedenen Messreihen vergleichen zu können, wurden die x-Werte aus Abbildung 94 A entsprechend skaliert. In Abbildung 94 C sind die Werte für D_b aus Abbildung 94 A und B gegenübergestellt und die Differenz der jeweils gemessenen Werte angegeben, welche im Mittel $\Delta D_b = 0,10$ beträgt.

Abbildung 94:   Kennwerte bei verschiedenen Parametern. Die Darstellung der Linien bezeichnen jeweils: durchgezogen = D_b (Legende: fract_D grid), strichdoppelpunktiert = $-\alpha$ (Legende: slope rank), strichpunktiert = ID (Legende: IS), punktiert = Effektstärke r^2 Potential/Dichte (Legende: Pot/Dens), gestrichelt = Effektstärke r^2 Potential/Konnektivität (Legende: Pot/Conn). Obere Reihe, A: Kennwerte für die mit unterschiedlicher Skalierung des Zufallsfaktors $\tau_r = \{800, 400, 200, 100, 50, 25\}$ (Abszisse) erzeugten Strukturen aus Abbildung 86. B: Kennwerte der Strukturen aus Abbildung 88, B-Reihe. Der Parameter $\omega_p = \{1,0, 1,1, 1,2, 1,3, 1,4, 1,5, 1,6, 1,7, 1,8, 1,9, 2,0\}$ ist an der Abszisse angetragen. Mittlere Reihe: Kennwerte für die Feldtypen cluster aus Abbildung 88. D: Die Werte für die locker strukturierten Agglomerationen der A-Reihe, wobei der Parameter $A = \{1,6, 1,7, 1,8, 1,9\ 2,0, 2,1, 2,2, 2,3, 2,4, 2,5\}$ an der Abszisse angetragen ist. E: Die Werte für die dichten Agglomerationen der C-Reihe, wobei der Parameter $\omega_p = 1,0, 1,1, 1,2, 1,3\ 1,4, 1,5, 1,6, 1,7, 1,8, 1,9, 2,0\}$ an der Abszisse angetragen ist. Untere Reihe: Kennwerte für die Feldtypen Vernetzer aus Abbildung 89. G: Die Werte für die locker strukturierten Agglomerationen der A-Reihe, wobei der Parameter $A = \{1,6, 1,7, 1,8, 1,9\ 2,0, 2,1, 2,2, 2,3, 2,4, 2,5\}$ an der Abszisse angetragen ist. H: Die Werte für die dichten Agglomerationen der C-Reihe, wobei der Parameter $\omega_p = \{1,0, 1,1, 1,2, 1,3\ 1,4, 1,5, 1,6, 1,7, 1,8, 1,9, 2,0\}$ an der Abszisse angetragen ist. Rechte Spalte, C: Vergleich der fraktalen Dimension von A und B. F: Vergleich der fraktalen Dimension von D und E. I: Vergleich der fraktalen Dimension von G und H. Die Differenz der beiden Graphen für D_b ist anhand der strichdoppelpunktierten Linie dargestellt und der Mittelwert der Differenz durch die gepunktete Linie.

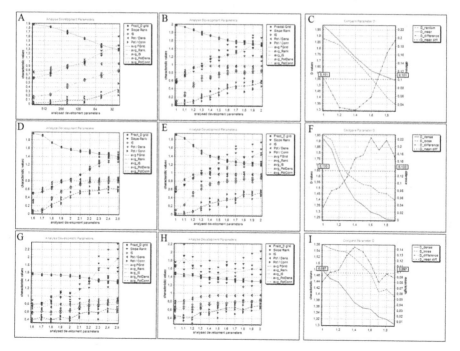

In der mittleren Reihe in Abbildung 94 sind die entsprechenden Kennwerte für Cluster-Typ-Strukturen mit geringer (Abbildung 94 D) und hoher Dichte (Abbildung 94 E) angegeben. Die mittlere Differenz der fraktalen Dimension beträgt hier $\Delta \mathcal{D}_b = 0,13$ (Abbildung 94 F).

Schließlich sind in der unteren Reihe in Abbildung 94 die gemessenen Werte für die Vernetzer-Typ-Strukturen bei geringer (G) und hoher Dichte (H) dargestellt. Besonders auffällig sind hier die deutlichen Abweichungen bei dem Pareto Exponent α. Die mittlere Differenz der fraktalen Dimension ist wieder in der rechten Spalte (I) angegeben und beträgt $\Delta \mathcal{D}_b = 0,10$.

Die Unterschiede beim Vergleich von Strukturen mit hoher und geringer Dichte sind bei den Strukturen, die mit dem Cluster-Typ-Verfahren erzeugt wurden ähnlich groß wie beim Vergleich der entsprechenden Strukturen, die mit dem Vernetzer-Typ-Verfahren generiert wurden. Die Unterschiede, welche sich durch Variation der resultierenden Kraft F_{res} ergeben sind also bei beiden Verfahren ähnlich. Welches Verfahren für die Erzeugung der realistischsten Strukturen geeigneter ist, lässt sich nur durch einen Vergleich mit realen Siedlungsstrukturen herausfinden. Die vorgestellten Messverfahren eignen sich neben den hier dargestellten Vergleichen künstlicher Strukturen vor allem zur Validierung einer Simulation. Eine valide Simulation müsste z.B. bei der mittleren Differenz der fraktalen Dimension deutlich unter 0,10 liegen, da den gemessenen Unterschieden der Diagramme in Abbildung 94 Strukturen mit sehr verschiedenen Dichteeigenschaften zugrunde liegen.

6.7.2 Analyse der Bebauungsstruktur

Für die quantitative Betrachtung der Bebauungsstruktur sind die entsprechenden Messwerte für die Strukturen aus Abbildung 90 in der oberen Reihe von Abbildung 95 abgebildet. Das Diagramm Abbildung 95 A enthält die Kennwerte für die Strukturen mit geringer Dichte der oberen Reihe aus Abbildung 90, Diagramm B die Werte für diejenigen aus der mittleren Reihe von Abbildung 90 und Diagramm C die Werte für diejenigen der unteren Reihe aus Abbildung 90. Dementsprechend enthalten die Diagramme D bis F in Abbildung 95 die Kennwerte der Strukturen aus Abbildung 91. Es wird hier insbesondere die Kenngröße des Verhältnisses von bebauten und freizuhaltenden Flächen verglichen da diese als Differenz zwischen den Strukturen, welche mittels der resultierenden Kraft F_{res} generiert wurden, und den Anforderungen an die Bebauungsstruktur interpretiert werden kann. Außerdem gibt dieses Verhältnis die Ausnutzung der zur Verfügung stehenden entwickelten Flächen an. Mit den Anforderungen an die Bebauungsstruktur sind die freizuhaltenden Nachbarzellen gemeint, welche über die Regeln des ZA indirekt angegeben werden. Wir betrachten hier hauptsächlich Strukturen mit einer oder zwei freizuhaltenden Zellen in der direkten Von-Neumann-Nachbarschaft. Die Abweichung von diesen Restriktionen wird in Abbildung 95 durch die Summe der Zellen mit mehr als der erlaubten Anzahl bebauter Nachbarzellen in der Von-Neumann-Nachbarschaft angegeben (also Zellen mit mehr als zwei oder mehr als drei bebauten Nachbarzellen). Als charakteristische Werte für den Erschließungsgraphen sind zusätzlich die radiale Fraktaldimension D_r des Graphen, sowie dessen mittlere Länge (ML) dargestellt.

Aus den Vergleichsdiagrammen (Abbildung 95, untere Reihe) lässt sich gut ablesen, dass es auf dieser Maßstabsebene nur bei Strukturen mit verhältnismäßig geringer Dichte (G) zu nennenswerten Unterschieden zwischen den Cluster- und Vernetzer-Typen kommt. Die Abweichung in den Diagrammen H und I für relativ dichte Strukturen sind vernachlässigbar.

Der Wert des Verhältnisses von bebauten zu freigehaltenen Flächen in den einzelnen Diagrammen in Abbildung 95 zeigt, dass es bei Strukturen mit geringer Dichte unter Verwendung der Regel $R_2=7013$ zu den geringsten Abweichungen zwischen den Strukturen, welche mittels der resultierenden Kraft F_{res} generiert wurden, und denen, die zusätzlich mittels Bebauungsregel generiert wurden. In Diagramm A und D in Abbildung 95 beträgt dieses Verhältnis ca. 0,95, was bedeutet, dass durch Einführung von Regel R_2 ungefähr 5% der besiedelten Flächen freigehalten werden. Bei den Strukturen mittlerer Dichte der Diagramme B und E findet sich die geringste Abweichung bei den Regeln $R_1=8114$ und $R_2=7013$. Das Verhältnis von bebauten zu freigehaltenen Flächen beträgt jeweils zwischen 0,95 und 0,9. Bei den Diagrammen C und F, welche Strukturen mit hoher Dichte darstellen, liegt die geringste Abweichung schließlich bei der Regel $R_1=8114$. Das Verhältnis von bebauten zu freigehaltenen Flächen beträgt zwischen 0,85 und 0,9.

Diese Zusammenhänge zeigen, dass es prinzipiell möglich wäre, die Dichte der Bebauung hinreichend präzise mittels der resultierenden Kraft F_{res} zu steuern. Betrachtet man aus dieser Perspektive insbesondere die Strukturen mittlerer Dichte in Abbildung 90 und Abbildung 91 wird diese Annahme untermauert. An dieser Stelle wären weitere eingehende Untersuchungen des Parameterraums betreffend F_{res} erforderlich.

Abbildung 95:   Analyse fünf verschiedener Bebauungsregeln. Die an der Abszisse angetragenen Ziffern stehen für die verschiedenen Regeln, wobei $R_1=8114$, $R_2=7013$, $R_3=5012$, $R_4=3011$ und $R_5=3010$. Die durchgezogene Linie verbindet die Mittelwerte des gemessenen Verhältnisses von bebauten zu freigehaltenen Flächen für die verschiedenen Parametereinstellungen, die strichdoppelpunktierte Linie die Werte für Zellen mit mehr als zwei bebauten Nachbarn, die gestrichelte Linie die Werte für Zellen mit mehr als drei bebauten Nachbarn (alle an der linken Ordinate angetragen). Die gestrichelte Linie verbindet die Mittelwerte der gemessenen radialen Fraktaldimension und die magentafarbene strichpunktierte Linie verbindet die Werte der mittleren Länge (rechte Ordinate). Obere Reihe: Bebauung mittels Cluster-Typ. Die Diagramme A, B und C zeigen jeweils Messungen der Strukturen der 1. 2. und 3. Reihe in Abbildung 90. Mittlere Reihe: Bebauung mittels Vernetzer-Typ. Die Diagramme D, E und F zeigen jeweils Messungen der Strukturen der 1. 2. und 3. Reihe in Abbildung 91. Untere Reihe: Vergleich der Relationen von bebauten zu freizuhaltenden Flächen. Die Differenz der beiden Graphen für D_b ist anhand der strichdoppelpunktierten Linie dargestellt und der Mittelwert der Differenz durch die gepunktete Linie.

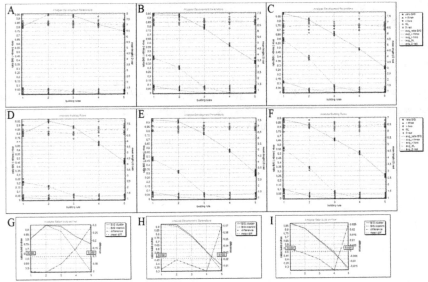

6.8 Diskussion

Die vorgestellte Methode zur Generierung eines Erschließungssystems auf Rastergrundlage unterliegt zwar im Vergleich mit dem „urban grammar" Verfahren von Duarte et al. (2007) geometrischen Einschränkungen. Dafür lassen sich mit einem vergleichsweise einfachen Prinzip topologisch reichhaltige Strukturen erzeugen, die nicht den Restriktionen eines detailliert festgelegten Regelwerks unterliegen. Beispielsweise werden bei der „urban grammar" die möglichen Verzweigungen einer Straße a priori definiert, was erstens einen umfangreichen Katalog an Festlegungen erfordert und zweitens die Gefahr in sich birgt, Möglichkeiten von vornherein auszuschließen. Bei der „urban grammar" von Duarte und Kollegen sind z.b. keine fünfarmigen Kreuzungen möglich, da diese nicht im Regelkatalog vorkommen. Neben dem hohen Aufwand, für jeden Sonderfall eine bestimmte Regel zu definieren, gehen mit der Zunahme von Mikroregeln die wesentlichen Prinzipien unter, welche die Entwicklung einer Stadtstruktur charakterisieren. Natürlich liegen die Unterschiede der Modellierung zwischen der „urban grammar" von Duarte und Kollegen und dem vorliegenden Modell in erster Linie in den verschiedenen Zielen der generativen Systeme begründet. Während wir hier nach den wesentlichen Prinzipen und Kräften fragen, die hinter der Entwicklung einer urbanen Struktur stehen, geht es Duarte und Kollegen vor allem um die Herstellung eines detaillierten städtebaulichen Entwurfs nach bestimmten Kriterien, die aus einem bestehenden städtischen Gefüge hergeleitet werden können. Dennoch weisen aber die Methoden der „urban grammar" die Richtung für die weitere Entwicklung des hier vorgestellten Simulationsmodells. Die Übertragung des Erschließungssystems in eine graphenbasierte Darstellung kann als ein erster Schritt in Richtung eines realistischeren geometrischen Modells verstanden werden, dem als weiterer Schritt eine vektorbasierte Repräsentation der Parzellenstruktur folgen sollte, die nicht mehr an ein Zellenraster gebunden ist. Eine realistischere Parzellenstruktur brächte weitere Restriktionen hinsichtlich der Bebaubarkeit eines Grundstücks und der Wechselbeziehung mit den Nachbarparzellen mit sich, welche hier für das Design eines möglichst einfachen Modells abstrahiert wurden.

Die eingeführte Methode zur Generierung eines Wegesystems erscheint vor allem in Hinblick auf die Möglichkeit der kontrollierten Vernetzung der Straßen sinnvoll und ausbaufähig. Anhand der zusätzlichen Verwendung des Cluster- sowie des Vernetzer-Modells konnte gezeigt werden, wie sich die verschiedenen Annahmen hinsichtlich der gewählten generativen Logik auf die erzeugten Siedlungsstrukturen auswirken. Während die Unterschiede auf städtischem Maßstab vernachlässigbar sind, wirkt es sich auf regionalem Maßstab deutlich auf die erzeugten Siedlungsstrukturen aus, ob die Straßen oder die Flächenentwicklung die Ausbreitung der Agglomeration bedingen.

Vergleichen wir die Ergebnisse aus Abbildung 88 und Abbildung 89 mit dem strukturell ähnlichen Modell von Batty (2005a: 156-182), besteht eine der auffälligen Eigenschaften des vorliegenden Modells in der präzisen Steuerung der Siedlungsdichte über die resultierende Kraft F_{res}. Zusätzlich besteht die Möglichkeit, die Anzahl der entstehenden Cluster zu beeinflussen. Die Kontrolle der Siedlungsentwicklung erfolgt hier über vier Parameter, die Skalierungsparameter A und B, sowie die Gewichtungsparameter ω_p und ω_f, welche jeweils die zentripetale und die zentrifugale Kraft definieren. Der Zufallsfaktor $\varepsilon^M(t)$ dient im Wesentlichen der Auswahl nah beieinander liegender Potentialwerte während der Flächenentwicklung und einer geringfügigen zufälligen Streuung.

Bei der Einführung der zentripetalen und zentrifugalen Kräfte wurde bereits erwähnt, dass die Kontrollparameter den Kompromiss abbilden, einerseits die Vorteile zentraler Orte zu nutzen und andererseits dem Bedürfnis nach möglichst großzügigem privaten Freiraum nachzugeben, welches sich nur außerhalb der Ballungszentren befriedigen lässt. Es kann demnach allgemein festgestellt werden, dass der Wert eines Standorts von der Nähe beziehungsweise Ferne zu anderen Standorten abhängt. Nach Franck (2002) kann diese Nähe und Ferne auf zweierlei Weise bewertet werden: erstens nach den Fahrtkosten, die mit der Wahl des Standortes verbunden sind, und zweitens danach, ob der Ausblick angenehm, die Umgebung passend und die Quellen von Störungen und Beeinträchtigungen fern sind. Geht man davon aus, dass sich die Fahrtkosten, die Knappheit bebaubarer Fläche in den Zentren und die Raten räumlicher Diskontierung – zumindest theoretisch – ausgleichen, stellt sich die Frage, wann welche Bevölkerungsschichten, kommerzielle Einrichtungen oder Produktionsstätten welche Prioritäten bezüglich der Wahl ihres Standortes haben und wie und warum sich diese Vorlieben verändern. Der durchschnittlichen Präferenz für einen Standort zwischen Zentrum und freier Landschaft entspricht in unserem Modell die resultierende Kraft F_{res}.

Zu diesen modellhaften Annahmen liefert Conzen (1960) empirische Belege. Am Beispiel der Stadt Alnwick hat Conzen charakteristische Phasen der urbanen Entwicklung herausgearbeitet, die durch zu unterschiedlichen Anteilen wirksame diverse ökonomische und soziale Kräfte gekennzeichnet sind. Bei der historischen Analyse der Stadtpläne konnten verschiedene Konfigurationen dieser Kräfte bestimmten Perioden zugeordnet werden, welche Conzen als morphologische Phasen bezeichnet. Während solcher Phasen sind die Art der Entwicklung und die zugrundeliegenden Kräfte konsistent und es entstehen typische und homogene urbane Bereiche, die sowohl innerhalb der städtischen Struktur als auch über die zeitliche Entwicklung hinweg identifizierbar sind. Dadurch können

die Muster des urbanen Wachstums in sogenannte Plan-Einheiten oder Plan-
Regionen unterteilt werden.
Die Entwicklung prosperierender urbaner Regionen war in den letzten Jahr-
zehnten erstens durch eine starke Tendenz zur Suburbanisierung und zweitens
durch eine verstärkte Nachfrage nach zentralen Lagen und dem damit verbundenen Anstieg der Miet- und Bodenpreise in den Stadtzentren gekennzeichnet.
Diese gegensätzlichen Tendenzen lassen sich auf der einen Seite mit steigenden
Einkommen und der damit einhergehenden erhöhten Nachfrage nach Wohnmög-
lichkeiten in Gebieten mit niedriger Baudichte erklären (G. Franck 2002). Eine
weitere Voraussetzung dieser Entwicklung ist die Verfügbarkeit einer entsprechenden Transporttechnologie und Verkehrsinfrastruktur, welche die Überbrü-
ckung großer Distanzen zwischen Wohn- und Arbeitsort in relativ kurzer Zeit
ermöglichen. Auf der anderen Seite führt die zunehmende Inanspruchnahme des
Raums durch Verkehrswege zu einer Verknappung des Raums für die immobilen
Nutzungen. Jeder Quadratmeter, den der Verkehr beansprucht, hat die Tendenz,
den Stadtraum als Ganzes zu dehnen sowie die Intensität und den Preis der immobilen Nutzungen zu steigern (G. Franck 1992: 75-77).
Für eine Simulation der eben genannten Zusammenhänge bei der Entwicklung urbaner Strukturen ist es notwendig, differenzierte Nutzungen in das Modell
zu integrieren, wie es beispielsweise bereits von Batty et al. (1999) unternommen
wurde. Zusammen mit einer genaueren geometrischen Repräsentation nach dem
Vorbild der „urban grammar" ließe sich so ein Modell erstellen, dessen Kontrollparameter an Kennwerte wirtschaftlicher Entwicklung, beispielsweise das
Bruttoinlandsprodukt, sowie an durchschnittliche Transportkosten für die Über-
windung einer Raumeinheit gekoppelt werden könnten. Mit einem solchen Modell sollte es möglich sein, typische Phasen urbaner Entwicklung nachzubilden.
Bisher unberücksichtigt geblieben ist eine Eigenschaft urbaner Agglomerationen, welche Schweitzer und Steinbrink (2002) behandelt haben. Bei der Ausbreitung einer Siedlung erreichen einzelne Cluster eine maximale Größe. Diese
Beschränkung des aktiven Wachstums erklären Schweitzer und Steinbrink damit,
dass die Stadtbewohner keine zu große Entfernung zum Rand einer Agglomeration in Kauf nehmen wollen. Diese Einsicht kann auf ein Simulationsmodell
übertragen werden, indem zu Beginn die Ressource „Freiraum" verteilt wird,
welche für jeden Besiedlungsschritt erforderlich ist und nach und nach aufge-
braucht wird. Sobald in einer bestimmten Entfernung von einem zu besiedelnden
Ort keine Freiraum-Ressource mehr verfügbar ist, kann keine weitere Ansiedlung mehr erfolgen (F. Schweitzer und L. Schimansky-Geier 1994).
Bisher wurden die verfügbaren Flächen entweder als besetzt oder frei betrachtet, die Nutzungsintensität einer Zelle aber nur indirekt über das Potentialfeld berücksichtigt. Für ein differenzierteres Modell wäre allerdings die Option

wünschenswert, einzelne Nutzungsintensitäten pro Zelle zu bestimmen. Dies würde die Möglichkeit eröffnen, für eine Simulation der Zu- oder Abnahme der Dichte die Konnektivität bzw. die *ML* des Erschließungsgraphen in das Potentialfeld eingehen zu lassen. Dadurch könnte z.b. eine bestehende Struktur von ihrem Zentrum aus nachverdichtet oder an unbeliebten Orten rückgebaut werden. Ferner könnten die Restriktionen der Bebauung von der Dichte der entwickelten Flächen abhängig gemacht werden. Führt man verschiedene Nutzungen der entwickelten Flächen ein, ließe sich eine zusätzliche Differenzierung der Bebauungsregeln nach der Nutzungsart vornehmen. Ferner wären Angaben zur Nutzungsintensität für eine Integration von 3D Strukturen erforderlich.

6.9 Zusammenfassung

Mittels des vorgestellten Modells lassen sich Wegesysteme mit verschiedenen Eigenschaften generieren, welche hauptsächlich über den Vernetzungsparameter bestimmt werden. Durch die Einführung eines feiner aufgelösten Zellenrasters wird die Relation zwischen Straßenmaschen und Bebauungsgrößen festgelegt. Durch diese Möglichkeit, den Maßstab zu verändern, können verschiedene Abstraktionsebenen betrachtet werden. Anhand der vier Parameter für die beiden entgegengesetzt wirkenden Kräfte F_{petal} und F_{fugal} kann die Erzeugung von Siedlungsstrukturen hinsichtlich ihrer globalen und lokalen Dichte sowie der Größe und Anzahl der entstehenden Cluster präzise gesteuert werden.

Das Modell fördert zum einen das Verständnis der treibenden Kräfte bei der Entwicklung verschiedener Strukturen. Zum anderen kann es zur Unterstützung für die Stadtplanung dienen, da jede generierte Variante sofort auf ihre quantitativen räumlichen Eigenschaften hin untersucht sowie qualitativ mittels der grafischen Ausgaben bewertet werden kann. Ferner bietet die vorgestellte generative Methode eine brauchbare Verbindung zwischen einem regionalen Entwicklungsmodell und den damit einhergehenden urbanen Strukturen. Auf der städtischen Ebene lassen sich außerdem lokale Restriktionen für die Dichte der Bebauung festlegen.

Schließlich eignet sich das Modell zur Prüfung von Hypothesen, welche z.B. die unterschiedlichen Entwicklungskräfte landwirtschaftlich dominierter Gesellschaften im Gegensatz zu industrialisierten Stadtgesellschaften oder der Informationsgesellschaft betreffen. Eine zu prüfende Grundannahme besteht darin, dass das Phänomen der Suburbanisierung vorwiegend bei reichen Gesellschaften auftritt, da zum einen die Pro-Kopf-Kosten für die Infrastruktureinrichtungen mit Abnahme der Siedlungsdichte steigen und zum anderen eine Zersiedelung höhere Fahrtkosten mit sich bringt.

Das generelle Ziel urbaner Simulationsmodelle besteht in Anlehnung an Epstein (2006) in einer generativen Urbanistik, mittels derer verschiedene Theorien zur Stadtentwicklung sowie die möglichen Auswirkungen von Planungsvorhaben in einem Stadtlabor in silicio untersucht werden können.

7 Bewertung und Ausblick

„According to the philosopher Ly Tin Wheedle, chaos is found in greatest abundance wherever order is being sought. It always defeats order, because it is better organized."

(T. Pratchett 1994)

Wir werden im Folgenden, ausgehend von den zu Beginn der Arbeit formulierten Fragestellungen, die Erkenntnisse der vorliegenden Arbeit noch einmal zusammenfassend darstellen und bewerten (7.1). Weiterhin sollen Schwierigkeiten bei der Validierung der Simulationsmodelle (7.2) und die Problematik der Datenverfügbarkeit (7.3) besprochen werden. Abschließend wird die mögliche Bedeutsamkeit der Ergebnisse dieser Arbeit für Anwendungen in der Planungspraxis diskutiert (7.4).

7.1 Zusammenfassung

Fragestellung 1
Wie können Raumstrukturen mit dem Paradigma der Selbstorganisation erklärt werden?

Ausgehend von dem Modell von Artl und Weise (1999) zum Wirkungszusammenhang von Prozessen, Strukturen und Phänomenen (Abbildung 2) wurde ein allgemeines Modell zur Beschreibung des Wirkungszusammenhangs für die in der vorliegenden Arbeit behandelten Simulationsmodelle erarbeitet (Abbildung 4). Dieses allgemeine Modell der zirkulären Koppelung wurde für die Beschreibung der Selbstorganisationsmechanismen der Modelle verwendet. In diesem Rahmen konnten in jedem Kapitel die auf das Wesentliche reduzierten Grundmodelle zu den jeweiligen Themen ausgearbeitet werden und eine systematische Analyse der Kontrollparameter stattfinden. Bei den Untersuchungen kam es im Wesentlichen darauf an, Strukturen auf der Makroebene durch die Regeln des Zusammenwirkens der Elemente auf der Mikroebene zu erklären (G. Vollmer 1996), also herauszufinden, wie es zu Emergenzphänomenen durch komplexe Rückkoppelungsprozesse kommt.

Die These, dass die Mechanismen, welche die Entstehung der urbanen räumlichen Teilstrukturen bewirken, mit jeweils verschiedenen Gewichtungen für alle Siedlungen weltweit gelten, konnte durch die Ergebnisse aus Kapitel 6 gestützt werden. Ein analytisches Hilfsmittel für die Einordnung der Ergebnisse bietet das aus der soziologischen Stadtforschung stammende POET-Modell von Duncan und Schnore (1959), welches als „ökologischer Komplex" bezeichnet wird und die wesentlichen Bedingungen der Stadtentwicklung abbildet (Abbildung 96). Es kann als Weiterentwicklung der klassischen Sozialökologie betrachtet werden (J. Friedrichs 1983: 39). POET steht für das Variablenbündel Bevölkerung (P), soziale Organisation (O), Umwelt (E) und Technologie (T). Diese Variablen sind wechselseitig voneinander abhängig. Ferner handelt es sich um ein offenes Systemmodell, bei dem die Variablen durch exogene Einflüsse verändert werden können. Dieses Modell erscheint als analytisches Hilfsmittel für die Einordnung der vorliegenden Ergebnisse fruchtbar, da wir bereits bei der Definition der Stadt als komplexes System (2.1) wechselseitige Abhängigkeiten und Offenheit als elementare Merkmale angenommen haben.

Abbildung 96:   Der ökologische Komplex. Wechselseitige Abhängigkeiten von vier Variablen: Bevölkerung (P), soziale Organisation (O), Umwelt (E) und Technologie (T) (O. D. Duncan und L. F. Schnore 1959). Abbildung reproduziert nach Duncan (1972).

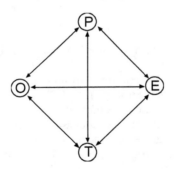

Wir interpretieren nun die vier Variablen des „ökologischen Komplexes" (PO-ET) als die immer gleichen verborgenen Kräfte, welche in unterschiedlichen Gewichtungen die grundlegenden urbanen Prozesse kontrollieren.

„Da in allen Aufsätzen genaue Definitionen der vier Dimensionen fehlen, lässt sich eine Definition nur durch die Aufzählung der Variablen geben. [...] Bevölkerung: Größe, Wachstumsrate, Komponenten des Wachstums (u.a. Migration), Zusammensetzung der Bevölkerung (u.a. ethnische Gruppen); Organisation: ökonomische Basis (Industrie, Handel, Universität), ökologische Organisation (u.a. Autonomie von Subgemeinden in städtischem Gebiet, Segregation), soziale Schichtung (u.a. Art und Größe der Schichten); Umwelt: Topographie, physikalisches Terrain, physikalische Umwelt; Technologie: Transportmittel, Quellen der Energie für die Industrie, Baumaterialien, Energieversorgung, Abwasserkanäle, Orientierung der Transportwege, Kommunikationstechnologie." (J. Friedrichs 1983: 41)

Unter die Variable physikalische Umwelt können wir die Siedlungsstruktur subsumieren, mit deren Wachstumsregeln wir uns in Kapitel 6 auseinandergesetzt haben.

Betrachten wir die Untersuchungsmethode aus Kapitel 6 (Wachstumsmodell urbaner Strukturen) mittels dem analytischen Konzept des „ökologischen Komplexes", können wir die Variable „Umwelt" (E) als abhängige, „Bevölkerung" (P), „Technologie" (T) und „soziale Organisation" (O) als unabhängige Variablen darstellen (Abbildung 97, a). Wie in Abschnitt 6.8 geschildert wurde, werden die unabhängigen Variablen in den Kontrollparametern der zentrifugalen und zentripetalen Kraft aggregiert, woraus sich die resultierende Kraft ergibt, welche für die Siedlungsmorphologie entscheidend ist. Eine empirische Untersuchung zur Validierung des Modells müsste sich nun darauf konzentrieren, Veränderungen der unabhängigen Variablen zu erfassen und die reale Siedlungsdynamik mit der durch die Simulation prognostizierten Siedlungsentwicklung zu vergleichen. Beobachtet werden könnten beispielsweise Variationen der Transportkosten, Veränderungen der Bevölkerungsentwicklung, Schwankungen der Miet- und Bodenpreise oder veränderte Wohnpräferenzen der Menschen aufgrund steigenden oder sinkenden Wohlstands.

Abbildung 97: Abhängige und unabhängige Variablen im „ökologischen Komplex". a) Die Variable *„Umwelt"* (E) wird als abhängig deklariert. b) Die Variable *„soziale Organisation"* (O) wird als abhängig deklariert.

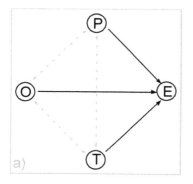 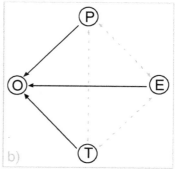

Bei der Untersuchung des Modells zur Residentiellen Segregation (Kapitel 5) wurden die Variable der „sozialen Organisation" (O) als abhängige und die anderen drei (PET) als unabhängige Variablen deklariert (Abbildung 97, b). Bei der Analyse der Kontrollparameter konnten auf der einen Seite Variationen der Variable P untersucht werden, worunter die Bewohnertoleranzen (5.3.1) und die Wahrnehmung der Nachbarschaftsgröße (5.3.2) ebenso wie Veränderungen der Bevölkerungsgröße (5.3.3) zusammengefasst wurden. Auf der anderen Seite haben wir den Einfluss der gebauten Umwelt (E) auf die sozialräumliche Organisation der Bevölkerung (gemessen anhand der Ausprägung der Segregation) untersucht, indem wir die Größe einer Siedlung (5.10.1 - 5.10.3) und die Gewichtungen der Teilräume (5.10.4 - 5.10.5) variiert haben. Es hat sich gezeigt, dass beide Dimensionen P und E einen erheblichen Einfluss auf die residentielle Segregation der städtischen Bevölkerung haben.

Fragestellung 2
Wie hängen die bauliche Struktur einer Stadt und die sozialräumliche Organisation der Bevölkerung zusammen?
    Es konnte gezeigt werden, dass es unter Berücksichtigung verschiedener Ebenen des gebauten Raums Zusammenhänge zwischen der gebauten Struktur einer Stadt und der sozialräumliche Organisation der Bevölkerung gibt. Diese lassen sich mittels der in dieser Arbeit vorgestellten Modelle zur residentiellen Segregation (Kapitel 5) und zum Wachstum urbaner Strukturen (Kapitel 6) abbilden.
    Wir haben bereits versucht, die wechselseitige Abhängigkeit der gebauten Umwelt (E) und der sozialen Organisation (O) mit Hilfe des „ökologischen Komplexes" zu verdeutlichen. Natürlich konnten wir nur Teilaspekte des komplexen Zusammenhangs dieser beiden Dimensionen beleuchten. In einem wesentlich weiter gesteckten Rahmen befasst sich der Forschungsbereich der Siedlungssoziologie mit den *„Zusammenhängen zwischen sozialer und räumlicher Organisation einer Bevölkerung."* (J. Friedrichs 1983) Interessanterweise hat bereits Hamm (1982: 26-29) diese Wechselwirkung als Grundproblem der Siedlungssoziologie vor dem Hintergrund des von ihm postulierten Raum-Verhalten-Systems dargestellt (Abbildung 98).

„Die soziale und die räumliche Organisation einer Bevölkerung sind wechselseitig voneinander abhängig und aufeinander bezogen: Räume werden durch soziale Aktivitäten gestaltet und verändert (Grundproblem 1), und ihre Gestalt und Ausstattung wirken auf soziale Beziehungen und Prozesse zurück (Grundproblem 2)."
(B. Hamm 1982: 28)

Abbildung 98: Grundprobleme der Siedlungssoziologie. Abbildung reproduziert nach Hamm (1982: 28)

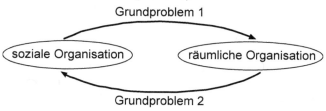

Den gleichen Sachverhalt betreffend schreibt Friedrichs:

> „Definierbare Formen sozialer Organisation führen regelmäßig zu bestimmten Formen räumlicher Organisation. Zudem bleibt zu untersuchen, welche Rückwirkungen die jeweilige räumliche Organisation auf die soziale hat." (J. Friedrichs 1983: 50)

Bei Hamm (1982, S. 32-36) finden wir ferner eine interessante analytische Trennung zwischen den Bereichen des Raum gestaltenden Verhaltens und des Raum beeinflussten Verhaltens. Das Wachstumsmodell urbaner Strukturen (6) hat sich mit den Raum gestaltenden Einstellungen und Vorlieben beschäftigt und kann demnach dem Grundproblem 1 zugeordnet werden. Bei dem Modell zur residentiellen Segregation ging es darum, wie sich räumliche Strukturen, in unserem Fall das Erschließungssystem und die Siedlungsgröße auf die soziale Organisation auswirken, was als raumbeeinflusstes Verhalten der Agenten verstanden und daher dem Grundproblem 2 zugeordnet werden kann.

Die in den letzten 20 Jahren durchgeführten empirischen Studien im Bereich der Siedlungssoziologie befassten sich in der Regel mit Grundproblem 1. Raum wird dabei meist mit dem sozialen Raum gleichgesetzt, der sich durch die Zusammensetzung der Bevölkerung in einem bestimmten Gebiet auszeichnet. Beispielsweise findet sich in der Studie von Friedrichs und Blasius (2000) zwar eine genaue Beschreibung der Untersuchungsgebiete, bei der eigentlichen Untersuchung spielt die bauliche Struktur allerdings keine Rolle mehr. Einzig die Ausstattung der Wohnungen findet Beachtung. Ähnliches lässt sich bei dem Test der Schellingschen Tipping-point-Theorie durch Kecskes und Knäble (1988) feststellen. Hier wird zwar zwischen den Aggregatsebenen der Häuserzeile und des Baublocks unterschieden. Eine weitere Analyse des Raumbezugs bleibt allerdings aus. Die – zumindest prinzipielle (vergleiche Punkt 7.3 zu den Problemen der Datenverfügbarkeit) – Verfügbarkeit hoch aufgelöster räumlicher Daten, welche anhand von Geo-Informations-Systemen (GIS) gesammelt und ausgewertet werden können (I. Benenson und I. Omer 2003), würden heute detaillierte Studien zum Zusammenhang der räumlichen und sozialen Organisation ermöglichen.

Bei den bisherigen GIS-basierten Untersuchungen (I. Benenson und I. Omer 2003; I. Benenson et al. 2002; I. Omer und I. Benenson 2002) werden Nachbarschaften z.B. durch Voronoi-Diagramme auf Grundstücksbasis bestimmt (Abbildung 57), ohne das Erschließungssystem zu berücksichtigen. Die aktuellsten Untersuchungen im deutschsprachigen Raum zum Zusammenhang zwischen Siedlungsstrukturen und sozial konstruiertem Raum finden sich in dem Sammelband von Dangschat und Hamedinger (2007). Allerdings reicht auch bei diesen Arbeiten die räumliche Dimension nicht bis auf die Erschließungseigenschaften einzelner Gebäude und Wohnungen herab. Lediglich das Konzept der „Space Syntax"-Analyse (B. Hillier 2007) bietet hier eine vielversprechende Methode, die Eigenschaften des Erschließungssystems zu erfassen und dadurch die Effekte der räumlichen auf die soziale Organisation zu untersuchen (B. Hillier, M. Greene, & J. Desyllas 2000; I. Omer und R. a. Gabay 2007). Indes beschränkt sich die „Space Syntax"-Methode in erster Linie auf die Zusammenhänge zwischen räumlicher Konfigurationen und der Bewegung im Raum, also der Nutzung von Straßen und Wegen in Abhängigkeit von deren baulicher Struktur.

Dass die Ebene der Straßen und Hauseingänge wesentlich für das soziale Vertrauen im urbanen Kontext ist, wurde bereits in der klassischen Schrift „Tod und Leben großer amerikanischer Städte" von Jane Jacobs (1963) dargestellt und bei Anthony Giddens bestätigt:

> „Die höfliche Nichtbeachtung ist die grundlegendste Art der gesichtsabhängigen Bindungen, die unter Modernitätsbedingungen bei Begegnungen mit Fremden eine Rolle spielen. Dazu gehört nicht nur der Einsatz des Gesichts selbst, sondern auch der subtile Umgang mit der Haltung und Stellung des Körpers, um so auf Straßen, in öffentlichen Gebäuden (...) oder sonstigen Veranstaltungen die Botschaft zu senden: ,Du kannst mir vertrauen, ich habe keine feindseligen Absichten'" (A. Giddens 1995: 105-106).

Fragestellung 3

Wie kann man anhand von Szenarienmodellen und unter Verwendung verschiedener Simulationsansätze in einer Art Laborumgebung die Auswirkungen unterschiedlicher Planungen untersuchen? Bisher haben wir uns auf die forschungsrelevanten Aspekte der Simulationsmodelle konzentriert. Auf Basis der Repräsentation der Erschließungshierarchie, welche in Kapitel 3 ausgearbeitet wurde, konnte bei der Untersuchung der residentiellen Segregation (Kapitel 5) nachgewiesen werden, dass die bauliche Struktur einer Stadt einen Einfluss auf die sozialräumliche Organisation der Bewohner hat. In Kapitel 6 wurde gezeigt, dass die Siedlungsdichte und die Verteilung von Siedlungsclustern von den sozioökonomischen Bedingungen der Bevölkerung abhängen. Abbildung 99 zeigt den schematischen Zusammenhang der Modelle aus Kapitel 5 und 6. Die vorliegende Studie konnte theoretische Annahmen über räumliche und soziale Zusammenhänge formulieren und anhand der Simulationsmodelle überprüfen. Der Erkenntnisgewinn beruhte hierbei auf einem Wechselspiel von Theorie und Simulation (Abbildung 100).

Abbildung 99: Wechselwirkung baulicher Struktur und sozialräumlicher Organisation. Die Hierarchie des Erschließungssystems dient als vermittelnde Ebene.

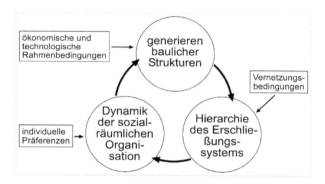

In der Einleitung der vorliegenden Arbeit (Kapitel 1) wurde geschildert, aus welchen Gründen die theoretischen Annahmen, die einer Planung zugrunde liegen, nur schwer an den konkreten Auswirkungen eines umgesetzten Plans falsifiziert werden können. Die Beurteilung der Qualität einer Planung ist daher vom Fachwissen einzelner Experten, deren subjektiven Überzeugungen und nicht zuletzt von den vorherrschenden Moden abhängig. Verallgemeinerte und objektive Einsichten existieren lediglich in Form von Normen zur Gewährung der Einhaltung bestimmter Mindestanforderungen.

In den einzelnen Kapiteln dieser Arbeit wurden verschiedene Wege zur Überprüfung bestimmter Planungstheorien anhand von Simulationsmodellen aufgezeigt. Diese können zusammengenommen als virtuelles Laboratorium für die Untersuchung räumlicher Prozesse aufgefasst werden. Ein solches Stadtlabor ermöglicht es, die potentiellen Auswirkungen unterschiedlicher Planungen anhand von Szenariomodellen aus verschiedenen Perspektiven über beliebige Zeiträume hinweg zu untersuchen. Dieses Wechselspiel von Theorie und Simulation könnte durch empirische Daten, beispielsweise aus stadtsoziologischen Studien (Fallstudien) oder der Planungspraxis beständig erweitert werden (Abbildung 100).

Die verschiedenen bisher konzipierten Simulationsmodelle bilden die Grundeinheiten des skizzierten Softwarelaboratoriums und können für die Untersuchung realer Szenarien weiter detailliert und kombiniert werden. Die Resultate solcher erweiterter Simulationen können dann empirischen Beobachtungen gegenübergestellt werden. Eine derart gestaltete Forschungsmethode eignet sich zur Erarbeitung von validen Theorien und Simulationsmodellen. Mit Hilfe solcher Simulationen könnten zukünftig qualifizierte Aussagen über mögliche Auswirkungen geplanter Eingriffe in die bauliche Umwelt gemacht werden.

Abbildung 100: Zusammenspiel von Theorie, Simulation und Empirie. Abbildung reproduziert nach Schweitzer (2003).

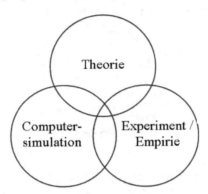

Es ist allerdings noch auf ein Problem hinzuweisen, dass bei der Kombination von Simulationsmodellen auftreten kann und den Erkenntnisgewinn erschwert. Einfache Modelle erlauben einen „kontrollierten" Erkenntnisgewinn, weshalb der Versuch naheliegend ist, solche einfachen Modelle miteinander zu kombinieren. Dadurch kann es allerdings zu nichtlinearen Wechselwirkungen der verschiedenen Kontrollparameter kommen, wodurch Effekte der Equi- und Multifinality an Gewicht gewinnen, auf die wir im nächsten Abschnitt (7.2) eingehen werden. Die Modellkombinationen der vorliegenden Arbeit haben sich auf das Zusammenführen von zwei Modellen beschränkt. Ab wann eine zu große Komplexität eines zusammengesetzten Modells erreicht ist, kann jedoch nicht generell angegeben werden, sondern ist im Einzelfall zu beurteilen.

Fragestellung 4
Wie können dynamische Prozesssimulationen visualisiert werden, so dass auch einem technisch weniger versierten Planer der Verlauf und die Ergebnisse der komplexen Vorgänge vermittelt werden können und welche statistischen Kenn-

werte erlauben es, die wesentlichen Eigenschaften der erzeugten Strukturen zu erfassen?

Wie sich der Verlauf und die Ergebnisse der komplexen Simulationen visuell vermitteln lassen, wurde bei den vielfältigen Einzelmodellen dieser Arbeit gezeigt und anhand der Bildschirmfotos zu jedem Modell dokumentiert. Ihre didaktische Aussage vermitteln die Simulationen allerdings erst durch die Darstellung der zeitlichen Dynamik, also wenn die Programme ausgeführt werden. Jedes der vorgestellten Simulationsprogramme ist im Internet auf der in der Einleitung (1.2) angegebenen Seite verfügbar.

Die Auswertung der Simulationsmodelle mittels statistischer Kennwerte wurde in exemplarischer Weise in den Kapiteln 5 und 6 praktiziert. Die Kennwerte dienen dabei immer als aggregierte Kontrollgrößen, die es ermöglichen, das Verhalten des Gesamtsystems im zeitlichen Verlauf zu verfolgen. Dadurch wird eine genaue Analyse von Ursache und Wirkung einer charakteristischen Systemveränderung ermöglicht.

Einzelne statistische Auswertungen könnten noch verbessert werden, wenn die Zusammenhangsanalysen auch auf nicht-lineare Zusammenhänge erweitert würde (vgl. 5.10). Ferner wäre es sinnvoll, nicht nur den Zusammenhang von zwei Variablen sondern von mehreren (multivariate Zusammenhänge) zu betrachten. Dies wäre beispielsweise bei der Untersuchung des Einflusses der Anzahl von Straßen, Häusern und Wohnungen auf die residentielle Segregation sinnvoll (vgl. 5.10).

7.2 Validierung der Modelle & Grenzen der Methode

Schwierigkeiten bei der Validierung der Simulationsmodelle und Grenzen der Methode des skizzierten Stadtlabors sollen unter Rückgriff auf Kapitel 5 gezeigt werden. Das dort beschriebene Modell der residentiellen Segregation folgt so weit als möglich dem Prinzip der Einfachheit und stellt die wesentlichen Mechanismen so transparent wie möglich dar. Bereits bei diesem einfachen Modell bereiten die Interaktionen der wenigen Kontrollparameter einige Schwierigkeiten bei der Interpretation der Ergebnisse. Zum Beispiel kann der Grad der Entmischung mehrerer Bevölkerungsgruppen, der mittels des IS gemessen wurde, prinzipiell von allen Kontrollparametern abhängen. Die Erhöhung des Toleranzschwellenwertes kann bei bestimmten Systemzuständen die gleiche Wirkung haben, wie eine Veränderung des Mobilitätsradius, der betrachteten Nachbarschaftsgröße, der Anzahl der Bevölkerungsgruppen oder der Anzahl der Agenten. Es können lediglich Aussagen darüber gemacht werden, welche Auswirkungen die Veränderung eines Parameters hat. Wenn wir allerdings fragen, wie eine

Struktur zustande gekommen ist, die wir in der Wirklichkeit beobachten, dann lässt sich schwer sagen, welche der vielen möglichen Parameterkonstellationen dafür in Frage kommen. An diesem Beispiel wird deutlich, dass mehrere Durchläufe eines System trotz unterschiedlicher Kontrollparametereinstellungen auf verschiedenen Wegen oder Trajektorien zu demselben oder sehr ähnlichen Ergebnis führen können. Das Prinzip, das in offenen Systemen ein bestimmter Endzustand auf verschiedene Weise erreicht werden kann hat Ludwig von Bertalanffy (1948) mit dem Begriff Equifinality bezeichnet.

Eine zweite Schwierigkeit ergibt sich aus der Tatsache, dass bei allen in dieser Arbeit verwendeten Modellen stochastische Funktionen, sogenannten Monte-Carlo-Verfahren, eine mehr oder weniger wichtige Rolle spielen. Diese Verfahren werden in der Regel für die Auswahl gleicher, ähnlicher oder mit bestimmten Wahrscheinlichkeiten versehener Alternativen verwendet (vgl. z.B. Kapitel 2.7.3 Roulette-Wheel-Selektion). Solche stochastischen Variationen können zu verschiedenen lokalen Verstärkungen oder Abschwächungen frühen, sodass ein System im Extremfall durch relativ geringe Abweichungen trotz gleicher oder ähnlicher Parametereinstellungen, wenn es mehrmals hintereinander ausgeführt wird, jedes Mal verschiedene Resultate liefern kann. Wenn ein System bei gleichen oder ähnlichen Ausgangsbedingungen verschiedene Ergebnisse liefert, wird dieser Effekt als Multifinality bezeichnet. Da bei dem als Beispiel gewählten Simulationsmodell der residentiellen Segregation mit Zufallsprozessen gearbeitet wurde, ist es nicht verwunderlich, dass sich trotz gleicher für IS gemessener Werte die Ergebnisse im Detail unterscheiden.

Bei den Untersuchungen der vorliegenden Arbeit wurde dieser Schwierigkeit begegnet, indem die Messverfahren die aggregierten Eigenschaften der betrachteten Strukturen wiedergegeben, ohne auf Unterschiede im Detail einzugehen. Konfigurationen mit den gleichen Messwerten können demnach völlig unterschiedliche lokale räumliche Organisationsformen aufweisen.

Die Aussage, dass die Kontrollparametereinstellungen, die für eine Simulation verwendet wurden, Schlussfolgerungen auf Prozesse in der Wirklichkeit zulassen, ist aufgrund der beschriebenen Effekte der Equi- und Multifinality nur bedingt zulässig. Demzufolge eignen sich Modelle komplexer Systeme auch nur bedingt für die Vorhersage zukünftiger Entwicklungen (M. Batty und P. M. Torrens 2005). Aus diesen Gründen haben Versuche, ein Simulationsmodell zu validieren, indem bestimmte Zustände in irgendeiner Form reproduziert werden, eine eingeschränkte Überzeugungskraft.

Das Potential umfassender Simulationsmodelle bei der Unterstützung politischer oder administrativer Entscheidungen durch die Interpretation der Parametereinstellungen eines Modells (vergleiche Punkt 7.4) kann erst genutzt werden, wenn Strategien zur Lösung der hier beschriebenen Probleme gefunden werden.

Welche prinzipiellen Möglichkeiten sind nun vorstellbar, die Aussagen von Modellen zu überprüfen? Bei den traditionellen LSUM wurde eine Entwicklung nachvollzogen, die sich aus der Vergangenheit bis in die Gegenwart mit ausreichend Daten belegen ließ. Wenn die Simulationen die Zustände der Wirklichkeit reproduzierten, wurde dies als Beleg für geeignete Simulationsmechanismen gewertet. Die bereits genannten Argumente lassen allerdings weder sichere Aussagen darüber zu, ob man hinreichend viele bzw. alle wesentlichen Mechanismen berücksichtigt hat, noch ob die Annahmen über deren Zusammenwirken korrekt sind. Lee (1973) hat dieses Vorgehen zur Validierung eines Modells als eine der sieben Sünden des Modellierens, die „Tuningness" beschrieben (vgl. 2.3). Eine mögliche Lösung beschreiben Batty und Torrens (2005), der zufolge eine zweite Validierung desselben Modells in einem anderen Kontext, einer anderen Stadt, aber bei gleichen Einstellungen vorgenommen werden muss. Dieses Verfahren ist allerdings in der Praxis aufgrund des immensen Aufwands kaum durchführbar.

Nach Ansicht des Autors der vorliegenden Arbeit bestünde eine geeignete Strategie, um auf die Sensitivität der Modelle gegenüber den Veränderungen der Anfangsbedingungen zu reagieren, darin, möglichst sinnvolle Heuristiken für die Parameterwahl und die Modellstruktur zu wählen. Dafür ist es erforderlich, den konkreten Zweck und Einsatzbereich einer Simulation zu bestimmen (M. Batty und P. M. Torrens 2005). Bei konkreten Szenarien ließen sich dann Aussagen über die Aussichten einer Planungsmaßnahme im Sinne eines stabilisierenden oder destabilisierenden Eingriffs in ein komplexes System machen. In diesem Sinne ist die Nutzung des in der vorliegenden Arbeit anvisierten Stadtlabors zu verstehen.

7.3 Datenverfügbarkeit

Für eine Validierung der Simulationsmodelle des vorgeschlagenen Stadtlabors müssen die Simulationsverläufe mit Daten realer urbaner Prozesse verglichen werden. Zu diesem Zweck eigenen sich insbesondere die in den letzten Jahren intensiv weiterentwickelten GIS, welche auch in vielen Kommunen zur Datenverwaltung eingesetzt werden. Die technischen Möglichkeiten eines Abgleichs von Simulationsmodellen und GIS wurden von Wegener (2005) zusammengefasst. Das „loose coupling" ist seiner Ansicht nach die sinnvollste Methode. Trotz dieser vielversprechenden Aussichten besteht eine prinzipielle Schwierigkeit in der Verfügbarkeit brauchbarer Daten für eine Zeitreihenanalyse, die eine angemessene Periode in der Vergangenheit abdeckt.

Im Fall der baulichen Struktur gibt es zwar historisches Kartenmaterial. Dieses erfasst allerdings meistens verschiedene Details und wurde zudem nur in großen zeitlichen Abständen angefertigt (in der Regel mehrere Dekaden). Die Entwicklung, welche zwischen den dokumentierten Zeitpunkten liegt, kann daher nur geschätzt werden. Bei sozioökonomischem Datenmaterial beschränkt sich die Dokumentation meist auf die Zeit nach dem Zweiten Weltkrieg. Zudem wechseln bei den einzelnen Erhebungen, welche beispielsweise die Stadt Wien alle zehn Jahre durchgeführt hat, jedes Mal einige räumliche Bezugseinheiten ihre Größe, kommen neu hinzu oder fallen weg. Auch die erhobenen Attribute sind nicht immer einheitlich. Außerdem erfolgt die räumliche Zuordnung der Bevölkerungsdaten nur sehr grob in statistischen Zählgebieten (maximal Baublöcke). Selbst bei prinzipieller Verfügbarkeit räumlich hoch aufgelöster Daten, z.B. über die Einwohnermeldeämter, setzt der Datenschutz Grenzen, indem er deren Verwendung untersagt. Beispielsweise wären für die Validierung der Effekte der baulichen Struktur auf die residentielle Segregation idealerweise gebäudebezogene Daten der Bewohner erforderlich. Bei Gebäuden, die nur von einer Partei bewohnt werden, würde dies die Herausgabe geschützter individueller Daten bedeuten. Schließlich kommt hinzu, dass Daten der höchsten verfügbaren Qualität von den statistischen Ämtern der Kommunen verwaltet und nicht selten nur gegen enorme Nutzungsgebühren für Forschungszwecke herausgegeben werden.

Mit anderen Worten bestehen die größten Hürden darin, dass entweder das räumliche oder zeitliche Aggregationsniveau der verfügbaren Daten zu hoch oder der dokumentierte Zeitraum schlicht zu kurz ist. Die Verwendung synthetischer Daten, wie von Benenson und Torrens (2004) vorgeschlagen, ist unserer Meinung nach für eine Validierung der Simulationsmodelle nicht geeignet. In Abschnitt 2.1 wurde daraufhingewiesen, dass durch eine zu grobe zeitliche oder räumliche Auflösung, also durch ein zu hohes Aggregationsniveau, das chaotische Verhalten eines Systems nicht erfasst werden kann und der Anschein eines homogenen Gleichgewichtsprozesses vermittelt wird. Gerade der Wechsel von stabilen zu chaotischen Phasen (Abbildung 1), wie ihn beispielsweise Phasenübergänge abbilden (vgl. Abschnitt 5.4), kann bei realen Prozessen nur mit hinreichend genauem Datenmaterial nachvollzogen werden. Aufgrund der beschriebenen Probleme der Datenverfügbarkeit können wir chaotische Phänomene bei komplexen Prozessen bisher nur mittels Simulationsmodellen angemessen studieren. Die Validierung der Modelle kann lediglich in einem groben Rahmen erfolgen.

7.4 Fachlicher Nutzen & mögliche Anwendungen

Inwieweit können nun die Ergebnisse der vorliegenden Arbeit für die praktische Tätigkeit eines Planers von Nutzen sein? Welche zukünftigen Anwendungen sind denkbar?

Zunächst besteht der augenscheinliche Nutzen der Computermodelle darin, die Eigenschaften und das Verhalten eines komplexen Sachverhalts Schritt für Schritt nachvollziehen und damit verstehen zu können. Die Kunst des Modellierens besteht darin, sich anfangs auf das Wesentliche zu konzentrieren und das Modell auf die notwendigen Details zu reduzieren. Allerdings ist bei der Verwendung von Ockhams Rasiermesser[10] gleichzeitig darauf zu achten, dass die erforderlichen Annahmen nicht zu stark abstrahiert werden, damit die Aussagekraft einer Simulation nicht verringert wird. Es gilt die Maxime, so einfach wie möglich aber so detailliert wie nötig. Das Stadtlabor lässt sich in verschiedenen pädagogischen Kontexten anwenden, da sich grundlegende Mechanismen komplexer Systeme gut darstellen lassen. Simulationsmodelle zu komplexen Zusammenhängen in urbanen Handlungsfeldern, erlauben, als „Denkwerkzeug" verstanden, detaillierte Analysen urbaner Entwicklungsprozesse.

Ein weiterer unbestreitbarer Wert von Simulationsmodellen besteht in ihrem Potential, die Diskussion über abstrakte Szenarien zu befruchten. Bei der Untersuchung der Auswirkungen alternativer Planungen und Strategien innerhalb des städtischen Gefüges anhand klar umrissener Szenarienmodelle, kann ein Stadtlabor als Kommunikationsplattform für die am Planungsprozess beteiligten Akteure dienen (Abbildung 101). Sobald eine Einigung über die Rolle der Kontrollparameter im realen Planungskontext erzielt wurde, erlaubt die Einstellung dieser Parameter über eine grafische Benutzeroberfläche die interaktive Einflussnahme auf die ablaufenden Prozesse, sowie eine sofortige Analyse der Auswirkungen des Eingriffs. Die beteiligten Experten könnten durch die Verwendung eines solchen Planungsinstrumentariums die Folgen einzelner Maßnahmen abschätzen und unbedachte Fehlentwicklungen vermeiden. Auch können kritische Zustände oder potentielle Veränderungen eines städtischen Gebiets abgeschätzt werden. Außerdem würde sich die Kommunikationsplattform zur Vermittlung der von den Experten befürworteten Maßnahmen auf politischer und administrativer Ebene eignen. Weiterhin könnte die Akzeptanz der Bevölkerung gegenüber beschlossenen Maßnahmen gesteigert werden, wenn die den Entscheidungen zugrunde gelegten Zusammenhänge anhand der Simulationsmodelle kommuniziert und visualisiert werden, wodurch sie für die Betroffenen nachvollziehbar wer-

---

10 „Ockhams Rasiermesser ist das Sparsamkeitsprinzip in der Wissenschaft. Es besagt, dass von mehreren Theorien, die den gleichen Sachverhalt erklären, die einfachste zu bevorzugen ist." (Wikipedia: http://de.wikipedia.org/wiki/Ockhams_Rasiermesser, zuletzt besucht am 16.01.2008)

den. Nicht zuletzt eröffnen sich durch die Visualisierung räumlicher Prozesse neue Möglichkeiten für die Partizipation der Bevölkerung an der Stadtplanung (e-Democracy). Beispielsweise lassen sich unterschiedliche Interessen als Kontrollparameter ausdrücken. Die jeweiligen Simulationsmodelle könnten den Bürgern zugänglich gemacht werden, womit die Auswirkungen der Haltungen unterschiedlicher Interessengruppen für den Einzelnen unmittelbar einsichtig würden (Abbildung 101).

Abbildung 101:   Stadtlabor als Kommunikationsplattform.

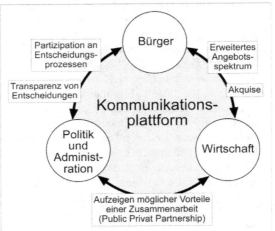

In der Einleitung der vorliegenden Arbeit wurde auf Heraklit verwiesen, nach dessen Sichtweise sich die Welt fortwährend verändert und nichts bleibt wie es ist. Zum Ende der Arbeit soll nun sein Gegenspielers Parmenides zu Wort kommen. Nach Parmenides ist das wahre Sein, die Substanz, das "Es" einheitlich, ewig, unvergänglich, unteilbar, unbeweglich und die Veränderungen der Dinge sind subjektiv (L. D. Crescenzo 1990). Im Hinblick auf die vorgestellten agentenbasierten Simulationen lässt sich in den Regeln der Agenten eine gewisse Unveränderbarkeit entdecken. Diese können über verschiedene Parametereinstellungen zu unterschiedlichsten Ergebnissen führen, bleiben selbst aber immer gleich. Auch wenn die Agenten in die Lage versetzt werden, ihr Verhalten anzupassen, die Regeln also einem adaptiven Prozess struktureller Veränderung unterzogen werden (J. Holland 1992), so gibt es doch wieder feststehende Regeln für diesen Adaptionsvorgang. Der Vergleich mit den unveränderlichen Mechanismen der biologischen Evolution, welche dennoch eine unendliche Vielfalt an

Formen und Strukturen hervorbringt liegt nahe. Allerdings ist es trotz aller Fortschritte in den Bereichen des künstlichen Lebens bis heute nicht gelungen, einen simulierten evolutionären Prozess in Gang zu setzen, dessen kreativer Output sich nicht nach einer bestimmten Zeit erschöpft (K. Kelly 1997).

Abschließen möchte ich mit einer Einsicht von Rainer Hegselmann (1996), nach welcher wir die Welt mit Hilfe von Simulationen zwar nicht vollständig verstehen werden, aber wohl weit mehr als ohne.

Formale Konventionen

A:	Index eines Agenten
C:	Produktionskosten, Nachfrage
D:	Fraktale Dimension
D:	Produktionskosten
E:	Kante
F:	Ströme, Austauschraten
F:	Transportkosten
F:	Kraft
G:	Index einer Gruppe
H, M, G, B:	Index einer Zelle
J:	Ökonomischer Abstand
K:	Kosten, Einzugsgebiet
L:	Position, z.B. L^A = Position eines Agenten A
L:	Liste
L:	Lagerente
N:	Anzahl von Elementen, z.B. N_A = Anzahl Agenten
N:	Knoten (Node)
O, θ:	Orientierung, z.B. O^A = Orientierung eines Agenten A
P, I, S:	Potentialwert, z.B. P^H = Potentialwert einer Zelle H
P:	Bevölkerung (Population)
P:	(Markt-) Preis
R:	Bodenkosten
R:	Regel
S, M, T:	Status eines Elements, z.B. S^H = Status einer Zelle H
S:	(Cluster-) Größe
T:	Markierung
U:	Nachbarschaft, z.B. $U(H)$ = Nachbarschaft einer Zelle H
V:	Umsatz
W:	Mietpreis
Y:	Anbauertrag
Z:	Index eines Marktes
d:	Distanz
ε:	Zufallswert

i, j, c: Allgemeiner Index
k: Nachbarschaftsradius, Nachbarschaftsgröße
l: Mobilitätsradius
q: Betriebsgröße, erforderlichen Bodenfläche
ρ: Wahrscheinlichkeitswert
t: Zeitschritt (timestep)
τ: Skalierungsfaktor
v: Anteil
ω: Wackelfaktor
ω: Gewichtung
Φ: Winkel-Variation
Ψ: Toleranzschwellenwert
IS: Segregationsindex (Index of Segregation)
ID: Dissimilaritätsindex (Index of Dissimilarity)

Literatur

Alonso, W. (1964). *Location and Land Use. Towards a General Theory of Land Rent.* . Cambridge, Mass: Harvard University Press.

Andersson, C., Lindgren, K., Rasmussen, S., & White, R. (2002). Urban growth simulation from 'first principles' *Physical Review E, 66*(2), 1-9.

Artl, G., & Weise, P. (1999). Strukturen, Selbstorganisation und Selbstähnlichkeit. In J. Friedrichs & K. Hollaender (Eds.), *Stadtökologische Forschung: Theorien und Anwendungen* (pp. 107-124). Berlin: Analytica Verlagsgesellschaft.

Auerbach, F. (1913). Das Gesetz der Bevölkerungskonzentration. *Petermanns Mitteilungen* (59), 74-76.

Banister, D., Watson, S., & Wood, C. (1997). Sustainable cities: transport, energy, and urban form. *Environment and Planning B: Planning and Design, 24*(1), 125-143.

Barabási, A.-L. (2003). *Linked: How Everything Is Connected to Everything Else and What It Means for Business, Science and Everyday Life*. New York: Plume.

Bathelt, H., & Glückler, J. (2003). *Wirtschaftsgeographie: Ökonomische Beziehungen in räumlicher Perspektive* (2 ed.). Stuttgart: Verlag Eugen Ulmer.

Batty, M. (1991). Generating urban forms from diffusive growth. *Environment and Planning A, 23*(4), 511-544.

Batty, M. (1994). A Chronicle of Scientific Planning. *American Planning Association Journal, 60*(1), 7-16.

Batty, M. (2005a). *Cities and Complexity: Understanding Cities with Cellular Automata, Agent-Based Models, and Fractals*. London: MIT Press.

Batty, M. (2005b). Network Geography: Relations, Interactions, Scaling and Spatial Processes in GIS. In P. Fisher (Ed.), *Re-presenting GIS* (pp. 149-170). Chichester, UK: John Wiley.

Batty, M., & Longley, P. (1994). *Fractal Cities: A Geometry of Form and Function*. London: Academy Press.

Batty, M., & Torrens, P. M. (2005). Modelling and prediction in a complex world. *Futures, 37*, 745-766.

Batty, M., & Xie, Y. (1994). From cells to cities. *Environment and Planning B: Planning and Design 21*(7), 31-48.

Batty, M., & Xie, Y. (1997). Possible urban automata. *environment and Planning B: Planning and Design, 24*(24), 175-192.

Batty, M., Xie, Y., & Sun, Z. (1999). Modeling urban dynamics through GIS-based cellular automata. *Computers, Environment and Urban Systems, 23*, 205-233.

Benenson, I. (1998). Multi-Agent Simulations of Residential Dynamics in the City. *Computers, Environment and Urban Systems, 22*(1), 25-42.

Benenson, I., & Omer, I. (2003). High-resolution census data: a simple way to make them useful. *Data Science Journal, 2,* 117-127.

Benenson, I., Omer, I., & Hatna, E. (2002). Entity-based modeling of urban residential dynamics: the case of Yaffo, Tel Aviv. *Environment and Planning B: Planning and Design, 29,* 491-512.

Benenson, I., & Torrens, P. M. (2004). *Geosimulation – Automata-based modeling of urban phenomena.* Chichester: John Wiley & Sons.

Benevolo, L. (2000). *Die Geschichte der Stadt:* Campus Verlag.

Benguigui, L. (1995). A new aggregation model. Application to town growth. *Physica A, 219,* 13-26.

Bentley, P. J., & Corne, D. W. (2002). An Introduction to Creative Evolutionary Systems. In P. J. Bentley & D. W. Corne (Eds.), *Creative Evolutionary Systems* (pp. 1-76). San Francisco: Morgan Kaufmann.

Bertalanffy, L. v. (1948). *General System Theory* New York Wiley & Sons

Bischof, N. (2001). *Das Rätsel Ödipus: Die biologischen Wurzeln des Urkonfliktes von Intimität und Autonomie* (5 ed.). München: Piper.

Bortz, J., & Döring, N. (2002). *Forschungsmethoden und Evaluation: für Human- und Sozialwissenschaftler* (3 ed.). Berlin Heidelberg: Springer.

Bourdieu, P. (1991). Physischer, sozialer und angeeigneter physischer Raum. In M. Wentz (Ed.), *Stadt-Räume.* (pp. 25-34). Frankfurt am Main, New York: Campus.

Bovill, C. (1996). *Fractal geometry in architecture and design.* Boston: Birkhäuser.

Breßler, C., & Harsche, M. (2004a). Einführung in die Kultur- und Sozialgeographie. Retrieved 2006/11/12, from http://www.mygeo.info/skripte/skript_bevoelkerung_siedlung/

Breßler, C., & Harsche, M. (2004b, 2006/11/12). Einführung in die Kultur- und Sozialgeographie. Retrieved 2006/11/12, 2004, from http://www.mygeo.info/skripte/skript_bevoelkerung_siedlung/

Briggs, J., & Peat, D. F. (1993). *Die Entdeckung des Chaos.* München: Deutscher Taschenbuch Verlag.

Christaller, W. (1980). *Die zentralen Orte in Süddeutschland: Eine ökonomisch-geographische Untersuchung über die Gesetzmäßigkeit der Verbreitung und Entwicklung der Siedlungen mit städtischer Funktion.* (3 ed.). Darmstadt: Wissenschaftliche Buchgesellschaft.

Clark, W. A. V. (1991). Residential Preferences and Neighborhood Racial Segregation: A Test of the Schelling Segregation Model. *Demography, 28*(1), 1-19.

Clarke, K. C., Hoppen, S., & Gaydos, L. (1997). A self-modifying cellular automaton model of historical urbanization in the San Francisco Bay area. *Environment and Planning B: Planning and Design, 24*(2), 247-261.

Coates, P., Healy, N., Lamb, C., & Voon, W. L. (1996). The use of Cellular Automata to explore bottom up architectonic rules. In J. Rossignac & F. Sillion (Eds.), *Eurographics '96.* Poitiers: Blackwell Publishers.

Cohen, J. (1988). *Statistical power analysis for the behavioral sciences.* Hillsdale, NJ: Lawrence Erlbaum.

Conzen, M. R. G. (1960). Alnwick, Northumberland: a study in town-plan analysis. *Transactions and Papers (Institute of British Geographers),, 27*, iii+ix-xi+1+3-122.

Conzen, M. R. G. (1981). The plan analysis of an English city centre. In J. W. R. Whitehand (Ed.), *The Urban Landscape* (Vol. 13, pp. 25-53). London: Academic Press.

Couclelis, H. (1997). From cellular automata to urban models: new principles for model development and implementation. *environment and Planning B: Planning and Design, 24*(2), 165-174.

Crescenzo, L. D. (1990). *Die Geschichte der griechischen Philosophie: Die Vorsokratiker*. Zürich: Diogenes.

Dangschat, J. S. (2000). Segregation. In H. Häußermann (Ed.), *Großstadt: Soziologische Stichworte* (2 ed., pp. 209-221). Opladen: Leske + Budrich.

Dangschat, J. S., & Hamedinger, A. (Eds.). (2007). *Lebensstile, soziale Lagen und Siedlungsstrukturen* (Vol. 230). Hannover: ARL Verlag.

Dean, J. S., Gumerman, G. J., Epstein, J. M., Axtell, R. L., Swedlund, A. C., Parker, M. T., et al. (2000). Understanding Anasazi Culture Change through Agent-Based Modeling. In T. Kohler & G. Gumerman (Eds.), *Dynamics in Human and Primate Societies: Agent-Based Modeling of Social and Spatial Processes* (pp. 179-205). New York: Oxford University Press.

Diestel, R. (2006). *Graphentheorie* (3 ed.). Heidelberg: Springer.

Duarte, J. P., Rocha, J. d. M., & Soares, G. D. (2007). Unveiling the structure of the Marrakech Medina: A shape grammar and an interpreter for generating urban form. *Artificial Intelligence for Engineering Design, Analysis and Manufacturing, 21*(in press).

Duncan, O. D. (1972). Human Ecology and Population Studies. In P. M. Hauser & O. D. Duncan (Eds.), *The Study of Population* (7 ed.). Chicago, London: University of Chicago Press.

Duncan, O. D., & Duncan, B. (1955). A Methodological Analysis of Segregation Indexes. *American Sociological Review, 20*, 210–217.

Duncan, O. D., & Schnore, L. F. (1959). Cultural, Behavioural, and Ecological Perspectives in the Study of Social Organisation. *American Journal of Sociology, 65*, 132-153.

Eden, M. (1960). A two-dimensional growth process. In *Proceedings of Fourth Berkeley Symposium on Mathematics, Statistics, and Probability* (Vol. 4, pp. 223-239). Berkeley: University of California Press.

Epstein, J. M. (2006). *Generative Social Science: Studies in Agent-Based Computational Modeling* Princeton: University Press.

Epstein, J. M., & Axtell, R. (1996). *Growing Artificial Societies: Social Science from the Bottom Up*. Cambridge, MA: MIT Press.

Erickson, B., & Lloyd-Jones, T. (1997). Experiments with settlement aggregation models. *Environment and Planning B: Planning and Design 24*(6), 903-928

Flache, A., & Hegselmann, R. (2001). Do Irregular Grids make a Difference? Relaxing the Spatial Regularity Assumption in Cellular Models of Social Dynamics. *Journal of Artificial Societies and Social Simulation, 4*(4).

Forrester, J. W. (1969). *Urban Dynamics*. Cambridge, MA: MIT Press.

Fossett, M., & Waren, W. (2005). Overlooked Implications of Ethnic Preferences for Residential Segregation in Agent-based Models. *Urban Studies, 42*(11), 1893–1917.

Franck, G. (1992). *Raumökonomie, Stadtentwicklung und Umweltpolitik.* Stuttgart: Kohlhammer.

Franck, G. (2002). Soziale Raumzeit. In D. Henckel & M. Eberling (Eds.), *Raumzeitpolitik* (pp. 61-80). Opladen: Leske + Budrich.

Franck, G. (2005). Werben und Überwachen: Zur Transformation des städtischen Raums. In L. Hempel & J. Metelmann (Eds.), *Bild – Raum – Kontrolle. Videoüberwachung als Zeichen gesellschaftlichen Wandels* (pp. 141-155). Frankfurt/Main: Suhrkamp.

Franck, G., & Wegener, M. (2002). Die Dynamik räumlicher Prozesse. In D. Henckel & M. Eberling (Eds.), *Raumzeitpolitik* (pp. 145-162). Opladen: Leske + Budrich.

Frankhauser, P. (2002). Fractal Behaviour of Urban Patterens on Diferent Scales. In K. Humpert, K. Brenner & S. Becker (Eds.), *Fundamental Principles of Urban Growth* (pp. 158-175). Wuppertal: Müller + Busmann.

Friedrichs, J. (1983). *Stadtanalyse: Soziale und räumliche Organisation der Gesellschaft* (3 ed.). Opladen: Westdeutscher Verlag.

Friedrichs, J. (1995). *Stadtsoziologie.* Opladen: Leske + Budrich.

Friedrichs, J., & Blasius, J. (2000). *Leben in benachteiligten Wohngebieten.* Opladen: Leske + Budrich.

Fujita, M., & Thiesse, J.-F. (2002). *Economiecs of Agglomeration: Cities, Industrial Location, and Regional Growth*: Cambridge University Press.

Gaebe, W. (2004). *Urbane Räume.* Stuttgart: Verlag Eugen Ulmer.

Giddens, A. (1995). *Konsequenzen der Moderne* Frankfurt am Main: Suhrkamp.

Gladwell, M. (2000). *The Tipping Point: How Little Things Can Make a Big Difference* (1 ed.): Little, Brown and Company.

Goldberg, D. E. (1989). *Genetic Algorithms in Search, Optimization and Machine Learning* (1 ed.). Boston: Addison-Wesley.

Granovetter, M., & Soong, R. (1988). Threshold Models of Diversity: Chinese Restaurants, Residential Segregation, and the Spiral of Silence. *Sociological Methodology, 18,* 69-104.

Haggett, P. (1991). *Geographie: Eine moderne Synthese* (2 ed.). Stuttgart: Ulmer.

Haken, H. (1983). *Synergetics, an Introduction* (3 ed.). Berlin: Springer Verlag.

Haken, H. (1996). *Principles of Brain Functioning: A Synergetic Approach to Brain Activity, Behaviour and Cognition.* Berlin: Springer.

Hamm, B. (1982). *Einführung in die Siedlungssoziologie.* München: Beck.

Häußermann, H., & Siebel, W. (1991). Bausteine zu einem Szenario der Entwicklung von Berlin. In S. f. S. u. Umweltschutz (Ed.), *Metropole Berlin: Mehr Markt!* (pp. 23-58). Berlin: StadtUm.

Häußermann, H., & Siebel, W. (2004). *Stadtsoziologie: Eine Einführung.* Frankfurt/New York: Campus.

Hearn, D., & Baker, P. (1996). *Computer Graphics, C Version* (2 ed.). Upper Saddle River, NJ, USA: Prentice Hall.

Hegselmann, R. (1996). Solidarität unter Ungleichen. In R. Hegselmann & H.-O. Peitgen (Eds.), *Modelle Sozialer Dynamiken. Ordnung, Chaos und Komplexität* (pp. 105-128). Wien: Hölder-Pichler-Tempsky.

Hegselmann, R., & Flache, A. (1998). Understanding Complex Social Dynamics: A Plea for Cellular Automata Based Modelling. *Journal of Artificial Societies and Social Simulation, 1*(3).

Helbing, D., Hilliges, M., Molnar, P., Schweitzer, F., & Wunderlin, A. (1994). Strukturbildung dynamischer Systeme. *ARCH+, 121,* 69-75

Hillier, B. (2007). Space is the machine: a configurational theory of architecture, Available from http://www.spacesyntax.com/tool-links/downloads/space-is-the-machine.aspx

Hillier, B., Greene, M., & Desyllas, J. (2000). Self-generated Neighbourhoods: the role of urban form in the consolidation of informal settlements. *Urban Design, 5,* 61-96.

Hillier, B., & Hanson, J. (1984). *The social logic of space.* (Reprinted paperback edition 2003 ed.). Cambridge: Cambridge University Press.

Hillier, B., Leaman, A., Stansall, P., & Bedford, M. (1976). Space syntax. *Environment and Planning B: Planning and Design, 3*(2), 147-185.

Holland, J. (1973). Genetic Algorithm and the Optimal Allocations of Trials. *SIAM Journal of Computing, 2*(2), 88-105.

Holland, J. (1992). *Adaption in Natural and Artificial Systems: An Introduction with Applications to Biology, Control, and Artificial Intelligence* (2 ed.): MIT Press.

Holland, J. (1996). *Hidden Order: How Adaptation Builds Complexity*: Addison Wesley.

Holland, J. (1998). *Emergence: From Chaos to Order.* Oxford University Press.

Humpert, K. (1997). *Einführung in den Städtebau.* Stuttgart: Kohlhammer.

Humpert, K. (Ed.). (1992). *Das Phänomen der Stadt: Berichte aus Lehre und Forschung.* Stuttgart: Städtebauliches Institut der Universität Stuttgart.

Humpert, K., & Schenk, M. (2001). *Entdeckung der mittelalterlichen Stadtplanung: Das Ende vom Mythos der 'gewachsenen Stadt'.* Stuttgart: Thesis.

Jacobs, J. (1963). *Tod und Leben großer amerikanischer Städte.* Berlin: Ullstein.

Kalter, F. (2000). Measuring segregation and controlling for independent variables. *Journal.* Retrieved from http://www.mzes.uni-mannheim.de/publications/wp/wp-19.pdf

Kecskes, R., & Knäble, S. (1988). Der Bevölkerungsaustausch in ethnisch gemischten Wohngebieten: Ein Test der Tipping-Theorie von Schelling. In J. Friedrichs (Ed.), *Soziologische Stadtforschung* (Vol. 29, pp. 293-309). Opladen: Westdeutscher Verlag.

Kelly, K. (1997). *Das Ende der Kontrolle: Die biologische Wende in Wirtschaft, Technik und Gesellschaft.* Regensburg: Bollmann.

Klöpper, R. (1953). Der Einzugsbereich einer Kreisstadt. *Raumforschung und Raumordnung, 11,* 73-81.

Laurie, A., & Jaggi, N. K. (2003). Role of 'Vision' in Neighbourhood Racial Segregation: A Variant of the Schelling Segregation Model. *Urban Studies, 40*(13), 2687–2704.

Lee, B. A., & Wood, P. B. (1991). Is Neighborhood Racial Succession Place-Specific? *Demography, 28*(1), 21-40.

Lee, D. B. (1973). A requiem for large scale modeling. *Journal Of The American Institute Of Planners, 39*(3), 163-178.

Lester, P. (2005). A* Pfadfindung für Anfänger. Retrieved 29.09.2007, from http://www.policyalmanac.org/games/aStarTutorial_de.html

Lewin, R. (1993). *Die Komplexitätstheorie.* Hamburg: Hoffmann und Campe

Lipietz, A. (1993). The Local and the Global: Regional Individuality or Interregionalism? *Transition of the Institute of British Geographers, 18*, 8-18.

Liu, X. H., & Andersson, C. (2004). Assessing the impact of temporal dynamics on land-use change modeling *Computers, Environment and Urban Systems 28*(1-2), 107-124.

Lösch, A. (1962). *Die räumliche Ordnung der Wirtschaft.* (3 ed.). Stuttgart: Fischer.

Lowry, I. S. (1964). *A Model of Metropolis* (Vol. 158). Santa Monica, CA: Rand Corporation.

Meng, G., Hall, G. B., & Roberts, S. (2006). Multi-group segregation indices for measuring ordinal classes. *Computers, Environment and Urban Systems, 30*, 275–299.

Mumford, L. (1961). *The City in History: Its Origins, Its Transformations, and Its Prospects.* New York: Harcourt, Brace & World.

Murdock, G. P. (1949). *Social Structure.* Toronto: Macmillan.

Newman, M., Barabasi, A.-L., & Watts, D. J. (Eds.). (2006). *The Structure and Dynamics of Networks* Princeton, New Jersey Princeton University Press.

Nowak, M. A., Bonhoeffer, S., & May, R. M. (1994). Spatial Games and the Maintenance of Cooperation *Proceedings of the National Academy of Sciences of the United States of America, 91*(11), 4877-4881.

Omer, I., & Benenson, I. (2002). Investigating Fine-Scale Residential Segregation by Means of Local Spatial Statistics. *Geographical Research Forum, 12*, 41-60.

Omer, I., & Gabay, R. a. (2007). *Social Homogeneity and Space Syntax of Towns in Israel.* Paper presented at the 6th International Space Syntax Symposium. from http://www.spacesyntaxistanbul.itu.edu.tr/papers/shortpapers/108%20-%20Omer%20Gabay.pdf

Peitgen, H.-O., Jürgens, H., & Saupe, D. (2004). *Chaos and Fractals: New Frontiers of Science* (2 ed.). New York: Springer.

Portugali, J. (2000). *Self-Organization and the City: Springer Series in Synergetics.* Berlin Heidelberg: Springer.

Pratchett, T. (1994). *Interesting Times.* New York: HarperCollins.

Prigogine, I. (1998). Zeit, Chaos und die zwei Kulturen. In H.-J. Krug & L. Pohlmann (Eds.), *Selbstorganisation: Jahrbuch für Komplexität in den Natur-, Sozial-, und Geisteswissenschaften* (Vol. 8. Evolution und Irreversibilität, pp. 13-13). Berlin: Duncker und Humblot.

Resnick, M. (1994). *Turtles, termites, and traffic jams: Explorations in massively parallel microworlds.* Cambridge: Addison-Wesley.

Rossi, A. (1982). *Architecture of the City.* Cambridge, Mass.: MIT Press.

Sakoda, J. M. (1971). The checkerboard model of social interaction. *Journal of Mathematical Sociology, 1*, 119-132.

Schätzl, L. (2003). *Wirtschaftsgeographie 1* (9 ed.). Paderborn: Ferdinand Schöningh

Schaur, E. (1992). *Mitteilungen des Instituts für leichte Flächentragwerke. Ungeplante Siedlungen. Non-planned Settlements. IL 39.* Stuttgart: Karl Krämer.

Schelling, T. (1969). Models of segregation. *American Economic Review, 59*, 488-493.

Schelling, T. (1971). Dynamic models of segregation. *Journal of Mathematical Sociology, 1*, 143-186.

Schelling, T. (1972). A Process of Residential Segregation: Neighborhood Tipping. In A. H. Pascal (Ed.), *Racial Discrimination in Economic Life* (pp. 157-184). Lexington, MA: Heath.

Schelling, T. (1978). *Micromotives and Macrobehavior* (Rev ed.). New York / London: W. W. Norton.

Schweitzer, F. (2003). *Brownian Agents and Active Particles: Collective Dynamics in the Natural and Social Sciences.* Berlin: Springer.

Schweitzer, F., & Schimansky-Geier, L. (1994). Clustering of Active Walkers in a Two-Component System. *Physica A, 206,* 359-379.

Schweitzer, F., & Steinbrink, J. (2002). Analysis and Computer Simulation of Urban Cluster Distribution. In K. Humpert, K. Brenner & S. Becker (Eds.), *Fundamental Principles of Urban Growth* (pp. 142-157). Wuppertal: Müller + Busmann.

Semboloni, F. (2000). The growth of an urban cluster into a dynamic self-modifying spatial pattern. *Environment and Planning B: Planning and Design 27*(4), 549-564.

Snell, B. (2004). *Heraklit* (13 ed.). Zürich und München: Artemis & Winkler.

Stiny, G., & Gips, J. (1971). *Shape Grammars and the Generative Specification of Painting and Sculpture.* Paper presented at the IFIP Congress 1971.

Toffoli, T., & Margolus, N. (1987). *Cellular Automata Machines: A New Environment for Modeling.* Cambridge: MIT Press.

Vicsek, T. (2002). The bigger picture. *Nature, 418,* 131.

Vollmer, G. (1996). Das Ganze und seine Teile. Holismus, Emergenz, Erklärung und Reduktion. In R. Hegselmann & H.-O. Peitgen (Eds.), *Modelle Sozialer Dynamiken. Ordnung, Chaos und Komplexität* (pp. 187-224). Wien: Hölder-Pichler-Tempsky.

Wegener, M. (1994). Operational Urban Models – State of the Art. *American Planning Association Journal, 60*(1).

Wegener, M. (2005). Urban Land-Use Transportation Models. In D. Maguire, M. Batty & M. F. Goodchild (Eds.), *GIS, Spatial Analysis and Modeling* (pp. 203-220). Redlands, CA: ESRI Press.

White, R., & Engelen, G. (1993). Cellular automata and fractal urban form: a cellular modelling approach to the evolution of urban land-use patterns. *Environment and Planning A, 25*(8), 1175-1199.

Wiener, O. (1996). *Schriften zur Erkenntnistheorie* (1 ed. Vol. 10). Wien: Springer.

Wunderlin, A. (1996). Problemstellungen der Synergetik - eine Einführung. In K. Teichmann & J. Wilke (Eds.), *Prozess und Form "Natürlicher Konstruktionen"* (pp. 202-209). Berlin: Ernst & Sohn.

Zipf, G. K. (1949). *Human Behavior and the Principles of Least Effort.* Cambridge, Mass.: Addison-Wesley.

VS Forschung | VS Research
Neu im Programm Soziologie

Brigitte Brandstötter

Wo die Liebe hinfällt
Das neue Rollenbild ungleicher Paare –
Frauen mit jüngerem Partner
2009. 194 S. Br. ca. EUR 29,90
ISBN 978-3-531-16990-3

Phil C. Langer

Beschädigte Identität
Dynamiken des sexuellen Risikoverhal-
tens schwuler und bisexueller Männer
2009. 279 S. Br. EUR 39,90
ISBN 978-3-531-16981-1

Kai Brauer / Wolfgang Clemens (Hrsg.)

Zu alt?
„Ageism" und Altersdiskriminierung auf
Arbeitsmärkten
2010. ca. 252 S. (Alter(n) und Gesellschaft
Bd. 20) Br. ca. EUR 49,90
ISBN 978-3-531-17046-6

Ulf Matthiesen / Gerhard Mahnken (Hrsg.)

Das Wissen der Städte
Neue stadtregionale Entwicklungsdyna-
miken im Kontext von Wissen, Milieus
und Governance
2009. 415 S. Br. EUR 39,90
ISBN 978-3-531-15777-1

Reiner Keller

**Müll – Die gesellschaftliche
Konstruktion des Wertvollen**
Die öffentliche Diskussion über Abfall
in Deutschland und Frankreich
2. Aufl. 2009. 329 S. (Theorie und Praxis
der Diskursforschung) Br. EUR 29,90
ISBN 978-3-531-16622-3

Andreas Peter

Stadtquartiere auf Zeit
Lebensqualität im Alter in schrumpfenden
Städten
2010. 260 S. (Quartiersforschung) Br.
ca. EUR 34,90
ISBN 978-3-531-16654-4

Bettina Langfeldt

**Subjektorientierung in der
Arbeits- und Industriesoziologie**
Theorien, Methoden und Instrumente
zur Erfassung von Arbeit und Subjektivität
2009. 442 S. Br. EUR 39,90
ISBN 978-3-8350-7006-6

Birgit Riegraf / Brigitte Aulenbacher /
Edit Kirsch-Auwärter / Ursula Müller (Eds.)

GenderChange in Academia
Re-mapping the Fields of Work,
Knowledge, and Politics from a Gender
Perspective
2010. approx. 430 pp. Softc.
approx. EUR 49,90
ISBN 978-3-531-16832-6

Erhältlich im Buchhandel oder beim Verlag.
Änderungen vorbehalten. Stand: Juli 2009.

www.vs-verlag.de

VS VERLAG FÜR SOZIALWISSENSCHAFTEN

Abraham-Lincoln-Straße 46
65189 Wiesbaden
Tel. 0611.7878-722
Fax 0611.7878-400

GPSR Compliance
The European Union's (EU) General Product Safety Regulation (GPSR) is a set
of rules that requires consumer products to be safe and our obligations to
ensure this.

If you have any concerns about our products, you can contact us on

ProductSafety@springernature.com

In case Publisher is established outside the EU, the EU authorized
representative is:

Springer Nature Customer Service Center GmbH
Europaplatz 3
69115 Heidelberg, Germany